中国交通运输职业教育集团"十三五"规划教材

高职公共基础课"十三五"创新教材

体育与健康
理论篇

中国交通运输职业教育集团组织编写

主　审◎柴勤芳

主　编◎黄　钢　苏　巍　毛剑杨

副主编◎方　萍　邵晓春　施晓茂　郭海静

　　　　范道芝　汪　旭

参　编◎程伟强　陈国标　朱广龙　沈　军

　　　　郭　泉　陈　炜　宋禹宛圻

　　　　陈维国　何　军　李文革　黄雅男

　　　　宋慧菁　李　丽　李岩飞　孟　鹏

　　　　张艳茹

U0649510

大连海事大学出版社

图书在版编目（CIP）数据

体育与健康. 理论篇／黄钢，苏巍，毛剑杨主编
. －－ 大连 ：大连海事大学出版社，2020.8
ISBN 978-7-5632-3984-9

Ⅰ.①体… Ⅱ.①黄… ②苏… ③毛… Ⅲ.①体育-
高等职业教育-教材②健康教育-高等职业教育-教材
Ⅳ.①G807.4②G717.9

中国版本图书馆 CIP 数据核字（2020）第 148541 号

大连海事大学出版社出版

地址：大连市凌海路1号　邮编：116026　电话：0411-84728394　传真：0411-84727996
http://press.dlmu.edu.cn　E-mail：dmupress@dlmu.edu.cn

大连金华光彩色印刷有限公司印装　　　　**大连海事大学出版社发行**

2020 年 8 月第 1 版　　　　　　2020 年 8 月第 1 次印刷
幅面尺寸：184 mm×260 mm　　　　　　印张：15
字数：365 千　　　　　　印数：1～5000 册

出版人：余锡荣

责任编辑：刘长影　　　　　　责任校对：杨玮璐
封面设计：张爱妮　　　　　　版式设计：张爱妮

ISBN 978-7-5632-3984-9　　　定价：38.00 元

前　言

　　体育教育是高职教育的重要环节，是高职院校文化教育的重要组成部分。高职体育是集大学生身体及心理健康教育、思政教育、科学文化教育于一体的一门必修课程，是实施素质教育的重要途径和载体。它是大学生学习掌握体育知识、体育技能，发展身体，增强体质，增进健康的教育活动，对提高学生规则意识、纪律意识、竞争意识，培养创新能力和健全学生人格等有着不可替代的作用。

　　随着高职教育改革的不断深化，高职院校体育教育改革和发展取得了前所未有的成就。党的十八大以来，党和国家越来越重视职业教育，也越来越重视学校体育。在 2018 年全国教育大会上，习近平同志对学校体育提出了要"享受乐趣、增强体质、健全人格、锤炼意志"的新时代要求。当前，高职院校体育工作应全面贯彻落实党的教育方针，坚持"健康第一"理念，围绕"立德树人"这一根本任务，为实现人的全面发展，聚焦人才质量，推进学校体育改革，彰显体育功能，为培养德智体美劳全面发展的社会主义高素质职业人才做出体育贡献。

　　高职院校体育教材是实现高职体育目标任务的重要载体。因此，编写科学的、可持续发展的、符合当前高职教育改革需要和大学生身心健康发展的体育教材，是高职院校体育深化改革和校园体育文化建设的一项重要任务。为全面推进素质教育，加强高职院校体育课程建设，提高体育教育教学质量，浙江交通职业技术学院、上海交通职业技术学院、江苏海事职业技术学院等院校的有关人员，根据《国家职业教育改革和发展规划纲要》和教育部颁布的《全国普通高等院校体育课程教学指导纲要》的基本要求和精神，认真梳理和总结目前高职院校体育教学的现状，在遵循体育课程建设客观规律、广泛参考学习众多优秀教材的基础上，同时结合交通类院校学生专业特点和体育教学的实际需要共同编写了《体育与健康》系列教材。《体育与健康·理论篇》是根据高等职业学校体育课程教学指导纲要的要求，结合高职体育教育的理论以及近年来交通类高职院校体育教育的实践情况编写。本教材向学生传授体育人文知识，强调以运动去展现人类生命，挖掘人体潜力，增强体质健康，突出时代性、人文性、主体性和以人为本的教育理念。以多元的视角来探讨和研究高职体育教育的意义、特点和价值，提出了体育是世界上至高无上的身体和生命的教育，特别是后疫情时代，使高职院校的学生能"学会生存""学会生活""学会创新""学会关心"，增强解决未知问题的能力，摆脱文化缺失的现象。为此，本教材分为立德树人体育观、现代健康观、体育锻炼的科学方法、运动与营养、健康体适能、运动损伤和防护、体育社团组织与竞赛编排和体育礼仪规范等共八章。

本教材在编写和出版过程中，得到了中国交通运输职业教育集团、中国大学生体育协会职业院校体育工作委员会的关心和指导，浙江交通职业技术学院、上海交通职业技术学院、江苏海事职业技术学院等部分高职院校给予了大力支持，大连海事大学出版社也为本书的出版付出了辛勤劳动。在此，对所有关心、帮助、支持本书成稿、审定、校对、出版的单位和个人致以诚挚的谢意。本教材在编写过程中，参考了众多的书籍和文献资料，在此向相关作者致以真诚感谢！由于编写人员水平有限，难免有不妥和疏漏之处，望广大读者给予批评指正。

编者

2020 年 6 月

出版说明

新科技革命的蓬勃发展正加速带动产业转型升级，催生新的经济发展方式。这使得经济社会发展对劳动力市场中的人的知识和技能提出了更高要求，未来工作和生活所需要的人才不仅应具有高技能，还应该具有良好的职业素质和职业精神。

公共基础课是高职教育课程体系的重要组成部分，既承担着对学生基础能力和综合素质的培养任务，又可为学生的专业学习奠定基础，在促进人的全面发展、培养职业道德、提升综合素质和可持续发展能力等方面，均具有不可替代的地位和作用。切实发挥好公共基础课在人才培养过程中的基础性作用，是当前高职院校落实立德树人根本任务、创新教育教学育人模式和深化产教融合、提高人才培养质量的前提和基础。

教材建设对教育事业的改革发展和人才培养至关重要，为使高职公共基础课教材适应新技术、新形势的发展，与现行教学相匹配，中国交通运输职业教育集团主办，大连海事大学出版社承办，召开了高职院校公共基础课教材编写研讨会。此次编写研讨会得到了江苏航运职业技术学院、江苏海事职业技术学院、天津海运职业学院、浙江国际海运职业技术学院、浙江交通职业技术学院、上海交通职业技术学院、云南交通运输职业学院、大连航运职业技术学院等众多职业院校的积极响应和大力支持，在此对这些院校的领导及老师表示衷心的感谢。

在大连海事大学出版社前期对公共课教学、教材现状的充分调研和深入调查的基础上，在各职业院校近百位一线教学专家的精心打磨下，高职公共基础课"十三五"创新教材顺利出版。本系列教材具有如下特色：

（1）目标明确、针对性强。本系列教材围绕高职院校教学要求和课程标准进行编写，结合学科特点进行设计，既注重了公共基础课的基础性，又体现了职业教育公共基础课程的职业性。

（2）内容创新、与时俱进。从新时期高职公共基础课面临的新要求出发，在内容选择上注重素质、知识、能力、技能的创新结合，在掌握知识的基础上，又突出技能的培养。

（3）框架合理、适应性强。部分教材采用模块式编写体例，融入现代教育新理念，各模块间既各自独立又相互联系，主次分明又有机结合，具有较强的适应性。

（4）图文并茂、难度适中。文字语言通俗易懂，部分教材配有图片，知识性与趣味性并存，符合高职院校学生的心理特点。

（5）资源丰富、立体教学。部分教材有配套电子资源，扫描二维码即可下载资源，方便教师教学。

作为出版高校教材的大学出版社，我们继续精益求精、殚精竭虑，充分发挥出版人在知识传播中的桥梁和纽带作用，也欢迎广大师生能与出版社密切互动，有任何问题与建议及时反馈给我们，以使教材日后的修订臻于至善、创新不止，确保本系列教材的高水平使用。

目　录

第一章
立德树人体育观

第一节 大学体育概述

一、大学体育的理念和目标

（一）大学体育的理念

大学体育注重对学生的兴趣及学习动机的引导，讲究因材施教、分层次教学，体现了培养要求与个性发展的有机结合。

大学体育打破了按年级授课的传统形式，采用专项分级授课的模式，主、副项同堂教授，使教学的针对性更强。在通常情况下，大学的年级是根据文化课考试和专业课的设置来划分的，而在体育方面，高年级的学生却不一定强于低年级的学生。大学体育按项目划分势必会打破传统的年级概念和模式。因此，单从运动项目方面来看，最好是将有同等水平的大学生组织在一起上课。这样，学生对运动项目的兴趣和积极性才能被充分调动起来。大学生最好每人都能掌握两项以上的体育技术、技能，能够参加学校、院系、班级组织的比赛，体验运动的乐趣，将体育融入生活。

（二）大学体育的目标

大学体育的目标是培养大学生的创新能力和高尚的道德情操，使其体、德、智、美全面发展。

1.大学体育目标的组成

大学体育的目标由以下四大部分组成：

（1）认知类。认知类目标包括知识的基本概念、原理和规律,以及理解和思维能力相关目标。

（2）技能类。技能类目标包括行为、习惯、运动及交际能力相关目标。

（3）情感类。情感类目标包括思想、观点和信念,如价值观、审美观等相关目标。

（4）应用类。应用类目标包括应用前三类来解决社会和个人生活问题的能力相关目标。

2.大学体育目标的特点

大学体育的目标具有以下几个特点:

（1）整体性。整体性是指大学体育的目标彼此关联,并非孤立。

（2）连续性。连续性是指大学体育的目标可不断发展和深化。

（3）层次性。层次性与大学体育的相关技能、情感等内在知识基础的层次有关。

（4）积累性。在确立大学体育目标后,大学生可逐步、有序地提升对大学体育的认识和掌握能力,进行知识和技能的积累,以达到更高的目标。

3.大学体育的教育目标

2002年,教育部颁布施行了《全国普通高等学校体育课程教学指导纲要》(以下简称《纲要》)。《纲要》是国家对大学生在体育课程方面的基本要求,是新时期普通高等学校制定体育课程教学大纲,进行体育课程建设和评价的依据。

《纲要》对大学生的教育目标主要有两个:一是基本目标,二是发展目标。大学生应努力达到这两个目标。

（1）基本目标。基本目标是根据大多数大学生的基本要求而确定的,分为五个领域目标。

（2）发展目标。发展目标是针对部分学有所长和有余力的大学生确定的,也可作为大多数大学生的努力目标,分为五个领域目标。

二、大学体育的内容

大学体育包括八个方面,其中有四个方面是显性的,另四个方面是隐性的。大学体育显性的四个方面分别是体育课程教学、校园群体活动、教学群体训练和对外交流。其中,教学群体训练代表的是学校体育的显性实力,对外交流则是彰显这种实力的方法,缺一个都不足以体现整个学校的体育教育成绩和实力。大学体育隐性的四个方面包括学科建设、师资队伍建设、场馆设施和组织管理。

（一）体育课程教学

课程教学是学校教育永恒的主题,体育课程是学校体育的中心工作。体育课程教学主要包括“一点两面”:“一点”是指课程教学,“两面”是指代表队和群体工作。

（二）校园群体活动

校园群体活动是课程教学的延伸,是校园文化中体育与健康内涵的体现,是体育意识和行为是否深入人心的视点。“每天锻炼一小时,健康工作五十年,幸福生活一辈子”的口号及“阳光体育"是校园群体活动的新指向。

(三)教学群体训练

代表队是高校体育的窗口,是体育教师个人理想中竞技寿命的延续,是部分高校的体育亮点。体育代表队的分级建设主次有序,通常可分为四级:第一级是高水平运动队;第二级是学生常年训练队;第三级是学生分期、间期训练队,如冬天训练,夏天不训练;第四级是俱乐部。其中,俱乐部既特招了精英,又满足了爱好者在一定的平台上展示自己的需求。

(四)对外交流

大学体育的对外交流主要体现为:传播发展信息,引进科研成果和智力支持;准确地判断本校的现状和机遇,在合作联动中达成共同责任、共同利益和共同发展。对外交流不是仅仅局限在地域内或国内,它还可以走出国门,进行国际交流。

(五)学科建设

把体育纳入学科建设的轨道已是国内主流大学的共识,是高校体育在学校提升实际地位的唯一途径。学科建设反映了学校体育发展的可持续性。

(六)师资队伍建设

卓越的师资队伍能够更好地引领体育教育教学的发展。对此,学校在师资队伍建设过程中可采用因事设岗、因岗设人、竞争上岗、优胜劣汰的原则。学校应力争培养或引进公认的教学名师及学科带头人、高水平科研人员、国际知名裁判、国家级教练员等人才,以提高师资队伍的建设水平。

(七)场馆设施

场馆设施是高校体育正常运作必不可少的物质条件,是高校落实"健康第一"指导思想的载体。场馆设施条件的优劣是反映学校对体育工作重视程度高低的重要标志之一。对于场馆设施的建设和维护,学校可根据实际条件找到有偿服务和免费开放的最佳契合点。

(八)组织管理

组织管理是各项工作协调进取的纽带,是理顺机制、激励信心和推进工作的具体保证。组织管理由两部分组成:一是管理和操作运行的水平,二是规章制度。这两部分都能够体现学校的组织管理水平。学校组织管理的要点为:有完善的政策职称体系,包括发展目标、工作规范、制度措施等;强化物质支持体系,使人、财、物的使用合理化和最佳化;吸纳校内、校外及社会资源,站在事业发展的前沿,与时俱进、开拓进取。学校的组织管理和操作运行应有章法,组织管理的运行则有赖于健全的规章制度。

三、大学体育的发展

我国普通高校的体育教育自近代以来一直受国外影响：从 19 世纪末 20 世纪初的德、日"富国强兵"的体育思想和兵式体操，到 20 世纪 20 年代的欧美自然主义体育思想和近代体育运动；从 20 世纪 50 年代的苏联劳卫制体育思想和以运动技能为主，到 20 世纪 80 年代再次从西方引进的终生体育思想和相应的体育形态，如快乐体育、小群体教学、俱乐部等。我国普通高校的体育课程和教学一直没有自己的特色，一直处于多种思想共存、多种形式并存的局面。

《指导纲要》指出："体育课程设置的目的是通过合理的体育教学过程和科学的体育锻炼过程，使学生增强体育意识，提高体育能力，养成体育锻炼的习惯，受到良好的思想品德教育，成为体魄强健的社会主义事业的建设者和接班人。"受此引导，在进入 21 世纪以后，我国普通高校体育呈现出新的发展趋势，体育教学的改革目标与素质教育的结合更加注重人的发展，"以人为本"成为 21 世纪学校体育改革重要的指导思想。

现阶段，我国普通高校体育教学还处在一个需要进一步开拓与创新的过程之中。体育工作者不仅需要引进并积极学习国外学校的体育教学思想和形式，还需要结合我国国情和各普通高校的自身优势与特色，逐步建立具有中国特色的社会主义普通高校体育教学体系，通过体育教育的特殊功能来提高大学生的身体素质、心理素质及创新能力等多元化素质。构建科学发展的大学体育可从以下几个方面着手：

(一)运动项目

我国常见的体育运动项目包括传统运动项目和新兴运动项目。

1.传统运动项目

传统运动项目主要包括田径、体操、游泳、篮球、足球、排球、乒乓球、羽毛球、网球、武术、健美操等。

2.新兴运动项目

随着体育运动的发展，越来越多的体育项目被认同并增加到教学环节中，如轮滑、手球、男子健美、形体操(女子)、街舞、瑜伽、橄榄球、藤球、毽球、板球、水中健身、体疗康复等。

大学生的个体身体素质差异很大，他们擅长某一方面，但可能不擅长另一方面。让身体素质已经达到基本标准的大学生根据自己的特长选择体育课程，是素质教育中"合格加特长"模式的充分体现。大学生在自己喜爱的运动项目上可以更好地体验运动的感觉和乐趣，享受"快乐体育"，使身心素质得到较全面的发展。

(二)体育文化

大学体育应将奥林匹克精神和民族传统体育文化与大学体育课程的教学实践密切结合。体育教师在体育教学中应当重"授之以渔"，教导学生最基本的提高身体素质的方法，并顺应学生的个性发展，发挥其特长和爱好，广开思路，精心构思体育教学内容，有的放矢地向学生传授各种体育活动的方式、方法，并注意培养学生的稳定的体育锻炼理念。

例如,清华大学的体育教学一直坚持把男生 3 000 米、女生 1 500 米健身跑,男生引体向上、女生实心球,作为考核学生能否通过体育课的重要组成部分,以此来督促学生加强有氧耐力素质和肌肉力量素质的练习。此外,在大二开设游泳必修课,使清华学生人人都会游泳,这也是清华体育教学追求的目标之一。这些教学和考核内容的设置与安排不仅对在校学生提高身体素质、培养锻炼习惯极为有利,还为学生毕业后养成终身体育意识和运动实践奠定了物质与精神基础。由此可见,精心设置的身体素质考核和终身体育教学内容就是大学体育教学特色之一。

(三)健康保健

大学生除了应掌握一些有用的体育技能,还应加强对健康教育和体育文化知识的学习,培养自身的体育鉴赏能力、体育娱乐能力和体育创造能力,以及对一些体育社会问题和价值观的正确态度,为以后顺利从事社会体育、终身体育创造有利条件。

同时,掌握健康理论可以使大学生在进行体育锻炼时不会感到盲目,不会因不懂而进行不科学的体育健身活动。更为重要的是,这些理论知识将陪伴人的一生,意义深远。

(四)运动鉴赏

随着现代化的发展,媒体对很多大型体育赛事都进行了直播或转播,而网络上也有大量国内外体育比赛的转载,这些都引起了大学生强烈的好奇心和参与意识。由此,如何看懂各项大学生喜爱的体育赛事和了解各运动项目就成为大学生需要学习的内容。因此,运动鉴赏也是大学体育的重要组成部分。

第二节 高校体育工作对大学生的基本要求

高校体育工作对当代大学生的基本要求是:树立正确的体育意识,提高体育的基本活动能力,培养对体育的兴趣和习惯,塑造强健的体魄,为自身的全面发展打下良好的物质基础。

一、树立正确的体育意识

随着现代科学文化的迅速发展,体育在现代社会中的地位和作用越来越被人们所重视,体育的作用和影响远远超出了文化和教育的范畴,具有广泛的社会学意义和心理学意义。体育意识是一种复杂的社会现象,体育意识作为人们的大脑对这一社会现象的反映自然也应该是十分丰富的。用通俗易懂的方式可将体育意识表述为:人们对体育及其重要性的认识,以及由此产生的思想观念、心理活动的总和。

体育锻炼意识是引导学生正确认识体育锻炼、指导学生参与体育活动的理论和思想基础,主要包括对体育运动的意义和作用的理解,具有参与运动的欲望和要求等。当然,由于遗传因素等条件的影响,每个人的运动能力有着较大的差异。但是,每个人终身体育锻炼的意识却不是天生的,而是通过感知到思维的形式和过程培养出来的。大学生体育意识的形成和发展,受生理、心理、生活、环境、学习、文化素质、职业以及社会等因素的影响。大学生体育意识的形成与变化,作用于大学生的思想和行为,影响大学生的体质与健康,同时与学习、生活互为影响。

(一)体育意识的特点

1.对体育现象的依赖性特点

存在决定意识。多姿多彩的体育实践的存在,决定了内涵丰富的体育意识的产生和升华。

2.体育意识的相对独立性特点

这里主要指体育意识有它自身的相对发展规律,其主要表现为以下几个方面:体育意识发展的历史继承性;体育意识的发展与体育存在的不平衡性(体育意识落后于客观的体育存在,体育意识超越体育存在的现象都是实际存在的);体育意识的能动性。

(二)体育意识的作用

教师不仅要把握学生在校期间的有利时机,要求学生加强体育锻炼,更应充分利用在校的宝贵时间,培养学生终身体育锻炼意识,为学生终身体育锻炼奠定坚实的基础。在此主要提示与体育意识固有特点紧密相连的两方面能动作用。

(1)体育意识对体育存在的反映不应该只停滞在同一水平上,有滞后,也有超越。

(2)体育意识的能动作用主要表现在它对体育实践的主动调节和支配上。正确地反映体育客观存在及其发展规律的体育意识可以指导和推动人们的体育实践,并产生相应的良好效益;错误的体育意识则会把体育实践引向歧途。

(三)增强体育意识的途径

(1)体育教育职能部门在教育和引导学生的过程中应充分考虑影响大学生形成和发展其体育意识的诸因素,使大学生形成良好的体育意识,并应重视大学生体育意识的形成与变化的作用和意义。

(2)体育教育应强化科学性、知识性。知识与科学是增强大学生体育意识的主要动力,可以改变体育教学传统化的旧格局,并通过体育教育过程充分展示体育科学的存在及其生命力。

(3)加强师资队伍的质量建设,提高文化素质和科学知识素质的层次。那种只会竞技运动而不会写、不会教学的教师应予以淘汰,否则,大学生的体育意识培养将受到潜移默化的影响,《大学生体育合格标准》的实施将得不到保证。

(4)体育意识既受社会发展因素的影响,又与社会对人才需求的要求有关系。学校职能部门要重视体育教育这个环节,利用大学生的思想倾向和心理向往,显示体育科学的生命力、吸引力。

(5)体育教师向学生讲授体育在政治、外交、文化教育、娱乐、增强体质等各方面的功能和作用,使学生在理性方面认识体育。

(6)大学生要充分认识传播对提高自身体育意识的重要作用。当今世界传播媒介把人们带入了多姿多彩的体育世界,促使人们去经历复杂多变的情感体验。许多大学生在满足了高尚的精神享受之后,在认识上就会登上一个新的台阶,会立即产生跃身实践、显示身手的直接动机,从而极为深刻地影响自身的体育实践活动,"我要参与、我要体验、我要锻炼"的意识和行为相应而生。

(7)鼓励学生、组织学生参与体育实践。参与体育实践是培养和提高大学生体育意识的重要措施,也是体育意识提高的具体体现,同时也是增强学生体质最重要的手段。经常参与体育实践有助于基本技能的掌握,掌握一定的体育基本技能,有助于更好地参与体育实践,二者相辅相成,互相促进,为终身体育打下坚实的基础。配合全民健身计划,大面积组织竞赛活动,改变以往那种"少数人参与、多数人参观"的局面,使多数学生体验到参加体育竞赛的艰辛与愉悦,感受一下胜利和失败。

(8)增强体育意识有赖于大学生热心关注体育运动。努力探索体育世界的真谛,必须明确个人所达到的层次既受认识总规律的影响,又受个体的认识能力、兴趣、动机、需要、态度、情感和思想观念等诸多因素的制约。

当然,我们还必须记住,在现代社会生活中,体育与商品经济和社会化大生产之间存在着极为密切的联系。体育中的竞争意识、参与意识、合作意识、奋斗意识、拼搏意识、创新意识、自强意识、交往意识以及健美意识等都是与商品经济所需要的各种意识息息相通的,从这里我们应更加深刻地体会到体育意识与跨世纪合格人才健康成长的内在联系。从这个意义上讲,增强体育意识已远远超出了增强体质、增进健康的范畴。如果我们立足此点,升华、拓展、辐射人类社会这个多维的存在体,认真探索、理解和掌握其诸多构项的变换机制,把握和遵照其循序的演进历程,在客观地确认人在其中的地位和作用的前提下,竭尽全力地增强自己对生活、对社会的适应性,争做未来世纪的强有力的竞争者,以立于不败之地,应该是有作为的大学生的现实而崇高的愿望。

二、提高体育的基本活动能力

能力通常是指人在从事某种活动中表现出来的本领。人们日常最为重视的能力是智力,但是人们很少知道,人的任何两种能力都是在以下三个因素的相互作用下产生和发展变化的:第一是生理素质的基础;第二是教育培养的作用;第三是个人努力和实践的成就。从这个视角来看,人的任何一种能力都受其德、智、体的相互制约和影响。所以,人的任何一种能力都不能仅看成某一素质,而均应视为人的整体素质构成部分之一。

(一)人的基本活动能力

走、跑、跳跃、投掷、悬垂、支撑、爬越和涉水等人的基本活动能力,既是人的相应个性心理特征的反映,又是人的随意运动技巧的具体表现。它们直接影响着人的活动效率与顺利完成动作的程度。基本活动能力强的人,其实际活动效率相应较高,顺利完成的程度相应较好;基本活动能力弱的人,其实际活动效率相应较低,顺利完成的程度相应较差;基本活动能力有缺陷的人,其相应实际活动必有障碍或没有效率或根本不能完成。由于诸多因素的影响,我国青少年的基本活动能力呈下降趋势,这与 21 世纪对人的要求形成很大反差,这一现象应该引起全社会,特别是当代大学生们自身的高度重视。

(二)提高人的基本活动能力的有效途径

在漫长的人类历史进程中,对体育与运动是形成和发展人的基本活动能力的良好手段和有效途径,人们早已有了深刻认识,并在不断深化。从这个意义上审视,体育成为人的全面发展教育的不可分割部分的本质意义才得以充分体现。要提高人的基本活动能力,我们应从以下几方面着手:

(1)认识能力

首先,大学生体育意识是以丰富的体育知识和对体育锻炼的功能、目的和意义的理解及对其良好的情感体验为基础的,而良好的认识能力是不可缺少的。

体育意识也受国家、民族、社会体育风气和全社会对体育认识的影响。要使当代大学生认识到体育与国家、体育与时代精神之间的联系,生发大学生参与体育活动的意识和动机。

(2)体育运动能力

体育运动能力是体育锻炼能力的核心内容。具有良好体育运动能力的人,一般对体育运动具有良好的体验和自信,并初步学会了一些方法和原理,形成了相对稳定的习惯甚至爱好,这对终身体育锻炼能力的形成都是极为有利的。因此,体育运动是发展素质、提高技能的最有效的手段。

(3)制订锻炼计划的能力及组织锻炼能力

制订锻炼计划的能力及组织锻炼能力是与终身体育锻炼能力相关的最大的能力。

(4)自我检查和自我评价能力

在独立的锻炼中,及时、准确地进行自我评价,是锻炼者必须掌握的操作技能,也是体育锻炼能力培养中容易被忽视但又非常重要的一项内容。

(三)优化智能结构

众所周知,需要既是人类社会的促动之源,又是人类个体的动力之源。人的需要是分层次的,人们满足自身需要总是逐级进行的,但永无止境,人类社会因此才不断向前发展。

厚基础,宽专业,个性鲜明,社会择业适应力强,富于创造能力的德、智、体全面发展的跨世纪合格人才,理应拥有相应的最优化智能结构。智能一般可理解为一个人智力和能力的总和,它包括身体力、知识力、认识力、实践力、创造五种基本要素。身体力在此特定为人的身体素质,包括感觉器官、运动器官、思维器官、神经系统的功能以及有待探索的某些功能;知识力指知识储备量所具有的力度和获取知识的能力,包括学习能力、记忆能力等;认识力指一个人认识和理解事物的能力,包括观察力、想象力、思维力等;实践力指能动地认识和改造世界的能力,包括组织能力、操作能力、社会活动能力及信息处理能力等;创造力指独立发现新事物、提出新见解、解决新问题的能力。智能结构是上述要素组成的相互联系、影响和制约的动态综合系统。

智能结构按其组成要素的比重及作用大小的不同可划分为再现型、发现型、推理型、决断型、条理型、创造型、博学型、方法型、审美型等。以上分类只是一种相对划分，一个人既可以属于一种类型，也可以是属于几种类型的综合型。

对智能结构的优化有以下几条原则：效能原则、目标原则、适应原则、个性原则和创新原则等。另外，我们切莫忘记，人的一切活动都是在大脑的指挥下进行的。对于每一个人来讲，体育与运动对其大脑的健全发育与良好功能，大脑的灵活性和均衡性，大脑潜能的开发和挖掘等，都有着独特而不可替代的良好作用。

三、培养对体育的兴趣和习惯

（一）兴趣是人们积极探究某一事物的认识倾向

人们总是对自己感兴趣的事物进行积极的探究，并常常带有情绪色彩和向往的心情。人们对体育的兴趣往往首先是从多姿多彩的运动竞赛、运动游戏、身体练习和运动场馆与设施的关注开始的，通过对体育的诸多的具体内容、方法、手段、设施等的关注和向往，人们的认识活动就会逐渐集中地指向与体育有关的事物。

对体育的兴趣，首先是人们在对体育需要的基础上产生和发展的，因为需要的对象正是兴趣的对象。同时我们还必须明白，在较低级的需要基础上产生的兴趣是暂时的，只有建立在文化和精神需要的基础上的兴趣才是持久的，并在需要得到满足后又会产生更加浓厚的兴趣。高文化层次的大学生理应将自己对体育的兴趣建立在高级需要基础上。

（二）爱好是从事某种活动的倾向

当人们对体育的兴趣进一步发展成为从事体育活动的倾向时，就发展出了对体育运动的爱好。爱好总是与活动紧密联系在一起的。有的大学生对体育只有观赏性的兴趣，而没有积极从事体育活动的爱好，这样实难使体育运动真正地进入自己的生活，也很难养成参与体育运动的良好习惯。

（三）正确对待体育的兴趣和爱好

首先，从教育的角度出发，对有兴趣的学生要鼓励，对无兴趣的学生要引导。其次，培养学生参加体育锻炼的兴趣、爱好与习惯，不仅是一般的体育教育过程，而且更要强调这是一个培养、教育的过程。这不仅要求在体育课中进行体育教育，而且应课内外结合、校内外配合，才能共同实现。毛泽东早在1917年发表的《体育之研究》一文中即强调"欲图体育之效，非动其主观，促其对体育之自觉不可"。领会其含义，我们进一步认识到培养学生对体育的兴趣、爱好与养成经常从事体育锻炼的习惯对发展终身体育的战略意义。以终身体育思想考察今日学校体育给我们以新的启迪，那就是：培养兴趣、发展爱好、形成习惯这一人们步入终身体育的三步曲，将与增强体质、传授"三基"、培养思想品德等学校体育的重要目标放在同等地位来考虑。

实践证明，通过对体育运动的观赏和参与，人们对体育的兴趣一旦发展成为对体育的爱好之后,就会成为人们认识和从事体育活动的强大动力,极大地提高人们从事体育活动的主动性和积极性。养成良好的体育习惯,使人们轻松愉快地体验体育运动的无穷乐趣和了解它促进身心发展的诸多功能,其收益更是久远的。

四、塑造强健的体魄

增强体质,增进健康,努力塑造强健的体魄,这应视为我们接受体育教育的直接目标或称首要任务。它既受高校体育本职功能的制约,又充分反映现代社会对提高人类自身素质的现实需要,自然也是新世纪对合格人才的基本要求。

(一)大学阶段是塑造强健体魄的关键时期

大学生正处在青春后期和青年期,生长发育日趋稳定,生理机能和适应能力已发展到较高水平,是性发育成熟、生命活动最旺盛、身心健康加速发展的关键时期。在此关键时期,大学生必须十分重视通过科学的身体锻炼过程来促进和完成自身正常生长发育,全面发展身体形态、机能,努力提高身体素质和基本活动能力,提高对疾病的抵抗力和对环境的适应能力,谋求塑造强健的体魄。

(二)认真接受体育教育

高等学校体育教育的过程主要是在教师的指导下,大学生主动积极地学习和掌握体育与运动的基本知识、基本技术、基本技能的过程,促使大学生获得参与运动实践的本领和身体锻炼的科学方法,这是一个参与运动、掌握技术、发展智力、增强体力的综合过程。再加上高等学校校园文化、体育整体氛围的影响,树立正确的体育意识,提高体育的基本能力,培养对体育的兴趣,塑造强健体魄的基本要求,定会在潜移默化的教育过程中,通过教师的引导和自身的主动学习而圆满达到体育教育的目的,从而真正地实现体育促使自己受益终身的目标。

第三节　实现大学体育的基本途径

国家为我们规定了为社会主义现代化事业培养德、智、体全面发展的建设者和接班人的培育目标,但是,高等教育和高校体育的目的与任务都不会自动实现。我们只有通过多种多样的组织形式为其提供具体途径,并实施相应的教学计划,才能得以实现。

在我国的高校体育教育过程中有以下几种基本组织形式:

一、体育课程

体育课程作为高校体育教育最主要的组织形式,是高等学校教学计划所规定的必修课程之一。体育课程是按照教育计划和体育教学大纲而组织的专门的教育过程,是实现高校体育目标的基本途径。

由国务院批准颁发的《学校体育工作条例》中明确规定普通高等学校的一、二年级必须开设体育课。普通高等学校对三年级以上学生开设体育选修课。为了进一步提高体育课程在学校的地位,《中华人民共和国体育法》又把"学校必须开设体育课,并将体育课列为考核学生学业成绩的科目"作为法规条文,要求教育行政部门和学校必须认真执行。

体育课程分为理论与实践两部分。理论课依据体育理论教材由教师在室内课堂进行讲授,内容主要包括体育科学知识及体育实践方法。按《大学生体育合格标准》提出的要求,为了加强大学生对体育知识与文化内涵的理解,高校体育已适当增加理论课的学时,并作为体育课程考核内容的一部分。实践课则以身体练习为基本锻炼方法,通过提供体育锻炼所需的运动场地与设施,构成了以教师为主导、学生为主体的专门教学过程。由于教育对象在教学过程中要接受一定的运动负荷,因而体力与智力的相互联系与作用,使实践课教学在遵循一般教学普遍法则的基础上,还必须遵循动作技能形成的规律、人体机能活动的规律和人体能力变化的规律。当前,为了适应现代教育的发展趋势,根据"终身教育所强调的关于个人接受教育的方式不应与自身相冲突"的观点,重视培养学生体育锻炼的兴趣、习惯与能力,并以个性发展的统一性、全面性和连续性为原则,把高校体育课程分为以下几种主要形式:

(一)普通体育课

普通体育课是专为一、二年级学生所开设的必修体育课。其教学内容具有基础性,教学要求具有普遍性。凡身体健康无残疾的学生都必须按规定要求通过考核。普通体育课有严格的学时规定及学籍管理的约束,但为了提高培养跨世纪人才的质量,主动适应社会主义市场经济体制的需要,目前围绕教学大纲、教材体系、教学俱乐部等重大问题,部分高校已在必修体育课的基础上,结合学生的兴趣分专项开设体育必修选项课,实行完全学分制的教学管理,采用弹性学制,分层次教学,提出课内外一体化,加强体育理论课和实行教学俱乐部制等改革措施,这必将对体育课程建设产生积极的影响。

(二)体育选修课

根据《学校体育工作条例》中的规定,普通高等学校应对学生开设体育选修课。选修课是在完成普通体育课要求的基础上,根据个人的兴趣与爱好,让学生选择某一运动项目进行专门训练,以不断提高专项技术水平和能力。为了更好地在高校推行"全民健身计划",寻找终身体育、成功体育、娱乐体育与全民健身的结合点,并把体育意识、体育能力的培养以及养成体育锻炼习惯作为追求目标,已成为体育选修课重点需要解决的问题。

(三)体育保健课

体育保健课专为患有慢性疾病或有残疾的学生开设,其目的在于增强体力,帮助恢复健康,调节生理功能和矫正某些身体缺陷。根据《大学生体育合格标准实施办法》的有关规定,参加保健课的学生须经医院证明,体育教研室(部)同意。教学内容的选择应注意保健性,具体要求可适当放宽。但最近几年,由于社会变革使人们的生活节奏加快和思想观念更新引起的心态变化等原因,健康教育(特别是青少年心理健康教育)日益引起高校的重视。为了适应这种需要,如何使体育保健课与健康教育接轨,并协同解决心理健康、卫生保健等问题,已成为体育保健课面临的重大任务。

二、课外体育活动

课外体育活动包括课前、课间和课余所进行的自我身体锻炼。主要形式有早操、课间操、课后运动、全校性的运动会和体育节,以及有组织的旅行和郊游等。它虽不像课堂体育教学那样有规定的内容、严格的组织形式和考核标准,但根据《大学生体育合格标准》中的有关规定,课外体育活动是综合评定学生体育成绩的一个方面,按早操和课外体育活动的出勤表现评分。除特殊情况外,早操每周不得少于三次,课外活动每周不得少于三次。

课外体育活动根据实际需要,时间可长可短,但以振奋精神、活跃情绪、坚持经常且不过于疲劳为原则。所采取的形式应多样易行,可独立按计划完成,或在教师指导下组成锻炼小组,或以体育俱乐部、体育协会等组织进行锻炼。其主要目的是增强体质,调节身心,消除脑力劳动引起的疲劳,为提高学习和工作效率服务。

随着体育社会化程度的不断提高,学校在坚持组织学生参加《国家体育锻炼标准》规定项目锻炼的同时,还要根据个人兴趣和爱好,以积极贯彻《全民健身计划纲要》为宗旨,促使大学生余暇体育活动逐渐活跃起来。

三、课余运动训练

课余运动训练是指利用课余时间,对部分热爱体育运动、身体素质好又有专项运动专长的学生,进行系统训练的一种专门教育过程,它是学生课外体育活动的重要组成部分。由于其目的是提高学校竞技运动水平及推进群众性体育活动,故它又是高校体育贯彻普及与提高相结合方针的重要措施。根据《学校体育工作条例》中的有关规定,普通高等学校经国家教育委员会批准,可以开展培养优秀体育后备人才的训练,且对运动水平较高、具有培养前途的学生,报国家教育委员会批准,可适当延长学习年限。

运动训练本身是一个科学而复杂的教育过程,其实质是对运动员的机体进行改造。因此,为了提高机能水平及运动成绩,除必须根据大学生的年龄特征、运动基础、作息制度及生理和心理特点制订专门的训练计划外,还应遵循运动训练的基本原则,采用科学的训练方法进行训练。

高校运动训练的项目设置,主要根据学校的教师、体育场地设备、传统运动项目等方面的具体条件来决定。特别自我国在高校试行"建立高水平运动队"之后,又赋予高校课余训练以新的含义。目前各院校根据实际情况,正致力于对高水平运动员招生、学制及训练等管理体系的探索与创新,为适应开拓竞技运动人才输送渠道及扩大国际交往范围的需要,积极创造条件使课余体育训练逐步走向科学化和系统化。

四、课余体育竞赛

体育竞赛本身所具有的竞争性特点,不仅具有活跃课余生活、振奋人心、发展交往等作用,而且也是检查体育教学、体育锻炼及运动训练效果的一种重要手段。因此,它是吸引广大学生参加体育活动的一种好形式。高校体育竞赛应以育人为宗旨,以小型多样、单项分散、基层为主和勤俭节约为原则。另外还可通过开展各种形式的校际竞赛活动,以扩大大学生的视野和提高社会交际能力。根据《大学生体育合格标准》中的有关规定,参加学生体育比赛获优秀成绩者或获等级运动员称号者,均可在体育成绩中获奖励分3~5分。

第二章
现代健康观

有人说,健康就是它在的时候,你我都毫无感觉,没有体会,也没去想它,你我平时不重视它,也不关心它,甚至根本没有感觉到它的存在。因为你那时精力充沛、斗志昂扬,你有的是力量,有的是信心和希望,你不知道健康会和你有多么大的关系。但是,人若胃痛了,才知道自己是有胃的;若心脏跳得异常了,才知道自己是有心脏的……这样的戏言说得自有一番道理。因为只有当你失去健康的时候,你才知道它曾存在着,你才知道本来是应该珍惜它的,你才想到健康原来和你竟是那么的不可分离。健康如果离开你一会儿,你就会有很多很深的体验;健康如果永远地离你而去,你也许会觉得整个世界都是没有意义的。

第一节　健康概述

一、健康

健康是一种完美状态,通过锻炼身体获得的是一种保持健康的能力,有了能力才有可能达到健康状态。

(一)中国古代健康观

健、康二字,分别见于殷商时代的文献中。"健"字偏重于指精神和意志的坚强,《易经》里"天行健,君子以自强不息"这句话,说的就是这个意思。"康"字初见于《尚书·洪范》里一段谈五福六极的话:"五福:一曰寿,二曰富,三曰康宁,四曰攸好德,五曰考终命。六极:一曰凶短折,二曰疾,三曰忧,四曰贫,五曰恶,六曰弱。"寿、康与疾、弱对举,可见"康"字的意思偏重于身体的健康无疾,非常接近于今天"健康"一词的含义。

中国古代传统的观点认为人是天地的产物,保持与天地的和谐一致,是保持人体健康的一个基本前提。古人认为"气"是生命的本质、身体的基础,也是健康的本质和基础。这二者统一于"气",它们之间的联系也是通过"气"的运行流动变化来实现的。阴阳二气在人体内不停地流动运行,两者的平衡与和谐,就是健康状态的基本表现形式,也是健康长寿的基本要求。从本质上看,这种和谐统一的状态也就是阴阳的和谐平衡,是生命常态即健康的本质和标准。总而言之,按照中国传统的观点,人、社会、自然是一个统一的和谐整体,它们之间存在着普遍的复杂联系。

(二)欧美健康观

"健康"的英文"health"源于英国盎格鲁-撒克逊人,主要含义是安全、完美和结实。在远古时代,人们意识到身体没有疾病和创伤是非常安全和无痛苦的,这种本能的意识就是最初对健康的朦胧认识,但没有上升到理论高度。健康的概念是随着人类对自身和对客观世界的认识而不断深化的。美国健康、体育、休闲与舞蹈协会(AAH-PERD)对健康提出了整体性的概念,即健康由五个成分的安适状态所构成:

(1)身体适能,即了解身体发育、身体照顾,发展正向的身体活动态度与能力;

(2)情绪适能,即思考清晰、情绪稳定、成功地调适压力,保持自律与自制;

(3)社会适能,即关心配偶、家人、邻居、同事和朋友,积极地与他人互动和发展友谊;

(4)精神适能,即寻找个人生命的意义,设定人生的目标;

(5)文化适能,即对小区生活改善有贡献,注意文化和社会事件,能接受公共事物的责任。

这五个成分虽各自独立,但彼此相关而影响了生活形态的质量,也呈现出了"人自己的生长发育""人与人、社会、文化的互动""人与自然、面对事物时如何做决定"三个层面的全人健康。

(三)新世纪健康观的形成

健康不仅仅是没有疾病。健康概念是一个动态特征,它受一定历史阶段的生产力、生产关系、科技水平和哲学思想的影响。世界卫生组织给健康下了定义,并制定了标准,但是由于各国文化背景、环境、社会道德和政治经济情况不同,健康理念也是有差异和发展的。我国的健康观注重身心与自然的统一,欧美的健康观注重人的社会、心理、生物等方面的影响;我国更加注重宏观的整体性,欧美注重微观的指标。健康观念的发展可以分为几个阶段:

(1)远古时代,由于受本体疾病观的影响,人们认为健康由鬼神主宰,人类无力抗争,忽视了人的自然属性和社会属性。

(2)工业革命后进入近代社会,解剖学、生理学等学科开始形成,但人们对疾病的原因却无法解释。这种观点认为健康就是肉体的正常运转,无病就是健康,忽视了人的社会属性和生物的复杂性。

(3)19世纪末,自然科学疾病观形成雏形,逐步发现疾病由病原微生物引起,这个时代人们认为健康就是保持病原微生物、人体和环境三者之间的平衡关系。这种观点只涵盖了自然属性,却忽视了疾病的多元病因。

(4)20世纪初,随着医学的进一步发展,以及心理学的日趋成熟和社会生态学观点的提出,人们了解到疾病病因的复杂性,特别是认识到社会环境对健康的影响。这使健康涉及社会因素、心理因素和个人行为,形成了综合的健康观念。

过去,人们把健康单纯地理解为"无病、无伤和无残",并将"没有疾病"作为衡量健康的唯一标准,这不能反映健康的全部。"没有疾病"只是最起码、最低标准的健康,这又被称为健康的消极面。人们应具有对疾病的抵抗能力,它是每个人面对生活中的各种挑战并从容应对的能力,是帮助个人潜能得到充分发挥的一种资源。

现今广被接受的健康概念是世界卫生组织定义的,即健康不仅是没有疾病和衰弱状态,也是一种身体上、精神上和社会上的完好状态。这种健康观突破了传统健康模式和医学范畴,形成了三维健康观,使健康目标的实现需要人类知识的融合。健康本身不是生活的目标,而是每个人日常生活所需要的一种资源,是一种积极的表现,是个人对完美生活的潜在社会需求。

二、影响健康的因素

世界卫生组织的研究显示,有四大因素影响个人健康和寿命:生物学因素(占15%)、环境因素(占17%)、卫生服务因素(占8%)、健康相关行为因素(占60%)。影响健康的四个因素中,环境因素较难改变;卫生服务、健康相关行为因素是可塑性较大的部分,并且对健康影响较大;生物学因素中的遗传因素虽影响较小,但一旦出现遗传病,则不可逆转。这四个因素之间又有相互依存关系。

(一)生物学因素

生物学因素是指遗传和心理因素。人是由细胞、组织、器官和系统构成的。遗传是人的体质发展变化的先天条件,与一个人体质强弱有重要关系,如体形、相貌、性格、机能、疾病及寿命等。但遗传对体质的影响还受后天的环境、营养、体育锻炼和卫生保健条件等因素影响。遗传是不可改的因素,但心理因素可以改,保持一个积极心理状态是保持与增进健康的必要条件。

(二)环境因素

环境因素包括自然环境因素与社会环境因素,所有人类健康问题都与环境有关。自然环境是社会环境的基础,而社会环境又是自然环境的发展。自然环境是环绕在人们周围的各种自然因素的总和,如大气、水、植物、动物、土壤、岩石矿物、太阳辐射等。社会环境涉及政治制度、经济水平、文化教育、人口状况、科技发展等诸多因素。人类是自然的产物,而人类的活动又影响着自然环境。因此要保持自然环境与人类的和谐,就要强调人体与自然环境和社会环境的统一,强调健康、环境与人类发展问题不可分割,若破坏了人与自然的和谐,人类社会就会遭到大自然的报复。污染、人口和贫困,是当今世界面临的严重威胁人类健康的三大社会问题。

(三)卫生服务因素

卫生服务是指卫生系统借助一定的卫生资源,向居民提供的医疗、预防、保健、康复等各种活动的总称。卫生服务因素指社会卫生医疗设施和制度完善的状况,是针对个人和人群进行的有益于健康的医学行为的全方位的人性化的管理和看护。卫生服务的范围、内容与质量直接关系到人的生、老、病、死及由此产生的一系列健康问题。

(四)健康相关行为因素

健康相关行为是指个体或团体的与健康和疾病有关的行为,受文化、民族、经济、社会、风俗、家庭和同辈等因素影响。它一般可分为两大类:促进健康的行为和危害健康的行为。目前全世界一年约有 5 000 万人死去,而其中超过 1/3 的人得病的原因可归结于生活方式有问题。不良生活方式和有害健康的行为已成为当今危害人们健康,导致疾病及死亡的主因。据美国有关调查显示,只要有效地控制危害健康的行为,就能减少 40%～70% 的早死,1/3 的急性残疾,2/3 的慢性残疾。文明健康的生活方式可归纳为四句话:合理膳食,适量运动,戒烟戒酒,心理平衡。

第二节　现代人的健康观

一、健康的含义

健康是一个综合概念,人类对健康的认识随社会的进步和医学科学的发展而逐步深化。1948 年,世界卫生组织提出"健康不仅仅是没有疾病或不虚弱,而是身体上、心理上和社会适应能力上三方面的完美状态"的三维健康观。1978 年,世界卫生组织在《阿拉木图宣言》中重申这一定义,并指出:"达到尽可能高的健康水平是世界范围内一项最重要的社会性目标,而其实现则要求卫生部门及社会各部门协调行动。"1989 年,世界卫生组织又对健康做出新的定义,即"健康不仅是没有疾病,而且包括躯体健康、心理健康、社会适应良好和道德健康"。根据世界卫生组织对"健康"的定义,人们对健康做出了如下诠释:

(一)躯体健康

躯体健康一般指人的生理健康,是指身体的形态、结构和功能正常,具有生活自理能力。生理健康不仅指无病,还包括体能。体能是一种满足生活需要和有足够能量完成各种活动任务的能力。具备这种能力,就可以预防疾病、增进健康、提高生活质量。体能主要是通过体育锻炼而获得。

（二）心理健康

从广义上讲,心理健康是指一种高效而满意的、持续的心理状态。从狭义上讲,心理健康是指人的基本心理活动的过程内容完整、协调一致,即认知、情感、意志、行为、人格完整和协调,能适应社会,与社会保持同步。

随着社会文明的不断进步,人们对幸福和健康有了更高的追求。心理健康,这项在早前容易被忽略的人类健康的重要指标,如今正受到越来越多的人的关注。那么究竟什么是心理健康? 它的衡量标准又有哪些呢? 关于什么是心理健康,国外学者多有一些表述。英格里士认为:"心理健康是指一种持续的心理情况,当事者在那种情况下能做出良好适应,具有生命的活力,并能充分发展其身心的潜能;这乃是一种积极的丰富情况,而不仅是免于心理疾病。"麦灵格尔认为:"心理健康是指人们对于环境及相互间具有最高效率及快乐的适应情况。不仅是要有效率,也不仅是要能有满足之感,或是能愉快地接受生活的规范,而是需要三者具备。心理健康的人应能保持平静的情绪、敏锐的智能、适于社会环境的行为和愉快的气质。"

心理健康的标准:人的心理健康包括以下七个方面,即智力正常、情绪健康、意志健全、行为协调、人际关系适应、反应适度、心理特点、符合年龄。了解什么是心理健康,对于增强与维护人们的整体健康水平有重要意义。人们掌握了人的健康标准,就可以以此为依据对照自己,进行心理健康的自我诊断。发现自己的心理状况在某个或某几个方面与心理健康标准有一定距离,就会有针对性地加强心理锻炼,以期达到心理健康水平。如果发现自己的心理状态严重地偏离心理健康标准,就要及时求医,以便早期诊断与早期治疗。

总之,健康的心理就是按照正常思维、行为标准,人性地对客观物质世界的主观反应。

（三）社会健康

社会健康也称为社会适应性,指个体与他人及社会环境相互作用并具有良好的人际关系和实现社会角色的能力。有此能力的个体在交往中有自信感和安全感,与人友好相处,心情舒畅,少生烦恼,知道如何结交朋友、维持友谊,知道如何帮助他人和向他人求助,能聆听他人意见、表达自己的思想,能以负责任的态度行事并在社会中找到自己合适的位置。

（四）道德健康

道德健康是人的一种本质力量,由思想品德和人格自我完善两部分构成。道德健康是新健康教育的一个重要组成部分,它是以培养道德健康的社会公民为目的,通过运用健康管理的方法,以人文环境的改善为主,校园功能环境的改善相配合,运用知识教学与环境塑造相结合的方式,注重从思想上与行为上培养高尚的道德修养。新健康教育通过配备专业的老师在学校举办道德健康讲座,开展各项活动并普及法律知识,让学生们通过爱自己、爱父母、爱同学、爱老师逐步升华到爱家乡、爱祖国,在切身行动中加强道德观念修养,养成良好的道德行为习惯,成为道德健康的人。

道德健康是平衡健康的第一要素,健康应以道德为本。"道"既指人在自然界及社会生活中待人处世应当遵循的一定规律、规则、规范等,又指社会政治生活和做人的最高准则。"德"

是指个人的品德和思想情操。可以说,道德是人类应当遵循的所有自然、社会、家庭、人生的规律的统称。违背了这些规律,人们的身心健康就会受到伤害。新健康教育从思想方面帮助我们树立正确的价值观、人生观、世界观,保持良好的心态,促进身心的和谐、社会的和谐。

衡量道德健康的标准很多,主要包括法律法规、道德规范、职业美德、社会舆论及除法律之外的道德约束等标准。

二、健康标准

依据世界卫生组织对健康所下的定义,为了便于大家在实践中对照,现将世界卫生组织原来为健康所制定的十项具体指标和现在最新制定的"五快三良"标准列出,以供大家自我评价时参考。

(一)十项具体检查指标

(1)精力充沛,能从容不迫地应付日常生活和工作的压力而不感到过分紧张。

(2)处事乐观,态度积极,乐于承担责任,不挑剔事物的巨细。

(3)善于休息,睡眠良好。

(4)应变能力强,能适应环境的各种变化。

(5)能够抵挡一般性感冒和传染病。

(6)体重得当,身材匀称,站立时头、肩、臂位置协调。

(7)眼睛明亮,反应敏锐,眼睑不发炎。

(8)牙齿清洁,无空洞,无痛感;牙龈颜色正常,不出血。

(9)头发有光泽,无头屑。

(10)肌肉丰满、皮肤富有弹性,走路轻松有力。

(二)检查标准

如何来衡量身体健康和心理健康呢?世界卫生组织具体地提出了身体健康和心理健康的衡量标准,即用"五快"来衡量机体的健康状况,用"三良"来衡量心理的健康状况。"五快",包括食得快、说得快、走得快、睡得快、便得快。

(1)食得快:进食时有良好的胃口,不挑剔食物,能快速吃完一顿饭。这说明内脏功能正常。

(2)说得快:语言表达正确,说话流利。这说明头脑敏捷,心肺功能正常。

(3)走得快:行走自如,活动灵敏。这说明精力充沛,身体状态良好。

(4)睡得快:一旦有睡意,上床后能很快入睡且睡得好,醒后精神饱满,头脑清醒。这说明中枢神经系统兴奋抑制功能协调,且内脏无病理信息干扰。

(5)便得快:一有便意,能很快排泄完大、小便,且感觉良好。这说明胃肠、肾功能良好。

"三良",包括良好的个性、良好的处世能力、良好的人际关系。

(1)良好的个性:情绪稳定,性格温和,意志坚强,感情丰富,胸怀坦荡,豁达乐观。

（2）良好的处世能力：观察问题客观现实，具有良好的自控能力，能应付复杂环境，对事物的变迁保持良好的情绪，有知足感。

（3）良好的人际关系：待人宽厚，珍视友情，助人为乐，与人为善，与他人的关系良好，不吹毛求疵，不过分计较。

（三）健康生活方式

21世纪，一些发达国家所倡导的健康生活方式，已逐渐成为迅速发展的世界潮流，健康生活方式作为改善人们健康状况的重要手段，具有越来越重要的意义。健康生活方式是人们根据自己的生活机会中可供挑选的方案而选择的与健康相关行为的一些集合模式。健康生活方式包括：如何选择膳食，采取什么样的锻炼和娱乐形式，怎样保持个人卫生，如何应对意外风险，如何对待紧张、吸烟、酗酒和药物滥用问题，以及是否进行身体检查等。

（四）健商

健商是指一个人的健康智慧及其对健康的态度，包括一个人应具备的健康意识、健康知识和健康能力，这三个方面缺一不可。健商符合身心合一的中国传统思想，认为身心之间的关系是完善的保健的基本组成部分。健商包括五大要素：

自我保健：不把自己的健康都交给医生，而是通过健康的生活方式、乐观的生活态度控制健康。

健康知识：个人对健康知识掌握得越多，就越能对自己的健康做出明智的选择。

生活方式：作息、饮食、价值观等生活习惯和方式，它们对健康的作用举足轻重。

精神健康：克服焦虑、愤怒和压抑，这在健商概念中至关重要，因为精神上感到满足的人，常能健康长寿。

生活技能：通过重新评估环境（包括工作和人际关系）来改善生活，掌握健康的秘诀和方法。

（五）健康管理

健康管理是一种对个人或人群的健康危险因素进行全面监管的动态过程，是基于个人健康档案基础上的个性化健康事务性管理服务，并在此基础上运用这些信息来改变个体的行为，以达到维护和促进健康的作用。它建立在现代生物医学和信息数字化管理技术模式上，并从生物学、心理学、社会学的角度出发，实现对每个人进行全面的健康保障服务。健康管理包括三方面的内容：基本知识和理念、健康生活方式与行为、基本技能。

第三节 亚健康

一、亚健康的概念

1977年，世界卫生组织将健康概念确定为"不仅仅是没有疾病和身体虚弱，而是身体、心理和社会适应的完善状态"。这就充分表明:健康在生物属性方面不单纯指人体没有病痛,而是强调人在气质、性格、情绪、智力等方面的完好状态。其还在社会属性方面要求人们的社会活动、人际关系、社会地位、生活方式正常,在环境、物质和精神生活的满意度等方面也属正常。

20世纪80年代以来,我国医学界对健康、疾病也开展了一系列研究。其研究表明,当今社会有一个庞大的人群,身体有种种不适,而去医院检查又未能发现器质性病变,医学没有更好的办法来治疗,这种状态称为"亚健康状态"。没有疾病但却感觉不健康,处在健康和疾病之间,这就是"亚健康"。

亚健康是指机体并没有发生器质性的改变,但呈现出机体活力降低、适应性呈不同程度减退的一种生理状态,即机体结构退化和机体各系统生理功能减退的低质与心理失衡状态所导致的介于健康与疾病之间的一种状态。1994年美国疾病控制中心将亚健康状态命名为慢性疲劳综合征,其症状的表现形式多种多样,但主要表现为生理性症状和心理性症状两个方面。生理性症状为:困倦易睡、浑身无力、面容憔悴、胸闷气短、四肢麻木、面部浮肿、虚汗、生理功能减退、心律不齐等;心理性症状为:注意力不集中、记忆力下降、烦躁不安、萎靡不振、多梦易惊、紧张恐惧等。

众多研究表明,亚健康状态主要由四大要素构成:

(1)排除疾病原因的疲劳和虚弱状态;

(2)在健康与疾病之间的中间状态或疾病前状态;

(3)在生理、心理和社会适应能力上欠缺完美的状态;

(4)个体表现出与年龄不相称的组织结构和生理功能的衰退状态。

处于亚健康状态的人尽管没有明显的器官、组织和功能上的病症和缺陷,但常常自我感觉不适、疲劳乏力、反应迟钝、活力降低、适应力下降,并经常处在失眠、抑郁、焦虑、烦躁、无聊和无助的状态中。因此,亚健康状态使人徘徊在健康与疾病的边缘,生理功能处于低下的状态,而不良情绪使机体处于一种持久和过度的应激状态中,如不加以预防和改善,长此以往,将会导致肌体整体功能的改变,使人体进入疾病状态。

二、亚健康的表现形式

医学专家以世界卫生组织新的健康理念为依据,将亚健康状态划分为四种类型:

(一)生理亚健康

生理亚健康主要表现为过度疲劳造成的精力、体力透支。由于竞争激烈,人们用心、用脑过度使得身体主要器官长期处于入不敷出的非正常负荷状态,导致身体疲劳乏力、虚弱、失眠、头昏、周身不适、性功能下降和月经周期紊乱等。

(二)心理亚健康

心理亚健康主要表现为由于心理压力过大而产生的脑力疲劳、情感障碍、精神萎靡、记忆力减退、焦虑烦躁、思维紊乱、自卑以及神经质、冷漠、孤独、轻率,甚至产生自杀念头等。

(三)社会适应性亚健康

社会适应性亚健康主要表现为对工作、生活、学习等社会环境难以适应,对人际关系难以协调。

(四)道德品行亚健康

道德品行亚健康主要表现为在世界观、人生观和价值观上存在着明显的损人利己的偏差。工作、学习上不思进取,嫉妒心强。亚健康状态的具体表现形式见表2-1。

表2-1 亚健康状态的具体表现形式

序号	形式	序号	形式	序号	形式
1	精神紧张,焦虑不安	11	久站头昏,眼花目眩	21	口舌溃疡,反复发生
2	孤独自卑,忧郁苦闷	12	肢体酥软,力不从心	22	味觉不灵,食欲不振
3	注意力分散,思考肤浅	13	体重减轻,体虚力弱	23	发酸嗳气,消化不良
4	容易激动,无事自烦	14	不易入眠,多梦易醒	24	便稀便秘,腹部饱胀
5	记忆减退,熟人忘名	15	晨不愿起,昼常打盹	25	易患感冒,唇起疱疹
6	兴趣变淡,欲望骤减	16	局部麻木,手脚易冷	26	鼻塞流涕,咽喉疼痛
7	懒于交往,情绪低落	17	掌腋多汗,舌燥口干	27	憋气气急,呼吸紧迫
8	易感乏力,眼易疲倦	18	自感低烧,夜有盗汗	28	胸痛胸闷,心区压感
9	精力下降,动作迟缓	19	腰酸背痛,此起彼伏	29	心悸心慌,心律不齐
10	头昏脑涨,不易复原	20	舌生白苔,口臭自生	30	耳鸣耳背,易晕车船

三、亚健康状态的形成

亚健康状态的形成原因是多方面的,就其起因的主要因素而言,既有社会学、心理学因素,也有环境学、生活方式和遗传学因素。虽然亚健康是由多种因素共同作用的结果,但其原因归纳起来主要表现在以下几个方面:

(一)心理因素的影响

现代社会生活使人们普遍感到精神压力增大,具体表现为:行业竞争激烈、就业形势严峻、子女教育困难、人际关系紧张、生活压力大,等等。人们的心理因素已成为影响身心健康的要素。北京市的一项调查表明,门诊病人中有65%~90%的病人所患疾病与心理因素有关。工作过度紧张和精神压力过大等心理因素刺激,是心理亚健康和躯体亚健康的重要因素之一。研究表明,在我国有近半数的人患有明显的或潜在的心理疾病。长时期的精神紧张和生活压力对健康产生了多方面的影响,并直接损害心血管系统和胃肠系统,造成应激性溃疡和血压升高,加速血管硬化和心血管疾病发生,引发脑应激疲劳和认知功能下降,破坏生物系统,影响睡眠质量,造成免疫功能下降,导致患恶性肿瘤和受感染机会增加。因此,心理疾病正在成为现代人健康的"隐形杀手",它会造成心理障碍、心理失控,甚至心理危机,引发多种身心疾患。

(二)生活方式因素的影响

人们追求丰衣足食的生活无可非议,但在现代生活越来越富裕的情况下,大吃大喝已成为一种不良的生活方式。由于生活方式不科学,使得人们对高脂肪、高蛋白、高热量食物摄入过量,导致营养结构不合理,从而给身体健康带来了隐患。除此之外,吸烟酗酒、贪吃贪睡、废寝忘食、饮食无节制、久坐不动、生活无节律等诸如此类的生活方式已成为影响人们健康的主要因素,也是造成亚健康的最常见原因。

(三)环境污染因素的影响

在现代社会的发展过程中,人类为了满足自身生产与生活的需要,在创造物质财富的同时,对自然环境造成了灾难性的破坏,人类赖以生存的自然环境在不断恶化,社会发展与人类健康产生了极不和谐的矛盾。如水源和大气污染、噪声、微波、电磁波及其他化学、物理因素污染更是防不胜防的健康隐形杀手。更为可怕的是化学药品的滥用,使食物中普遍存在激素和抗生素及各种添加剂,正在诱发人类各种亚健康状态的产生。

(四)生产方式因素的影响

由于科学技术的快速发展,社会生产劳动利用现代科学技术实现了现代化生产劳作方式,使得人们在劳动过程中直接使用体力的情况越来越少,导致现代化生产劳作方式挤掉了人们赖以生存所必需的肌肉活动。如工作时坐着时间的增多,使颈椎病、肩周炎、腰背部疼痛等疾病倍增。对身体健康产生极为不利影响的工作方式遍布各行各业。现代研究业已证实:自20世纪70年代以来,由于人们生活中运动的不足,人体的肌肉活动减少了60%以上,并有80%的腰、背、腿部疾病是由于肌肉活动不足而造成的。随之而来的是体能的逐步消退、器官功能的减弱,人体的适应能力、抵抗能力的普遍降低,并导致各种"文明病"的不断蔓延。由于现代社会的生产方式使人缺乏有效的体力活动,因而使心血管系统的发病率明显增高。无论现代医学如何发展,也没有办法弥补由于运动不足而对人体健康所产生的危害。因此,身体运动不足而又缺乏科学有效的锻炼方法,是亚健康状态产生的主要原因之一。

四、亚健康状态的危害与预防

亚健康对人类身心健康的危害有诸多方面,归纳起来主要有以下几个:

(1)慢性非传染性疾病的疾病前状态,大多数患恶性肿瘤、心脑血管疾病和糖尿病等的人均是从亚健康人群转入的;

(2)亚健康状态明显影响工作效率和生活、学习质量,甚至危及特殊作业人员的生命安全,如从事高空作业的人员和竞技体育运动员等;

（3）心理亚健康极易导致精神心理疾患,甚至造成自杀和家庭伤害;

（4）多数亚健康状态与生物钟紊乱构成因果关系,直接影响睡眠质量,加重身心疲劳。

（一）健康身体素质在防治亚健康中的作用

健康身体素质(亦称健康体适能)是指与健康密切相关的身体素质,即能反映出人体健康水平和保持各器官良好功能的身体素质。健康身体素质早在20世纪80年代,一些发达国家就已认识到健康身体素质的作用,并对其进行了系统的研究,同时也与一般概念的身体素质进行了区分。如美国生理学家克拉克(Clarke)把健康身体素质称为"精力充沛地完成日常工作而不过度疲劳,以充足的精力度过余暇时间并且能迎接意外事件"。健康身体素质包括心血管耐力、肌肉力量、肌肉耐力和柔韧性等要素。提高健康身体素质就是增进机体各器官的功能和人体健康水平,为预防亚健康状态的发生打下基础。因为当人体缺乏体育锻炼时就会导致健康身体素质低下,并表现出工作效率降低,易疲劳,情绪不稳定,难以放松自己,产生忧虑和抑郁等心理障碍。随之而影响到身体各器官系统的机能、抵抗能力和对环境的适应能力,使人体进入亚健康状态。科学研究业已证实:良好的健康身体素质对促进身心健康具有明显的作用,加之科学而合理的体育素质锻炼可以保持人体所必需的身体素质水平,从而防止高血压、肥胖症、糖尿病等疾病的产生。因此,提高健康身体素质对预防亚健康状态具有积极的影响作用。

（二）健康身体素质在防治亚健康中的方法

1.提高心血管系统的耐力性

心血管系统耐力是反映人体健康水平的一种机能能力,也是评价身体健康水平的最重要指标。人体的健康与心血管耐力水平有着直接关系,众多的科学研究表明,提高心血管耐力素质对防治慢性疾病、缓解压力、增进身体活力和身心健康均有重要的作用。

提高心血管耐力素质的方法主要是有氧运动。一般来说,心率维持在130～150次/分范围内,时间持续在20分钟以上的运动可明显改善心血管系统的功能。其中最有效、最简便的方法是健身跑与健步走。

2.加强肌肉力量的持久性

人体的一切活动都有赖于一定的肌肉力量水平,可以说,肌肉力量是身体健康的基础。若肌肉力量不足,或肌肉力量的持久性较差,就会表现出工作效率低下,并容易产生疲劳,而且在工作中容易出现伤害事故。常见的驼背、腰背疼痛就是肌肉力量不足或持久性差的一种表现。因此,提高肌肉耐力素质不仅能缓解人体的疲劳,提高持续工作的能力,而且能使人体保持良好的精力和精神状态。

发展肌肉力量持久性的方法主要是各种负重练习。人们也可以通过游泳、健身跑、仰卧起坐、登山、骑自行车、爬楼梯以及各项球类运动来提高肌肉的力量素质。

3.扩展各关节的柔韧性

关节的柔韧性是指身体各关节所具有的最大活动范围的能力。该健康身体素质也是常常被人们所忽视的一种素质。在现代社会中生活,人们坐着的时间远远超过活动的时间,久坐会导致肩、肘、膝、髋各关节相应肌群和韧带的缩短以及关节的僵硬,导致关节活动范围减小、功能减退,产生颈肩部、腰背部的疾病。因而人体适宜的柔韧性在现代工作、学习和生活中有着独特的作用,它不仅可以减少身体各关节疼痛的发病率,保持人体各运动器官的功能正常发挥,而且还可以提高机体的整体活力。因此,选择一些专门性的拉伸练习、广播体操、健身操以及各种球类运动,是改善身体各关节柔韧性最有效的方法。

综上所述,为了提高现代社会人类的生活质量,保持人体身心健康,必须采用科学、文明和健康的生活方式,把身体锻炼作为生活质量的重要组成部分,养成科学锻炼的习惯。不断提高健康水平,预防和消除人体亚健康状态的存在,是人类社会所追求的最终目标。

五、青少年思想道德的"亚健康"问题

青少年是祖国的希望、民族的未来。加强和改进青少年思想道德教育工作,促进青少年一代的健康成长,培养"四有"新人,是实施"以德治国"基本方略的必然要求,事关建设中国特色社会主义事业的大局。因此,在全面建设小康社会的新进程中,正确把握经济、社会发展带来的复杂而深刻的变化,科学审视、思考当代青少年思想道德"亚健康"问题,解决青少年思想教育面临的新情况、新问题显得十分迫切。

(一)当代青少年思想道德"亚健康"的主要表现

改革开放以来,随着教育改革的不断深入,我国的教育事业更加生机勃勃。广大青少年爱党爱国、思想活跃、充满热情、渴望成才,表现出政治上积极上进、学习上刻苦勤奋、生活上丰富多彩的主流精神风貌。但是,我们必须清醒地看到,今天青少年成长的外部环境和他们的身心发展特点都发生了很大变化。当前青少年思想道德也表现出了一些"亚健康"的不良倾向,主要集中体现在以下几个方面:

1.个人信仰偏差

世界政治多元化、经济全球化的发展趋势日益明显,国际社会主义运动处于低潮,西方敌对势力对我国"西化""分化"之心不死,越来越把意识形态的渗透当作全球战略的重要内容,极力通过多种途径加紧进行思想和文化渗透,同我们争夺思想阵地,争夺青少年一代。由于外来思潮的腐蚀和社会不正之风的影响,部分青少年不同程度地存在着信仰危机,缺乏健康的精神信仰。如一些青少年政治信仰消极,对西方的某些政治观念、政治形式的本质认识不深;有的迷信命运鬼神,有的甚至信奉伪科学。

2.享乐主义抬头

当今的青少年一代是伴随着祖国综合国力日益强盛、人民生活水平不断提高的脚步成长起来的,相对缺乏艰苦生活的磨炼,缺乏吃苦耐劳的精神。特别是生活在经济条件宽裕家庭的青少年,往往习惯于"衣来伸手,饭来张口",满足现状,贪图安逸,追求享乐。近年来,受拜金主义、享乐主义等不良社会风气的影响,一些青少年幼小的心灵里种上了贪慕虚荣的种子;讲

排场、讲穿戴、讲吃喝,好逸恶劳,不思进取,已成为诱发青少年盗窃、抢劫的主要原因。因贪慕虚荣、追求享乐而走向犯罪是近几年青少年犯罪最突出的特点,特别值得警惕和关注。

3.自我意识膨胀

在改革不断深化、开放不断深入的时代背景下,一方面青年人的竞争意识、效率意识、创新意识、科技意识、自立意识等思想意识得到了强化,从而激发了他们的积极性和创造性,成为推动社会发展和进步的强大动力;另一方面,对个人价值、个人利益、个人需求的片面夸大,也造成了个人主义的蔓延和人生观、价值观、道德观的偏斜,在一定程度上限制了人生理想的升华,自我意识不断膨胀,以自我为中心、个人私利为中心的利己主义的思想倾向不同程度地存在于青年人身上。一部分人无视他人、无视道德、个人至上、自私自利,成为社会发展中的离心力。

4.社会责任淡薄

近年来,有不少学者、专家做过深入的调查研究,普遍认为当代青少年缺乏应有的社会责任感、责任观念淡薄。在社会方面表现出社会责任意识缺乏、时政的重要性忽视、爱国意识弱化、公德意识淡薄等。新时代大学生是建设新时代中国特色社会主义的栋梁之材,是受过良好的系统教育、有素质、有文化、肩负伟大社会责任和历史使命的年轻力量。但是部分学生自私自利,从不考虑集体的利益和人民的利益,觉得只要满足自己的需求就可以了,对于是否损害了社会利益,根本不去思考,不去考虑。部分大学生在选择入党的时候,并不是基于自己的远大理想抱负,也不是源于那满腔的爱国热血的流动,而是为以后自身发展提供必要的政治条件;在选择工作的时候,不是为人民服务,也不是为造福人类,而是为了满足个人的物质需求和社会地位;在面对一些不合理的社会现象时,更是表现出看客的态度,冷漠地去对待,首先考虑的不是这件事是不是会造成恶劣的社会影响,而是首先想到保护自己,少管闲事。当前大学生旅游是一件很常见的事,利用课余时间欣赏一下祖国的大好河山,但是部分大学生在旅游景点乱涂乱画,在景点甚至是文物上写"某某到此一游",严重破坏了公共设施,这不仅是不道德的行为,如果涉及国家文物,是要负法律责任的;还有一些大学生乱扔垃圾,随地吐痰,给社会环境带来了严重破坏。即使不是在旅游景点,在平时的日常生活中,部分大学生也存在公德意识淡薄的现象,如:在公共场合吸烟,男女在公共场合交往过密,肆意毁坏公共物品,不遵守交通规则等。这些行为时刻都在阻碍时代的进步,不利于新时代中国特色社会主义的可持续发展。

(二)当代青少年思想道德"亚健康"产生的主要原因

1.社会环境因素的影响

当代青少年的生活环境是一个开放式的环境,经济成分多样化、组织形式多样化、就业方式多样化、利益关系多样化、分配方式多样化、生活方式多样化等产生的一些不良的风气和不健康思想,形形色色的思潮冲击着校园,如个人主义、拜金主义、极端主义等,成为影响青少年健康成长的不可忽视的因素。

2.学校教育导向的偏差

在青少年教育中,学校特别是中小学教育本身也受到市场经济的冲击。在"经商潮""炒股风""出国热"等各种潮流的推动下,作为教育者的教师也陷入了不稳定的状态中。坚守教育岗位的教师,由于受到"应试教育"理念的影响,也不知不觉地弱化了道德、法律方面的思想教育,而强化了升学方面的思想教育,追求高升学率就成了教师理想世界中的核心观念。由于片面地追求升学率,一些学校在升学率的指挥棒下,抓智育和德育一手硬一手软,致使学生缺少一个丰富有效的德育课堂。现在大量的事实证明,被选拔出来的一些"精英",进了大学,甚至读了研究生也会出问题,归结起来就是人格有缺陷。北京某名牌大学两个博士生,住一个宿舍,却不能和睦相处,你看我不顺眼,我瞅你别扭,结果其中的一个在用棍子把另一个打死之后自知罪责难逃,也跳楼自杀了。国务院表彰的有突出贡献的教育科学研究专家孙云晓,对中国教育的问题直言不讳:"真正的教育被忽略了,它使教育被扭曲为升学教育、选拔教育、淘汰教育,它使许多人成为失败者。这违背了九年义务教育的宗旨。"

3.家庭教育导向的错位

传统的思想总认为教育是学校的事情,家长只负责学生的生活,因而很多家长很少关心青少年思想的成长,只注重成绩的进步与否。在大多数情况下,家长都不是从自己子女的天赋、能力、兴趣和愿望出发,而是从自己的兴趣和愿望出发,为子女打造理想世界,希望孩子成为"全才""能人",甚至"神童",却忽视了教育孩子为人处世的基本准则和社会公德。这种"望子成龙"的打造方式从一开始就是错位的,因为它无情地剥夺了子女营造自己的理想世界的权利。一些想入非非的家长们,为了使子女认同自己的理想世界,有的不择手段,由此酿成许多悲剧。从表面上看,这种理想世界的错位源于父母高度的责任感和良好的愿望,实际上,这是父母虚荣心的最典型的表现。

4.社会教育体系的缺位

全社会"教育社会化"的理念还没有真正形成,有些部门及社会有关方面对青少年思想教育工作重视不够,力量分散,各行其是,没有形成齐抓共管的良好局面。如有些地方,街头书摊上渲染色情和暴力的书刊屡见不鲜,却无人禁止;不少歌舞厅、网吧等场所进行不健康的活动,向青少年敞开大门,却无人理会;不少青少年宫、博物馆、科技馆这些本应大力开展青少年教育活动的地方,却办起了家具展览、展销,等等。近年来,未成年人犯罪逐年增加,青少年吸毒问题也有严重趋势,这不能不令人警醒和深思。事实告诉我们,教育不仅是教育部门的事情,也是全社会的共同责任,需要各方面与教育部门一道努力,齐抓共管,为青少年健康成长营造良好的社会环境。

(三)加强和改进当代青少年思想教育的对策

1.改进学校思想教育工作,发挥好学校教育的中心环节作用

学校教育是青少年思想教育正式的、系统的、有效的渠道,它是青少年思想教育的中心环节。

(1)全面推进素质教育。应试教育表面上把教育抓得很紧,实际上忽视了人格教育。真正的教育应该是"做人"的教育,教育的核心是做人,是人格的完善。我们的教育片面到只抓升学率,只抓分数,考什么教什么,教什么学什么,这种教育就知识的传授而言都是不完整的。这种方式教育出来的孩子,高分低能,心理素质差,不懂得"做人",不懂得合作。当前,各级各类学校应全面推进素质教育,努力探索新时期青少年学生思想教育工作的新路子,改进大中小学思想教育课程的教学内容和方法;积极支持和引导学生开展内容健康向上、形式丰富多彩、喜闻乐见的课外活动;努力探索将说理教育与品德践行相结合、情感陶冶与榜样示范相结合、教育疏导与严格管理相结合、指导教育与自我教育相结合的多样化教育途径;重视研究并充分发挥现代教育技术手段在德育工作中的特殊作用。

(2)加强师资队伍建设。师资队伍建设是提高学校教育水平的关键所在。各级各类学校都应该在建设一支以班主任、任课教师、少先队、共青团和学生管理干部为骨干的思想教育队伍上下工夫。当前,特别要加大学校人事制度改革的力度,建立教师管理的有效机制,狠抓师德建设,优化教师队伍,不断提高教师的政治思想素质和业务素质,使广大教师真正成为"人类灵魂的工程师",教好书,育好人,在各个方面都为人师表。

(3)发挥学校群团作用。要加强对学校共青团组织和少先队组织建设的领导。充分发挥共青团、学生会、少先队的优势,密切联系青少年思想实际开展丰富多彩的主题教育活动,在活动中使学生受到教育、获得知识;组织学生广泛开展各种社会实践活动,丰富学生的社会阅历和才干。近年来,由中央宣传部、教育部以及团中央组织的暑期大中学生科技、文化、卫生"三下乡"活动,不仅在全社会引起良好反响,在青少年教育方面也取得了良好的效果,受到学校、社会、青年学生的普遍欢迎,为我们探索和总结当前学校思想教育工作提供了很好的经验。另外,一些地方和学校,组织学生参加志愿者活动、参加社区援助活动等,都在青少年教育中起到积极的作用。

2.丰富社会实践教育,发挥好社会教育的思想道德导向作用

(1)改革传统教育方式。传统德育过程主要是围绕青少年的道德认知展开的,注重对道德现象、道德关系的感知及道德概念、道德准则的解释与说明,要求青少年无条件地接纳和认同既定的道德价值、道德规范和道德理想。在调查中,很多老师反映现在的大学生思想固执,逆反心理严重,不愿接受老师苦口婆心的教导,这说明传统的灌输式教育已不适合当代大学生成长的需要,应当在社会中感受,在体验中认知。通过开展体验教育、社会实践活动,通过老师、家长的以身示范,通过社会风气的转变、周围环境的熏陶,使德育过程建立在直接性、动态性、体验性的基础上,让青少年在体验中学习、思考、领悟,学习和实践,从而形成社会所期待的思想道德品质。

(2)丰富社会教育内容。当代青少年具有务实、讲效率、知识面宽、创新意识强的特点,这是他们的优势。但由于生活在和平年代,成长的环境优越,在他们身上还缺乏一些优良的传统(如集体主义精神、团队精神等)和良好的行为习惯。针对这一点,我们在开展理论教育的同时,可以针对不同的青少年群体开展一系列有特色的活动,让青少年在实践中接受爱国主义、集体主义教育,培养青少年敬业精神和团队意识;在动手中掌握实际应用技能,具备创造能力和继续学习的能力,学会正确做人,善于同他人合作共事。如团中央开展的"保护母亲河"活动,围绕"拳拳爱国心,保护母亲河"这个主题,把生态环境保护与爱国主义教育相结合。在"手拉手捡拾一片希望,还母亲河一片绿色"的活动中,广大少年儿童通过收集无人问津的牙膏皮等废品,在集满一车后换回一棵棵小树苗,感受到了集体的力量和变废为宝的快乐,同时也从奉献中真正理解了"人生价值在于奉献"的道理。青年志愿者活动则通过服务社会、服务他人的实践,突出了"奉献、友爱、互助、进步"的精神风尚和道德内涵。

(3)培育先进社会榜样。榜样的力量是无穷的。对处于社会转型期中的青少年来说,他们正处在一个可塑性大、内心矛盾多、对外部世界变化敏感、寻求独立自主而辨别力又不强的时期。因此,在每一个特定的历史时期,注重培育社会各方面的先进榜样(如劳动模范、杰出青年、成才标兵等),发挥先进模范的示范导向作用,对于引导和教育青少年树立正确的人生理想、奋斗目标、公德意识和承担社会责任,解决他们内心的矛盾和困惑起着尤为重要的作用,可以有效补充单一"说教"的不足。

3.切实重视家庭教育,发挥好家庭日常教育的积极催化作用

(1)强化教育职能,提高认识水平。家庭教育是孩子接受教育的起点。要让家长们认识到家庭教育是教育的一种基本形式,是整个教育体系的重要组成部分。对于父母来说,教育子女,把子女培养成为一个有用之人才是父母爱的升华。培养、教育子女是父母应尽的责任和义务。古人云:"子不教,父之过。"只养不教,是父母的罪过;教子不善,是父母的失职。

(2)提高家长素质,规范家长行为。家长的不文明行为、不良嗜好以及违法犯罪行为,无疑是青少年思想道德不健康的诱导因素。因此,规范家长行为也是改进青少年思想教育的必要措施。为人父母者,首先要自尊、自律。要学法、知法、守法,不做违法乱纪的事,更不能有犯罪行为。其次要不断加强自身的道德修养,"吾日三省吾身",不为有悖伦理之行,以免给子女造成心理上的畸形以及生理上的反常和错误的认识。

(3)注重教育方法,提高家教质量。家长要加强学习,学会用正确和适当的方法去影响、教育子女,减少家教方面的偏差和失误。家长不仅要十分重视对孩子的文化教育,而且要加强对孩子的思想道德教育、法制教育。家长可以针对孩子的实际年龄,让其了解一些与自己关系较为密切的法律法规,并使其有针对性地了解其中的有关条款,让孩子知道哪些事情可以做,哪些事情不能做。帮助他们树立正义感,增强责任心,让他们学会宽容与谦让,以便遇到事情时能正确判断是非,并能有分寸地处理好。

(4)改善家庭环境,增加沟通了解。有关研究表明,家庭教育方式主要有三种:压制型、溺爱型和民主型。压制型和溺爱型的家庭教育不能调动孩子的积极性,使孩子养成依赖、服从的习惯,创造力水平低。只有民主型的家庭教育才能促使孩子更好地成长。因此,在家庭中创造一种和善、温馨和民主的气氛是十分重要的。父母之间要互敬互爱、互谅互让,保持恩爱的夫妻关系。父母与长辈之间要互相尊重、互相理解,长辈要爱护晚辈,晚辈要孝顺长辈。父母与邻里之间要和平共处、互相帮助。父母对子女要平等相待,多一分体贴,少一些训斥;多一分爱护,少一些冷淡;多一分理解,少一些专横。家庭成员间形成亲密、鼓励、支持的氛围对培养孩子乐观、向上、自信的性格,养成"仁、信、礼、义、孝"等传统美德都是非常重要的。

4.优化社会育人环境,构筑青少年思想道德教育的社会体系

青少年的教育离不开社会这个大环境。优化社会育人环境,各级党委和政府责无旁贷,要切实负起责任,统筹规划,协调各方,共同探索建设多种青少年教育工作网络,建立工作更协调、机制更灵活、运作更有序、更能发挥各部门效能的青少年教育工作体系,形成有利于青少年身心健康发展的社会环境,全面推进青少年思想教育工作。

(1)大力加强青少年文化工作。多制作、生产、出版有利于学生德、智、体、美全面发展的书籍、报刊精品,抓好青少年思想政治读物的出版、宣传、推荐和发行工作,为广大青少年提供丰富的精神食粮。组织青少年踊跃参与社区文化、校园文化、企业文化、村镇文化建设,走文化建设与青少年思想建设互相渗透、与经济建设同步发展之路。开辟"青少年文化广场",推介优秀的文艺作品和青年文艺人才,发挥广场的宣传、推介功能和文化的凝聚作用。通过开展具有时代气息、青少年喜闻乐见的文化活动,寓教于乐,陶冶广大青少年的道德情操,弘扬社会文明风尚,潜移默化地进行思想政治教育。

(2)改善青少年课外活动条件。要深化体制改革,改变封闭垂直管理体系所导致的资源闭塞问题,实现教育资源的共享性(互补性)。有效依托青少年馆、文化馆、图书馆、美术馆、博物馆、科技馆、体育场馆等社会公益场所,建立青少年课外活动中心,使学校与社会衔接、沟通,形成区域内"大教育"的互动发展新局面,从而使青少年有充分的空间和舞台,并在课外活动中受到锻炼、陶冶情操。

(3)维护青少年身心健康发展。体育、卫生部门进一步完善和实施学生健身强体的各项规划和有关标准,指导学生了解和掌握科学的生理卫生知识,养成文明的生活方式,培养健康的心理素质。有关执法部门要切实加大工作力度,铲除"黄、赌、毒"和歪理邪说,净化青少年身心健康发展的社会环境。对青少年犯罪现象要坚持惩治与教育相结合,宽严并用、刚柔齐下的原则,把青少年教育好、引导好。国运兴衰,在于教育。青少年是整个社会力量中最有热情、最有生气和创造力的力量,是祖国的未来和希望,是我国社会主义建设的强大后备军,肩负着实现中国梦的伟大历史重任。所以,加强青少年的思想道德教育工作,是一项长期而紧迫的任务,需要全社会坚持一以贯之,共同关心关注,切实抓紧抓好。

第四节 体质健康科学管理

一、体质健康概述

(一)体质概念

1.体质的概念

体质是指人体的质量,它是在遗传性和获得性基础上表现出来的人体形态结构、生理功能、心理因素综合的、相对稳定的特征。

（1）体质的要素

人体的形态结构、生理功能、身体素质和运动能力（简称"体能"）、心理发育（或发展），以及外界环境的适应能力是构成体质不可分割的五个重要因素。它们包括的范围如下：

①身体形态发育水平——体格、体形、姿势、营养状况和身体组成成分。

②生理功能水平——机体代谢水平及各器官系统的效能。

③身体素质和运动能力发展水平——速度、力量、耐力、灵敏、协调、柔韧，走、跑、跳、投和攀登等身体活动能力。

④心理发育（或精神因素）水平——智力、情感、行为、感知觉、个性和意志等。

⑤适应能力——对各种环境的适应能力和对疾病的抵抗力。

人们常用体格、体能和适应能力三个方面内容来评价人体的体质状况。

（2）理想体质

理想体质是指良好的人体质量，是在遗传的基础上，经过后天的努力塑造所能达到的形态、结构、生理功能、心理、智力和对外环境适应的整体良好状态。理想体质的主要标志如下：

①身体健康，主要脏器无疾病。

②身体发育良好，体格健壮，体型匀称，体姿正确。

③心血管、呼吸与运动系统具备良好的功能。

④有较强的运动与劳动等身体活动能力。

⑤心理发育健全，情绪乐观，意志坚强，有较强的抗干扰、抗不良刺激的能力。

⑥对自然和社会环境有较强的适应能力。

2.影响体质的主要因素

（1）遗传因素

遗传是指亲代的特征通过遗传物质传递给后代的过程。人体的遗传性状是身心发展的前提条件，对于人的智力和体力的发展、对于人的体质的强弱具有重大的影响。但是，遗传性状只对体质的发展提供了可能性，而体质强弱的现实性则有赖于后天环境、营养和身体锻炼等。

（2）营养

营养水平是决定体质强弱的重要因素，长期的营养低下或营养不良会导致体质的下降。适当增加营养和逐步改善营养状况可有效增强体质，提高健康水平。人类所需的最主要的营养素包括蛋白质、脂肪、碳水化合物、维生素和微量元素等。

（3）社会经济发展水平和物质文明

社会经济发展水平和物质文明在很大程度上决定了物质生活水平、营养状况、文化水平、教育水平和医疗卫生条件等。不同社会阶层的人群在身高、体重等方面均有较明显差异。

（4）劳动性质和条件

劳动性质和条件对人们的体质强弱有着深刻的影响。适当的体力劳动对体质的增强有积极的作用。但过于繁重的劳动、在严重污染环境下的体力劳动、精神情绪经常处于紧张状态下的劳动,以及分工过细、促使身体局部发展的劳动,对人的体质有不良的影响。

（5）自然环境和生态平衡

大自然在为人类提供各种营养物质的同时,也在传播着对人体健康有害的物质,如广泛存在的有害微生物(细菌、病毒)、空气中的污染物等。另外,气候和天气的突然变化(如酷暑,严寒,气压、空气湿度异常等)也会影响人体健康。可见,自然环境与人类健康息息相关,任何破坏生态平衡和自然环境的举动都可直接或间接危害人类健康。

（二）体质与健康的关系

人们对体质与健康概念的认识,是随着科学技术的发展而不断深化的。20世纪90年代,人们已认识到体质与健康都是指人体在不同年龄阶段的身体状况,都是可以根据形态发育、生理功能、心理状态和适应能力等指标来衡量的。两者的不同点是,体质是指人体的质量,是一切生命活动的物质基础,而健康则是体质状况的反映和表现。

体质与健康是两个不同的概念。体质是表示一个人身体方面的内在机能和由这些机能所决定的现实状态以及综合反映,具有长期性、客观性和相对稳定性等特征;健康表示一个人身心、社会方面的良好状态及良好的适应能力,是主观意识和客观实际的统一,具有流动性、易变性等特征。从体质和健康的内涵来看,健康要比体质高一个层次。

体质和健康之间又相互联系:一方面,体质是健康的前提和基础,一个人想要拥有健康,首先必须有良好的体质;另一方面,健康是良好体质的归宿和最终目标。通过体育锻炼手段增强体质,最终是为了增进健康。从体质和健康的外延来看,健康包含着体质,体质只是健康的一个方面,体质的状况在一定程度上能反映出健康水平。另外,健康与否也能在一定程度上反映出体质的强弱。但应注意,同样是健康的人,其体质可能千差万别;体质差不多的人,其健康状况也可能大相径庭。

（三）体质与健康的评价指标

1.体质的评价指标

体质测试的内容和方法很多,根据我国大学生的实际情况,主要包括以下几个方面:

（1）身体形态发育指标。反映身体形态发育的基本指标主要有身高、体重、胸围三项。通过对这三项的测试,其结果可以反映骨骼、肌肉的发育以及营养和呼吸功能状况。

（2）生理机能指标。生理机能是指人体各器官系统的功能状况,主要通过脉搏、血压和肺活量等指标,反映心血管系统和呼吸系统的生长发育和机能的发展水平。

（3）身体素质和运动能力指标。当前,我国大学生测定身体素质和运动能力时,主要选择代表速度素质和快速奔跑能力的60米跑,代表下肢、肩部和腰腹力量协调素质及跳跃能力的立定跳远,代表上肢力量和攀登能力的引体向上或屈臂悬垂,代表女生腰腹肌力量和耐力的一分钟快速仰卧起坐,代表持久能力及反映人体心肺功能的男生1 000米跑和女生的800米跑,还有400米跑或3×50米往返跑,以及代表柔韧素质的站立体前屈等。

（4）心理指标。心理指标主要包括反应能力、感知能力、注意力和认知能力。

2.健康的评价指标

一般说来，人体的健康指标由身体健康、精神健康和社会健康三方面因素构成。

（1）身体健康。衡量身体健康有以下几个方面：①没有疾病，无须治疗。②身体发育正常。③有良好的生活节律，食欲、睡眠好。④体态、脸色好，有精神。⑤能很好地进行日常活动，消除疲劳快。

（2）精神健康。它包括一个人的行为思想与其基本价值观一致，觉得生活充实有意义，向往美和善，能精力充沛地履行各种职能、完成各种任务，而且能从中发现并享受乐趣，感到自身的价值，使生活变得更有意义。

（3）社会健康。能够融洽地、愉快地扮演生活中的各种角色，如朋友、邻居、同学、恋人等，并能在社会各领域中发挥积极的作用。

二、体质健康管理

（一）健康管理的概念

健康管理的理论和实践最初出现在美国。1929 年，美国保险业最先使用了"健康管理"一词。1978 年，美国密歇根大学成立了世界上第一个健康管理中心。20 世纪 90 年代初，健康管理由美国发展到西方众多发达国家。进入 21 世纪，健康管理的理念逐渐被世人所接受。

健康管理是对个体或群体的健康进行全面监测、分析、评估，并提供健康咨询和指导，以及对健康危险因素进行干预的全过程。实施健康管理的根本目标是变被动的疾病治疗为主动的健康管理，以达到节约医疗费用支出、维护身体健康的目的。

健康管理建立在现代营养学和信息化管理技术模式上，从社会、心理、环境、营养和运动等角度为每个人健康提供保障，它可以帮助、指导人们成功、有效地把握与维护自身的健康。

（二）个体健康管理模式——KYN

KYN 是英文 Know Your Number 的缩写。这里的"Number"是指所有与健康相关的生物医学指标。它涵盖了从身高、体重、年龄到血糖、血脂和胆固醇水平等各项实验室指标，也包括食物摄入量、吸烟量和体力活动等与生活方式有关的信息。

健康就像一项工程，需要精心管理。KYN 的健康管理就是通过各种科学的检测方法和个人信息，帮助个体了解自己的健康，通过科学的健康指导为自己制定个性化的健康促进方案。个体化的健康管理方案包括科学的体育锻炼（运动处方）、均衡的饮食方法（营养处方）、合理的心理调节方式和健康的生活行为方式。

1.个体健康信息管理

个体健康信息管理指收集和管理个人健康信息，建立健康档案。通常通过建立个人健康及生活方式信息记录表来收集个人整体的健康信息。健康档案内容分为一般信息（性别、年龄等),目前健康状况和家族疾病史,生活方式(膳食、体力活动、吸烟和饮酒等),体质监测,体格检查(身高、体重和血压等)和血、尿、便实验室检查六个部分。

2.个体健康评价

个体健康评价指进行健康及疾病风险性评估。根据所收集的个人健康信息,对个人的健康状况及未来患病或死亡的危险性用数字模型进行量化评估。其主要目的是帮助个体综合认识健康风险,鼓励和帮助人们纠正不健康的行为和习惯,制定个性化的健康干预措施,并对其效果进行评估。

3.个体健康管理计划

个体健康管理计划指进行健康干预,在前两部分的基础上,以多种形式来帮助个人采取行动纠正不良的生活方式和习惯,控制健康危险因素,实现个体健康管理计划的目标。与一般健康教育和健康促进不同的是,健康管理过程中的健康干预是个性化的,即根据个体的健康危险因素,由专业健康管理服务机构(健康管理师)进行个体指导,设定个体目标,并动态跟踪其效果,最终达到预防及控制发病、改善健康状况、降低医疗费用的目的。

(三)体质健康个人管理

提高大学生的整体健康素质,建立个体健康管理模式,首先要建立"健康第一"的基本观念,形成健康、科学、文明的生活方式和行为。当了解了相关的健康知识后,应该建立起积极、正确的信念与态度,这样才有可能主动地形成有益于健康的行为,改变危害健康的行为,进而为个体的健康生活进行人生的整体规划。

1.健康的生活方式

生活方式是指不同的个人、群体或全体社会成员在一定的社会条件制约和价值观念指导下所形成的满足自身生活需要的全部活动形式与行为特征。也可以理解为:①日常生活领域的活动形式与行为特征;②个人由情趣、爱好和价值取向决定的活动行为的独特表现形式。健康的生活方式主要表现为以下几个方面:

(1)有规律的生活作息

人体的生理功能(包括大脑功能)本身是有规律的。当身体内部和外部的条件刺激按照一定的顺序不变地重复多次以后,大脑皮质上的兴奋和抑制过程在时间和空间上的关系就固定下来,条件反射的出现也越来越恒定和精确。这时,时间就是条件刺激,前一种活动可以成为后续活动的信号,从而形成一个连锁式的自动连接过程。如果生活无一定规律,睡眠不足、饮食无定时、工作负担过重、长期处于身心紧张状态,机体的适应能力则会受到破坏,引起功能失调,甚至引起某些应激性的反应和疾病(如胃病、十二指肠溃疡和某些心脑疾患等)。有规律的生活除学习和工作之外,主要包括定时睡眠、按时进餐和业余娱乐活动的时间安排等。其中睡眠习惯是最重要的方面,在自我保健中占有十分重要的地位。

(2)改变不良行为

吸烟是人类严重的不健康行为。吸烟不仅影响环境,危害安全,而且与高血压、慢性支气管炎、冠心病、癌症等多种疾病有直接关系,严重危害健康。

长期大量饮酒会损害人体的肝脏、肾脏、神经和心血管系统。酒后驾驶更是一种对自己和他人的生命不负责任的行为。

毒品(海洛因、大麻、冰毒和摇头丸等)麻醉人的神经,危害极大,所有的人都应该远离毒品。吸毒还极易传播艾滋病和肝炎等疾病。

保持忠贞的爱情,遵守性道德。卖淫、嫖娼是传播性病、肝炎的高危行为。

无规律或不良的生活习惯会扰乱人体的生活节奏,降低人体的免疫力,增加疾病的发生率,对健康极为不利。因此,应该按时作息,保证充足的睡眠;睡前不喝茶或咖啡,进食不过饱;保持心情平静,避免焦虑或激动,不做剧烈运动;学习有张有弛,不过度紧张和长期劳累;娱乐有度,不放纵,例如不通宵看电影,不通宵打麻将,不通宵上网、玩游戏等,听音乐时音量不要过大;不喝生水或不清洁的水;不吃不洁或腐败变质的食物。

(3)合理安排膳食

合理安排膳食包括健康的饮食和良好的饮食习惯两大方面。健康的饮食是指膳食中应该富含人体必需的营养,同时还要避免或减少摄入不利于健康的成分。良好的饮食习惯包括按时进餐、坚持吃早餐、睡前不饱食、咀嚼充分、吃饭不分心、保持良好的进食心情和气氛等。

成年人每天的食谱应该包括以下四类食物:

①五谷类。每人每天根据活动量和消化能力的不同需要摄入 250~600 克五谷类食物。

②蔬菜、水果类。蔬菜、水果含有丰富的维生素、矿物质和纤维素,对健康非常重要。成年人每天至少应该吃 500 克的新鲜蔬菜及水果。

③蛋白质类。豆腐、豆类、各种肉类、家禽、水产及蛋类含有丰富的蛋白质,成年人每天进食 200~300 克为宜;奶类(牛奶、羊奶、马奶、奶酪等)也是很好的营养饮品,成年人每天饮用 250~500 毫升为宜。

④油、盐、糖等。烹调应以植物油为主,尽量少吃或不吃动物油,每人每天不超过 20 克(两汤勺)植物油。另外,食物应提倡清淡,每天盐的摄入量不超过 10 克。尽量少吃糖。

(4)坚持适量运动

生命需要运动,过少和过量运动都不利于健康。个人可根据自己的年龄、身体状况和环境选择适当的运动种类。

运动形式并不重要,重要的是量力而行,循序渐进,持之以恒。最简单的运动是快步走,每天快步走路 3 000 米或做其他运动 30 分钟以上(如爬楼梯),每周至少运动 3 次,可以收到良好的锻炼效果。

2.良好的情绪调节

(1)克服不良情绪

克服不良情绪是自我保健的主要内容。不良情绪主要是指压抑情绪和紧张情绪。压抑的情绪与高血压、肿瘤、精神病等密切相关。许多社会事件,如升学、失业、职务升降等可引起压抑的心理体验。为此,大学生在学习和生活过程中,需要进行自我素养方面的锻炼,树立正确的人生观,放下包袱,自我淡化和放松,正视现实中的问题,尽量进行情绪的自我控制,培养乐观的性格。紧张或心理压力来自社会,如生活节奏加快、科技高度发展、知识更新快、竞争加剧和人际关系复杂等,这些因素可造成生理和心理上的紧张。生理紧张可以用睡眠和休息的方式消除,而心理紧张则很大程度上决定于心理的调适。紧张情绪有积极的一面,能提高学习、工作效率,但长期的过度紧张(甚至已发展成高度的焦虑),对人的作用是消极的。

(2)保持平和心态

在学习、工作和生活中要注意让自己的思想跟上客观环境的变化,不断变换角色,调整心态;在与他人和社会的关系上能够正确看待自己、看待他人、看待社会,保持良好的人际关系,主动适应社会。要树立适当的人生追求目标,控制自己的欲望。

3.科学的体育锻炼

人体由神经系统、循环系统、呼吸系统、运动系统、消化系统、排泄系统、生殖系统和内分泌系统等系统组成。体育锻炼是由人体各器官系统协调配合完成的,体育锻炼对各器官、系统能产生良好的影响。现代科学研究证明,体育锻炼对人体器官系统的影响有双向效应:一方面,科学的体育锻炼对人体器官系统能产生良好的影响;另一方面,如果体育锻炼违背了客观规律,也会有害健康。缺乏科学性的盲目锻炼,对人体的健康促进作用很小,甚至还可能使锻炼者产生损伤、感到疲劳等,严重者还会损伤身体机能。因此,必须在科学原理的指导下进行有规律的体育锻炼。

(1)锻炼内容的分类

体育锻炼的内容是多样的、丰富的,而个体的锻炼条件又是不同的。因此,每个人必须根据自己的实际条件有针对性地选择适合自己的锻炼内容,这样才能达到科学健身的目的。表2-2是按照不同维度区分的锻炼内容分类表。

表2-2 锻炼内容分类表

分类	内容和要求
按不同的锻炼目的和要求分类	健身运动、健美运动、娱乐性体育和格斗性体育
按竞技项目分类	竞技体育的项目有田径、游泳、球类、体操、举重、摔跤、滑冰和滑雪等,绝大部分项目在学校体育课程中都有开设
按提高不同身体素质的要求分类	身体素质主要包括力量、速度、耐力、灵敏和柔韧等,其中力量、速度、耐力是发展体能的主要素质。锻炼时,要根据提高不同素质的要求,选择相应的锻炼内容

(2)制订科学的锻炼计划

①明确锻炼的目的

在准备锻炼之前,要有一个大致的规划和设想,明确锻炼的目标和基本要求。

②掌握自己的基本情况

基本情况主要包括身体健康状况、身体素质水平、体型类别、身高和骨骼的粗细、体重与瘦胖、个性特点与毅力、工作性质与余暇时间、生活水平等。在此基础上，全面分析自己参加锻炼的可行性，使制订的计划更符合个人的实际情况。

③落实锻炼的场地器械

制订锻炼计划时，必须考虑锻炼的场地和器械条件，是在家里自备器械进行锻炼，还是到附近的健身房、体育馆锻炼，要做到心中有数。这样，才能根据条件制订出切实可行的锻炼计划。

④制订课时锻炼计划

这是锻炼最基本、最重要的一个环节。其内容包括：每次锻炼的任务和要求，每次锻炼的身体部位，采用的方法、器械及动作，每个部位锻炼的时间分配和运动量的安排。

三、体质健康管理的运动处方

（一）运动处方概述

20 世纪 50 年代，美国生理学家卡波维奇（Karpovich）提出了运动处方（exercise prescription）的概念。1960 年日本生理学家猪饲道夫教授首先使用了运动处方术语。1969 年世界卫生组织使用了运动处方术语，从而在国际上得到确认。德国 Holl-mann 研究所从 1954 年起对运动处方的理论和实践进行研究，制定出健康人、中老年人、运动员、肥胖病人等各类运动处方，社会效果显著。

美国著名生理学家库珀（Cooper）教授用 4 年的时间研究运动与健康的关系，1968 年出版了著名的《有氧代谢运动通向全面身心健康之路》《12 分钟跑体能测验》等专著。前一本书被翻译成 25 种文字，发行 1 200 余万册，为世界上许多国家所采用，在国际上产生广泛影响。

日本在 1971 年成立了以猪饲道夫教授为首的运动处方研究会，于 1975 年制定出各种年龄组的运动处方方案，出版了《日本健身运动处方》，指导大众健身。

我国用运动处方辅助治疗冠心病、肥胖症等有不少临床报道，也翻译了一些国外运动处方专著；在医学、体育院校的教材中，运动处方已列入基本内容；在普及运动处方知识方面也做了大量工作。

关于运动处方的概念有着不同的表达方式。运动处方是指对参加体育锻炼者或进行体疗的患者，根据其健康、体质状况以及心血管功能状态，按其锻炼的目的，并结合环境条件、运动爱好等特点，用处方的形式规定锻炼的内容、运动强度和运动量的方法。

"对从事体育锻炼者或病人，根据医学检查资料（包括运动试验和体力测验），按其健康、体力以及心血管功能状况，结合生活环境条件和运动爱好等个体特点，用处方的形式规定适当的运动种类、时间及频率，并指出运动中的注意事项，以便有计划地、经常性地锻炼，达到健康或治病的目的，即为运动处方。"

《体育科学辞典》关于运动处方的定义是："对不同年龄、功能状态、健康或疾病的个体，以处方的形式确定运动方案，包括运动种类、运动强度、运动持续时间、运动频度和运动进度五个部分，以达到增进健康和预防疾病的目的。"

综合以上观点，我们给运动处方的定义如下：运动处方，就是针对目标人群或个体，为了达到既定的目的，以处方的形式设计的运动或练习方案，包括练习的目的（objectives）、练习的内容(types)、练习的强度(intensity)、练习持续的时间(duration)、练习的频度(frequency)、练习的进度(schedule)及练习的注意事项(notes)等七个部分。

关于练习的目的,对不同的人群有着不同的要求,有的人是为了控制体重,有的人则是为了提高身体素质,有的人可能是为了治疗某些慢性疾病。随着运动处方理论与实践的发展,目标对象可以是个体,也可以是类似群体。

(二)运动处方的内容、特点及分类

1.运动处方的内容

(1)练习的目的

不同的目标群体或个体,其目的不同。归纳起来,练习的目的一般有增强体质、保健康复、预防疾病、健身健美、塑造体形与减肥、休闲娱乐及提高运动素质与水平等。

(2)练习的内容

练习的内容是指运动处方所运用的练习手段与方法的总称。关于练习或运动种类的划分非常复杂,根据不同的分类标准,得到的分类体系不同。从运动的结构上看,可以将运动分为周期性运动和非周期性运动两大类;从运动竞技取胜的决定因素来看,又可分为体能类和技能类两大类;根据练习做功的方式,可分为动力性练习和静力性练习两大类等。制定运动处方主要关心的不是练习或运动的形式,而是其对身体的效果。因此,根据练习或运动的生理学基础——供给氧气的方式和特点,可将练习划分为以有氧供能为主、以无氧供能为主及以混合供能为主三种练习类型。制定健身性运动处方,常见的运动练习分类见表2-3。

表2-3 三种练习一览表

以有氧供能为主的练习	以无氧供能为主的练习	以混合供能为主的练习
步行、登山	短距离冲刺跑	球类运动
慢跑	跳跃项目	间歇训练
跳舞		
游泳		
打太极拳		
骑自行车		

需要补充说明的是,以上分类是相对于一般情况而言的,究竟是有氧还是无氧,主要取决于练习时所采取的强度,而不是练习的方式。如100米跑练习,如果采取慢跑的练习强度,它就是以有氧供能为主的练习;反过来,如果采取全速跑,它就变成了以无氧供能为主的练习了。

另外,同样的练习负荷,由于个体之间的体力、身体素质及健康状况等诸多方面的差异,也会存在有氧与无氧的差别。因此,在研究设计运动处方时,要针对具体情况选择合理、有效的练习类型,保证实现练习的目的。

（3）练习的负荷

练习的负荷（exercise load）包括负荷的强度和负荷的量度。负荷的强度（intensity load）是指练习对机体产生生理、心理刺激的剧烈程度；负荷的量度（quantity load）是指练习对机体刺激的数量要素。

如 100 米跑练习所用的时间是 15 秒，前者是练习的负荷量度，后者是练习的负荷强度。举重 100 千克，连续做 8 次推举，100 千克是练习的负荷强度，8 次是练习的负荷量度。

运动强度是运动负荷的重要方面，是运动处方的重要内容，因此，制定运动处方要重视运动强度的设计。

（4）练习持续的时间

练习持续的时间是指一次练习所需要的时间长度。一次练习的时间包括每组实际运动的时间和组间休息的时间，即从练习开始到练习结束的全部时间。时间长度的设计应当根据处方对象的具体情况来定，并非越长越好；练习持续的时间与练习的强度成反比。

（5）练习的频度

练习的频度是指重复练习的次数。一般是以周为基本单位，可表示为一周练习多少次（次/周），如一周练习 3 次、隔日训练、周日调整。

练习的频度取决于练习的强度和练习持续的时间，它是运动负荷量度的重要指标，合理选择练习的频度有利于提高练习的效果。

（6）练习的进度

练习的进度是指运动处方执行推进的节奏。运动处方制定后，在实施的过程中，应根据实际情况，合理调节运动的强度、持续的时间、练习的频度甚至练习的方式等。练习的进度一般可分为三个阶段：①开始阶段。该阶段的主要任务是产生初步适应，一般练习强度较低。②发展阶段。在第一阶段的基础上，该阶段的主要任务是要稳步发展负荷的强度或负荷的量度。③保持阶段。该阶段主要是保持负荷的持续刺激，持续产生积极效果，但也要加强医务监督，以防意外。

（7）练习注意事项

练习注意事项是运动处方设计不可缺少的部分，它是对运动处方主要要素的补充说明，以及在实施的实际过程中可能出现的情况提出解决办法的建议，以及其他应当注意的问题，如饮食、休息等。

2.运动处方的特点

运动处方对目标对象进行具有针对性的体育锻炼与康复指导有着积极的效果。与传统的体育锻炼方法比较，运动处方具有以下特点：

（1）个性化

运动处方的个性化（personality）主要表现在处方的针对性上。不同人群的个体差异较大，如在病史、年龄、性别、身体素质、健康状况及参加锻炼的目的等方面都存在差异。因此，在选择练习内容、设计练习方案时，要有所区别。因材施教是运动处方的显著特点。

（2）完整性

运动处方的完整性（integrality）主要表现在方案的设计，包括了从目的到实施监控（注意事项）等七个方面，较全面地反映了对练习者的指导和要求。另外，在制定运动处方前进行的体力测试和一般健康检查，也为科学制定练习方案提供了依据，使处方的制定建立在全面了解目标对象的基础上，使练习指导更加全面，并具有针对性。

（3）可控性

运动处方的可控性（governable/controllable）主要表现在处方对实施过程的调节上。一般来说，运动处方的实施要经历前后紧密联系的三个阶段，不同阶段有着不同的特殊要求和具体任务。另外，目标对象在实施处方的过程中，身体状况可能会随着实施进度的开展而发生变化。因此，运动处方专门提出了实施进度及实施控制的要求，以便适应以上不同的变化要求，从而更加有效地提高运动处方的实施效果。

3.运动处方的分类

当前，关于运动处方的研究主要集中在保健康复领域，研究的对象也主要集中在体质弱势群体，如身体患有残疾、疾病，以及体弱、肥胖等人群。随着体育教育改革的不断深入以及运动处方理论与实践的不断发展和完善，运动处方所涉及的目标对象会进一步扩大。从运动处方所涉及的主要目标对象及目的的角度，可将运动处方分为以下四种类型：

（1）治疗性运动处方

治疗性运动处方（therapeutic exercise prescription）主要是以那些患有慢性疾病、职业病，以及其他需要治疗的人群为目标对象，以调节身心健康、缓解病情、改善身体机能等为主要目的，主要选择一些具有保健与康复功能的中低负荷的练习手段。如打太极拳、健身气功等练习对于改善心脑血管疾病具有较好的效果。治疗性运动处方在临床医学中运用得非常广泛，学校也开始借鉴和运用。但它对于研制该处方的人员的要求相对较高，一般要求处方设计人员除了掌握体育锻炼的常识和技巧以外，还应当熟悉相应的医学保健常识。

（2）健身性运动处方

健身性运动处方（healthy exercise prescription）主要是以那些体弱、肥胖或慢性病人群为目标对象，以调节身心健康、改善形体、缓解病情、改善身体机能为主要目的，主要采用一些中等负荷的有氧练习手段和方法，如有氧健身操、中长距离跑步等。要求设计健身性运动处方的人员要熟练掌握体育健身的基础理论和基本技能，并具备一定的运动营养和卫生保健常识。健身性运动处方是目前运用最为广泛的运动处方之一，深受白领、金领人员的青睐。

（3）竞技性运动处方

竞技性运动处方（competitive exercise prescription）以进一步改善形体、提高专项身体素质和运动技能，以期达到最佳竞技状态，成功参加比赛为直接目的。因此，该处方的目标对象主要是职业运动员或准备参加比赛的运动参与者，采用专门化的运动训练手段。处方的研究设计者应当是熟悉运动训练理论和方法的体育教练员。

（4）教育性运动处方

教育性运动处方（educational exercise prescription）是当前体育教育改革研究的热点领域之一。随着教育理念的更新，体育教育者开始研究体育教学模式与方法的改革，处方式体育教学成为人们推崇的方法之一，并正在成为体育教育教学改革的一种趋势。实际上，运用于体育教学的运动处方就是教育性运动处方。它以普通学生为目标对象，以增进健康、改善机能、提高运动技术水平、塑造心理品质等为主要目的，以身体练习为基本手段。其研究设计者一般是体育教师。目前，教育性运动处方的目标群体主要是身体患有疾病、残疾及体弱、肥胖的体质弱势学生。

综上所述，关于运动处方的划分是相对的，有时其目的又是交叉的，手段也是通用的，只是在具体实施时，要注意目标对象的实际情况和特点，善于把握和控制练习的负荷及其节奏，加强医务监督和保障，提高处方的使用效果。

（三）制定运动处方的理论依据及原则

1.制定运动处方的理论依据

运动处方有着严格的内容和规范的格式要求，因此在研究制定运动处方时，应当根据以下知识和背景，进行全面考察、分析和设计。

（1）目标对象的特点及目的

目标对象是研究制定运动处方的出发点和归宿。目标人群现实的身体健康状况及过往病史、运动史等因素，对处方的制定有着直接的影响，关系到处方制定的成败。因此，在研究设计运动处方之前，必须对目标对象进行全面的考察、测试和分析。

目标对象的运动目的要求也是一个重要依据。也就是说，处方对象想要达到什么样的目的，或者说，根据目标对象的特点，其能够达到什么样的目的。围绕一定的目的，选择、设计具有针对性的运动处方。

（2）相关的医学科学知识

从运动处方的分类可以看出，处方涉及众多的学科知识，其中医学知识（medical knowledge）是基本的知识。只有熟悉和掌握了足够的一般卫生、医学保健等常识，我们才能够科学分析特殊患者的基本情况，从而选择有效的处方方案。如对于高血压患者，就要禁止采用一些靠憋气来完成的练习动作；对于经期的妇女，也要禁止采用增加腹腔压力的练习动作。在实际的运动练习中，掌握丰富的医疗、卫生常识，还有利于预防一些意外事故的发生。

（3）运动人体科学知识

运动人体科学（sports science of human body）是体育学的一个二级学科，其中运动生理（sport physiology）、运动营养（sport nutrition）等学科知识是制定运动处方的重要基础之一。如运动负荷的设计、营养膳食的搭配等都离不开以上学科知识的指导。运动生理的研究实验表明，机体对运动的适应具有双向性，良好的刺激产生积极的影响，反之产生消极甚至裂变影响，而轻微的刺激对机体影响不大。因此，从这个层面上看，运动负荷的设计直接关系到练习的效果。

（4）体育教育训练学知识

体育锻炼的基础理论和基本技能可以为我们选择练习方案提供丰富的素材和科学指导。如各种练习内容的研制及技术指导都离不开相关的体育知识。如采用游泳运动来练习,就必须先学会相应的游泳动作技术,打太极拳也要先学会套路等。

体育还是教育的重要组成部分,具有教育的属性,在实施运动处方的过程中,还有着教育的功能。

另外,心理科学知识也是不容忽视的,尤其是对心理有障碍的目标对象,其对研究设计运动处方具有积极作用。

2.制定运动处方的基本原则

任何锻炼计划都必须遵循运动的基本规律,符合运动的一般原则。运动处方的科学意义在于根据练习者的具体情况设计练习目标,并进行有针对性的、可控的练习,使运动练习的积极效果最大化。因此,在研究制定运动处方时,应当遵守以下原则或要求:

（1）个性化原则

运动处方的个性化原则（principle of personality）是指在研究制定运动处方时应当充分考虑目标对象的具体情况和要求。因为,不同的对象不仅在性别、年龄上存在差别,即使同一性别、年龄的对象在身体健康、运动素质、病史、运动史等方面也存在差异,甚至同一对象在不同的时期,其体质状况也可能有较大的差别。因此,运动处方的制定必须在全面考察、测量和试验的基础上进行,并且突出目标对象的针对性。一般来说,一个人一个处方;当然,相似群体也可以是同一处方。

（2）安全性与有效性原则

运动处方的安全性与有效性原则（principle of safety and efficiency）是指在研究制定运动处方时必须做到安全和有效。安全性是指选择练习内容与方法、设计练习负荷要量力而行,符合目标对象的特点,练习者可控制;有效性是指选择练习内容与方法、设计练习负荷要力求产生积极效果。

由于目标对象的差异性,练习的方法、内容及负荷的安全与有效也是相对的,同时也是动态的。就练习的负荷来说,其安全与有效是矛盾的。一般来说,负荷大的练习对机体产生的刺激就明显,效果有可能好一些,同时风险也就大一些;小负荷的刺激对机体产生的刺激就不明显或没有影响,当然也就更安全一些。因此,我们在处理设计练习的安全与有效性矛盾问题上,应当力求达到一种最佳区间,即靶区间,或称靶负荷（goal load）。在确保安全的基础上,逐步产生积极影响。尤其是针对那些疾病患者用于保健与康复目的的运动处方的设计,更应当注意安全措施的设计和调控。

（3）稳定性与动态性原则

稳定性与动态性原则（principle of steady and dynamic load）是指在研究制定运动处方时要注意练习负荷的相对稳定性,同时根据实际情况,适时调整练习负荷,以达到最佳的效果。人体运动刺激的生理适应性规律要求练习负荷必须达到一定量的积累才能产生质的效果。因此,保持练习负荷刺激的相对稳定性、长期性,是取得锻炼实效的基本前提和重要保障。然而,机体的变化有时又是不确定的,并非都是按照人们的主观愿望,朝着目标方向发展,而是曲折的,有时甚至还会倒退。因此,适时调整练习的负荷具有重要意义。练习负荷的调整不仅仅是负荷的增加或升高,也可以是负荷的减少或降低。一般来说,目标对象机体状况稳定、发展好,主观感觉不错时,可以考虑适当增加负荷量或加大负荷强度,以促进练习效果持续稳定地提高;反之,应当考虑降低负荷强度或减少负荷量,必要时可以暂停一段时间,停止练习。

(四)制定运动处方的基本程序与方法

1.制定运动处方的基本程序

根据运动处方的内容特点和制定原则,制定运动处方应当遵循以下步骤:

(1)健康检查

健康检查(health check)是制定运动处方首要的基本步骤之一,尤其是针对身体患有某些疾病及年龄超过 35 周岁的人。健康检查的主要内容包括:

①一般史和运动史调查。一般史包括生活史和病史。生活史的调查主要是了解目标对象过往的生活状况,如工作性质、劳动条件、生活制度、嗜好等;病史的调查主要是了解目标对象过往的患病及康复情况。运动史调查的主要目的就是进一步了解目标对象过去的运动经历、受伤及康复情况等。以上为科学制定运动处方提供必要的信息资料。

②医学检查。医学检查(medical check)主要是检查和了解目标对象目前的身体健康状况,并作为制定运动处方的基本依据。检查的主要内容包括心电图(electrocardiogram)、血压(blood pressure)、肝功能(liver function)、血脂(blood fat)、血糖(blood sugar)等内容,一般应由医师执行并做出评价。

③姿势和形态测量。姿势和形态测量(post and structure measurement)主要是了解目标对象的身体发育状况,检查身体是否患有残疾、是否畸形等,如脊柱异常(包括"c"型弯曲、"s"型弯曲等)、胸廓异常(包括鸡胸、漏斗胸、桶状胸、扁平胸等)、腿型异常(包括"O"型腿、"X"型腿等)、足型异常(包括扁平足、弓形足)等,对目标对象能否从事一般的运动锻炼做出初步的判断。

(2)体质测定

体质测定(physique test)是在健康检查的基础上,对目标对象的体质强弱进行的进一步测量和判断。用于制定运动处方的体质测定主要是测试与健康联系密切的各项身体素质(physical condition),包括速度(speed)、力量(strength)、耐力(endurance)、柔韧(flexibility)和灵敏(agility)等五大身体素质。测量时,可参照健康人群的评价标准,给出必要的评级;也可参照特殊评价标准进行评价。科学的体质测试可以为以后的锻炼效果评价提供初始的水平参照,从而为科学评价奠定基础。

(3)运动负荷试验

运动负荷试验(exercise test)是指针对目标对象以测量其心肺功能及一般运动能力为主的运动试验,为制定运动处方的运动负荷提供直接的定量依据。目前,常用的测量手段有台阶试验、功率自行车试验和跑台试验等。

（4）制定运动处方初步方案

在经过以上三个基本步骤之后，便进入了制定运动处方的阶段。根据以上调查、测量和试验的基本数据，经过综合分析，初步确定练习的目的、内容与手段、练习的强度、练习的实践、练习的频度、练习的进度及注意事项，制定出运动处方初步方案（making the primary exercise prescription）。

（5）实施和修正方案

运动处方首次制定出来后，一般来说还不够完善，还需要一个预试验过程。在相关人员的指导下，实施和修正方案（executing and adjusting the primary exercise prescription）。在运动处方实施前，指导人员必须向目标对象讲述运动处方的要求、安全措施及运动中应当注意的事项，并要求其逐步做到自我监督（self-supervision）。在实施中不断积累相关信息，为下一步修正提供依据。

（6）运动效果评估

运动效果评估（result evaluation）是对运动处方科学性总结的必要步骤。效果评价可以定期进行，也可以随时进行。评价的目的是为了反馈信息，调整处方的构成要素，使处方目标始终朝着积极的方向推进。

2.制定运动处方的基本方法

（1）练习的目的

运动处方设计的目的通常是由制定者与目标对象共同研究商定的。根据制定前的一系列调查、测试和试验，首先由设计者提出目的建议，再根据目标对象的主观愿望，综合考虑后确定。根据目的确定相关的目标和任务，以便作为效果评价的依据。目标确定后，应当随着实施进度的推移，进行适当调整。根据处方对象的具体情况，目的通常有治疗、健身、竞技、教育等几种类型。

（2）练习的内容

根据处方对象的具体情况和目的，有针对性地选择练习内容和手段。

①用于治疗目的运动处方内容的选择。以治疗为主要目的的人群一般都是身体患有某些慢性疾病或职业病等，设计运动处方是一种用于辅助治疗的方法。根据患者的特点，一般是采用以有氧代谢供能为主的耐力性练习项目，如散步、慢跑、打太极拳等，对于治疗心脑血管疾病、高血压等慢性病具有较好的效果。对因长期工作而导致的肢体局部过度疲劳，产生部分的功能异常的患者，还应当采用专门性的练习。如对于长期从事脑力劳动者，由于长时间的坐姿，容易导致颈椎、腰椎（肌）的疲劳，建议采取一些躯体的伸展练习。

②用于健身目的运动处方内容的选择。以健身为主要目的的人群，以身体处于亚健康状态者居多。因此，练习内容应当以中等负荷的有氧练习手段和方法为主，如有氧健身操、中长距离跑步、跳绳等。对于以改善形体、增长肌肉为目的的练习者，还应当注意膳食结构及能量的控制。

③用于竞技目的运动处方内容的选择。以竞技为主要目的的人群，一般是职业运动员或

准备参加比赛的运动参与者。因此,根据竞技项目的特点,主要采用一些专门化的运动训练手段。训练内容应当涵盖一般身体素质、专项身体素质、运动技能、战术及专项心理素质等方面。

④用于教育目的运动处方内容的选择。以教育为主要目的的人群主要是学生。教师根据学生的特点,以处方的形式而进行有针对性的体育课程教学。因此,练习内容的选择围绕着体育教学的目的展开,如为了掌握某项运动技术而进行专门的技术训练,为提高身体素质而设计专门的身体训练等。

总之,运动处方练习内容的选择主要是以目标对象的具体情况和既定目标为前提,尽管目标不同,但内容手段也可能相似,差别表现在运动的负荷上。

（3）练习的频度

有研究报道,每周锻炼超过 3 次时,最大摄氧量的增加逐渐趋于平坦;当练习次数继续增加到 5 次以上时,最大摄氧量的提高逐渐减小;而每周锻炼次数小于 2 次时,通常不引起变化。由此可见,每周锻炼 3~4 次是最佳的频度。基于生理刺激的适应性和超量恢复原理,练习的间隔不宜超过 3 天。对于一般治疗性或健身性锻炼,坚持每天锻炼一次,效果会更好。

（4）练习的进度

练习的进度分为三个阶段:①开始阶段。进行伸展、体操和低强度的有氧运动。低于计算的强度,逐渐增加。一般持续 4~6 周。②改善阶段。以较快的进度在 2~3 周内达到预计的运动强度,老年体弱者可能需要较长的时间来适应。③维持阶段。参加者的心肺功能达到较满意的水平,运动强度不断增加,并保持在一个合理、安全、有效的范围内进行有效的运动。

第三章
体育锻炼的科学方法

第一节　体育锻炼的功能

体育锻炼的功能是指体育以其自然的特点作用于人和社会所产生的良好影响和效益。体育的功能是多方面的,归纳起来主要有以下几个方面。

一、教育功能

体育锻炼的教育功能具体表现在以下几个方面。

(一)改造经验

人类生活需要多方面的经验,经验的发展和积累代表生活能力的提高,人的经验绝不仅限于读、写、说、算。就品格而言,不懂公平竞争、不服从法规制度、不信守诺言、不具备合作精神等社会品质的人,无疑将被社会群体所排斥;就行动经验而言,简单的如坐立行走、举手投足,复杂的如对距离、速度、时间的判断,趋吉避凶应对突发事件的能力,以及提高工作效率所必需的精神肌肉协调和维持肌体的正常功能而应有的操作等,只有通过实践才能培养;就情绪而言,文明社会不允许个人不良情绪以野蛮的原始方式予以发泄,以保证社会稳定和人民生活的安宁。所有上述的品格和经验是一个合格公民应具备的素质,而体育则是对人类进行综合性教育的一种有效途径,它可以使个人在心智、情绪、动作经验、行为品性等方面,在以身体活动为中介的体育实践活动中得到发展。

(二)适应能力

体育是帮助个体适应其生活环境的一种影响和训练。虽然不同的人需要不同的适应能力,但在今天的社会里,个人的适应能力应该是全方位的,它包括身体的、心理的、社会的,缺其一都无法获得真正的幸福。体育教育对上述的适应能力都有培养作用。

(三)改变行为

体育活动所引起的经验改造和适应能力的发展,可以进一步引起行为的变化。在体育活动中,凡是合乎社会要求的行为,都会因被社会认可和接受而日益加强,也就是说,体育可以使每一个人的行为趋向于符合社会道德标准和行为规范的要求:体育活动可以培养个体机智和勇敢的行为,并使这种行为达到一种较高境界——机智而不投机取巧,勇敢而不争强斗狠。

二、健身娱乐功能

人体活动的高效率和精细程度,使文学家为之颂歌礼赞,使生理学家为之叹为观止,也使体育家产生了重大的责任感。人体以骨骼为框架,以韧带为铰链,并以附着在骨骼上的肌肉为动力,进行各式各样的运动。善于利用则促进其发展,反之则阻碍它的成长和完善。体育锻炼的一个重要的目标正是要教会人们去合理、有效地利用、保护和促进身体的发展,它是一个利用身体去完善身体的活动过程。这一过程除了求助于身体锻炼以外,还有赖于健身娱乐活动的兴趣和情绪。文明社会在时间、财力等方面,为人类的健康娱乐活动提供了越来越充裕的条件,文明社会中的人需要娱乐,如同原始社会的人需要食物一样,适度的身体锻炼,既健体又悦心。

三、培养竞争意识功能

人类的生活如同在竞技场的比赛,大到自然竞争,小到与对手竞争,无一不是在竞争中不断地完善自我和超越自我。参与竞争的人,必须创造条件充实自己。所谓条件,就是由竞争意识所支配的合理行为。无论是参观还是参赛,运动场无疑为人们在生活中即将发生的竞争提供了极佳的预演场所。许多哲学家(如斯宾塞等)早就把运动场所当作社会的一个缩影,运动场本身就是一个特殊的社会环境。依据迁移原理,人们在运动场上形成的良好品德和行为准则,可以迁移到日常行为模式之中而为社会所认同。同运动场上运动员必有胜负一样,其他社会生活中人有得意之时,也有失意之处,光荣的胜利者固然值得敬佩,好的输家同样受人尊敬。胜不骄,败不馁,奋发向上,顽强拼搏等绝不仅是运动员所独有的品质,社会里的每个人都应具备。从公平竞争的角度而言,运动场是培养人们具有合理竞争意识的最佳场所。现代奥林匹克的创始人顾拜旦是一位教育家而不是竞技家,他曾以极大的热情在法国倡导英国的竞技体育制度。作为现代奥林匹克运动的奠基人,他通过奥林匹克运动,把体育同文化教育融为一体。在《奥林匹克宪章》中有这样一段话:"奥林匹克主义是将身、心和精神方面的各种品质均衡地结合起来,并使之得到提高的一种人生哲学……奥林匹克主义所建立的生活方式是以奋斗中所体验到的乐趣、优秀榜样的教育价值和对一般伦理基本原则的推崇为基础。"可见,奥林匹克运动能发展到今天并对不同国度的人们产生如此重大的影响,关键在于它对人类具有重要的教育作用。竞技体育通过运用竞技运动中的某些内容和因素,以夺取金牌为手段,而最终达到教育人类不断完善和超越自我的目的。它的意义远远超越了夺取金牌。

体育除具备上述主要功能外,还有促进政治、经济发展,传递人类文化等功能。

第二节 体育锻炼的原则和方法

一、体育锻炼的原则

体育锻炼讲究科学性,不能盲目进行,不仅要严格遵循体育锻炼的基本原则,还要掌握正确的体育锻炼方法。体育锻炼的原则是指体育锻炼中客观规律的反映,是人们长期体育锻炼实践的经验总结,是达到理想锻炼效果所必须遵循的基本准则和原理。

(一)自觉积极性原则

体育锻炼不同于人们劳动和日常生活的一般性躯体活动,更区别于动物所具有的走、跑、跳、攀登等自然的本能动作。人们所从事的体育锻炼总是有一定的目的和意识的身体活动过程,因此要发挥自觉积极的主观能动性。自觉积极性是要求锻炼者首先要有明确的健身目标,懂得"生命在于运动"的道理,树立起锻炼有益于学习、工作和生活的正确理念。把个人的切身需要和身体锻炼的功效与民族体质、人口质量以及国家的兴旺结合起来,这样能更好地激发自己的锻炼热情。在这个基础上,人们还应认真选择适宜的锻炼内容和方法,以及安排适宜的运动负荷,在锻炼身体之后心情舒畅。总之,体育锻炼的效果、信心、兴趣三者是相辅相成的,三者应密切结合才能做到积极、自觉地进行体育锻炼。定期检测锻炼效果,可以使人们看到自己的进步,有利于增强自信心,有助于不断巩固和提高锻炼的积极性。

(二)从实际出发原则

从实际出发原则是指锻炼者根据体育锻炼的目的、内容、方法以及自身的条件,选择适宜的运动负荷。每位锻炼者的主客观条件都不相同,如性别、年龄、职业、体育基础、身体状况、生活条件、锻炼目的等,因此在选择锻炼的内容、方法、运动负荷时要因人而异、量力而行,特别要注意运动负荷适量。

运动负荷适量是指体育锻炼时要有恰当的生理负荷。锻炼效果的好坏与锻炼时生理负荷的适宜与否有着极为密切的关系。机体负荷太小,机体得不到适宜的刺激,身体功能的变化不明显,锻炼效果也就不好;相反,机体负荷量过大,不仅不能增强体质,反而会损害健康。

运动负荷大小由负荷量和负荷强度组成。负荷量可以通过练习动作的次数、组数、时间、距离、负荷重量等特征表现出来;负荷强度可以通过练习动作的速度和难度、练习的密度、练习间歇时间的长短、单次负重的大小、投掷的距离、跳跃的高度和距离等形式表现出来。量和强度要处理适当。强度大,量就要相应减少;强度适中,量也可以相应加大。适量,就是以练习者承受得了并有一定疲劳感为限。

从实际出发,除了因人而异外,还要因时、因地制宜,以达到最佳锻炼效果。因时、因地制宜是根据外界环境的实际情况,如地理环境、气候条件、场地器材、环境卫生等,选择适合于自身的锻炼内容和方法。

(三)持之以恒原则

持之以恒原则是指体育锻炼必须持续系统地进行,使之成为日常生活中不可缺少的内容。从生物学角度看,人的体质增强是一个不断积累、逐步提高的过程,不可能一劳永逸。人体机能水平的提高、各种运动素质的发展、运动技能的形成与巩固,都有赖于较长时期经常性的锻炼,这样才能使机体在解剖形态、生理机能、生化过程等方面产生一系列适应性变化。人体结构和机能的变化都是通过机体活动反复进行强化来实现的,体育锻炼是对机体给予刺激的过程,连续不断的刺激作用,在机体内产生痕迹的积累,这种积累使机体的结构和机能产生新的适应性,从而使体质不断增强。锻炼效应具有不稳定性,当锻炼的系统性和连续性遭到破坏时,已获得的良好锻炼效应就会逐渐消退或完全丧失,进而体质逐渐下降。贯彻持之以恒原则,应注意以下两点:

1.安排合理的锻炼时间

锻炼间隔时间长,锻炼的效果就不明显,因此每次锻炼时间间隔要安排合理。显然,要有长期计划、短期安排,计划的安排要根据锻炼者身体适应运动负荷的能力而定。

2.养成良好的锻炼习惯

持久的锻炼不仅健身益心效果显著,而且会使锻炼者对锻炼兴趣逐渐浓厚,达到身心愉悦,从而养成经常锻炼的习惯。

(四)循序渐进原则

循序渐进原则是指体育锻炼必须根据人体身心发展规律和个人的实际情况,在锻炼的内容、方法、运动负荷等方面逐步提高,使机体功能不断得到改善和提高。循序渐进是人体适应环境的基本规律,人体对内外环境变化的适应是一个缓慢的由量变到质变的过程。只有遵循这个规律,才能取得良好的锻炼效果。否则,非但不能增强体质,相反还会引起机体损伤和运动性疾病,损害身体健康。

1.选择合理的锻炼内容

根据自己的身体状况合理选择锻炼内容。体质较好的人,可以选择比较剧烈的运动方式,如各种竞技运动项目;体质较弱的人,开始锻炼时可选择比较缓和的运动,如慢跑、徒手操、武术、乒乓球等;患慢性疾病的人,可选择保健体育的一些内容,如太极拳、健步走等。当体质逐渐变好时,锻炼内容也可以逐步由缓和的运动变为较为剧烈的运动。

2.运动负荷逐步加大

机体对运动负荷的承受能力有个缓慢的适应过程,锻炼时运动负荷要由小到大,逐步增加。开始锻炼时,时间要短,运动负荷不要过大,待机体适应后再逐步加大。如果运动负荷长期停留在一个水平上,机体的反应就会越来越小。机体机能的提高应按照刺激—适应—再刺激—再适应的规律有节奏地上升,运动负荷也应随着这种节奏来安排。病后或中断锻炼后再进行锻炼,尤其要注意循序渐进,以免发生意外。

在体育锻炼时运动负荷增加要依据百分之十原则。百分之十原则是指导锻炼者既运用超负荷原则,又避免因过度运动而损伤的一种监控方法。其含义为:每周的运动强度或持续运动时间的增加不得超过前一周的10%。例如,你每天持续跑步60分钟,下一周要超负荷练习,跑步的持续时间不应超过66分钟。从事其他运动或增加运动强度都应遵循百分之十原则。

3.每次锻炼过程也要循序渐进

每次锻炼前要做准备活动,锻炼后要做好整理活动,如长跑前先进行5~10分钟慢跑,长跑后也不要马上停下来休息。

(五)全面锻炼原则

全面锻炼原则是指体育锻炼应全面发展身体各个部位和各个器官的机能,提高身体素质和基本活动能力,从而达到身心全面和谐的发展。人体是在大脑皮层调节下的有机统一的整体,人体各部位、各器官的机能,各种身体素质和基本活动能力之间是相互联系、相互制约的。身体素质是人体在运动过程中所表现出来的力量、速度、耐力、柔韧性和灵敏性等能力,它们是通过肌肉活动表现出来的,但同时反映着内脏器官的机能、肌肉工作时的供能情况,以及运动器官与内脏器官的配合情况。

对于处于生长发育关键时期的青少年来说,全面发展尤为重要。各个运动项目对身体都有其独特的锻炼作用,但同时也有一定的侧重性。可结合自己的兴趣爱好选择1~2个锻炼内容作为每天必练的项目,同时加强其他项目的锻炼以弥补主项的不足。全面锻炼的过程中还应注意心理素质的发展,如群体意识、个性发展等。

(六)安全性原则

安全性原则要求在体育锻炼过程中始终注意保护自己,做到安全第一。其主要内容包括不要盲目参加超过自己能力的活动;每次练习前必须做好充分的准备活动;饭后、饥饿或疲劳时应暂缓锻炼;每次锻炼后,要注意做好整理、放松活动。

二、体育锻炼的一般方法

体育锻炼方法是根据人体发展规律,运用各种身体练习,以提高人体的身体素质和基本活动能力的途径和方式。其中提高身体素质的方法主要有重复锻炼法、间歇锻炼法、连续锻炼法、循环锻炼法、变换锻炼法、负重锻炼法和其他方法等。

(一)重复锻炼法

在体育锻炼过程中,多次重复同一练习,两次(组)练习间安排相对充分的休息,从而增加负荷的锻炼方法。

重复次数的多少不同,对身体的作用也不同。重复次数越多,身体对运动反应的负荷量就越大。如果重复次数不断地增加,可能使身体承受的负荷达到极点,乃至破坏身体的正常状态,造成伤害。

运用重复锻炼法,关键是掌握好负荷有效价值范围(最有锻炼价值负荷量下的心率),并据此调节重复次数。在重复锻炼中,对负荷如何控制,怎样去重复才能达到理想效果的负荷程度,应视实际情况而定。

(二)间歇锻炼法

间歇锻炼法指在体育锻炼的过程中,对多次锻炼时的间歇时间做出严格规定,使机体处于不完全恢复状态下,反复进行锻炼的方法。

人们认为体质增强的过程是在运动中实现的,其实体质内部增强过程主要是在间歇中实现的,是在休息过程中取得了超量恢复。若是离开在休息中取得超量恢复,则运动就变成对增强体质毫无意义的事情,甚至起不了作用。间歇对增强体质的作用并不亚于运动本身。自古以来就有以静练身的经验,在现代科学的基础上,人类更清楚地认识到在间歇时间内有机体的各种变化,把间歇作为一种健身的基本方法。

同重复锻炼法一样,间歇的时间也要依据负荷有效价值标准进行调节。一般说来,当负荷反应(心率)指标低于有效价值标准时,应缩短间歇时间,而在高于价值标准时,则可延长间歇时间。通过适当的间歇,把负荷量调节到负荷有效价值范围,以追求良好的锻炼效果。实践中,一般心率在130次/分左右时,就应再次开始锻炼。间歇时,不要做静止休息,而应边活动边休息,如慢速走步、放松手脚、伸伸腰腿或做深而慢的呼吸等。这是因为轻微活动可使肌肉对血管起到按摩作用,帮助血液回流及排除代谢所产生的废物。

(三)连续锻炼法

连续锻炼法指在运动锻炼的过程中,为了保持有价值的负荷量而不间断地连续进行运动的方法。从增强体质的良好效果出发,需要间歇就停一会儿,需要连续就接二连三地进行下去。不能仅讲究间歇,还要讲究连续,连续、间歇、重复都是在统一锻炼过程中实现的。连续、间歇、重复等因素各有其特有的作用,连续的作用在于持续负荷量不下降,维持在一定的水平上,使身体充分地受到运动的作用。

连续锻炼时间的长短,同样要根据负荷有效价值范围而确定,通常认为在140次/分左右心率下连续锻炼20~30分钟,可使机体的各个部位都长时间地获得充分的血液和氧的供应,因而能有效地提高有氧代谢能力。实践中,用于连续锻炼的主要是那些比较容易,并已为锻炼者所熟悉的动作,可以是跑步、游泳,也可以是跳健美操等。

(四)循环锻炼法

循环锻炼法由几个不同的练习点(或称作业站)组成,练习者按着既定顺序和路线,依次完成每点练习任务。即在一个点上练习完成后,练习者就迅速转移到下一个练习点进行练习,将所有练习点练习完成,就算完成一次循环。这种练习方法就叫循环锻炼法。

循环锻炼法对技术的要求不高,且各项目都采用比较轻度的负荷练习,因此练习起来既简单有趣味,又可获得综合锻炼,从而达到全面发展的良好效果。

（五）变换锻炼法

通过不断变换运动负荷、练习内容、练习形式以及条件，来提高锻炼者的积极性、适应性及应变能力的方法称为变换锻炼法。

变换锻炼法可以有效地调节生理负荷，提高兴奋性，强化锻炼意向，克服疲劳和厌倦情绪，以达到提高锻炼效果的目的。例如，刚参加锻炼时，可多做些诱导性练习和辅助性练习；随着锻炼水平的提高，再加大练习的难度，例如用越野跑代替在田径场的长跑等。锻炼条件的变化可使锻炼者的大脑皮层不断地产生新异的刺激，从而提高机体对负荷的承受能力，提高锻炼效果。另外，不断地对锻炼的内容、时间、动作、速率等提出新的要求，可有效调节生理负荷，使机体不断产生适应性变化，从而更好地达到锻炼目的。

（六）负重锻炼法

负重锻炼法是使用杠铃、哑铃、沙袋等重物进行身体运动来锻炼身体、增强体力的方法。

负重的方法，既用于普通人为增强体质锻炼身体，又用于各项运动员进行身体训练，还可用于身体疾患的康复。

为常人增强体质所进行的负重锻炼，应该采用最大摄氧量和最大心输出量以下的负荷，因为过大的负荷可能给心血管和呼吸系统带来不良的影响。为了保证这种锻炼方法对身体的良好作用，在健身运动负荷价值范围内可以多次重复或连续。

（七）其他方法

1.民族体育项目

民族体育项目是指具有民族传统和民族特点的体育项目，如我国的武术中的太极拳、气功等。

武术运动不受场地、器材、条件等因素的限制，运动量可大可小，内容丰富多彩，是我国的优秀文化遗产。武术的动作结构、技术要求、运动风格和套路特色各有不同，有较大的锻炼价值，适合不同年龄、性别和体质的人进行锻炼。

初学武术，应从基本功入手，学会简单的套路，边学套路边练基本功，经过一段时间练习后再学较复杂的套路和器械，然后再学对练。这样就能培养锻炼者的兴趣、爱好，并逐步提高和巩固武术的技术水平。

（1）太极拳。太极拳是一种合乎生理规律、柔和、缓慢而轻灵的拳术。它不仅在我国流传甚广，在国外也广为传播，现已成为人们增进健康、防病治病的医疗体育方法之一。

太极拳动作圆滑协调，连绵不断，前后贯通，上下相连，虚实分明，重心稳定，意识引导动作，呼吸自然。久练之后，全身血液畅通，身心舒畅，内外兼修，形神俱备，使人精神焕发，尤其适合老年人、体弱者和患有慢性疾病者锻炼。

（2）气功。气功是我国医学宝库的珍贵遗产，是具有民族特色的一种医疗保健体育。

气功是通过练习者发挥主观能动作用，对身体进行自我锻炼的一种良好方法，是一种有效的"生理学预防疾病"的措施。任何一种气功锻炼方法，都是从调身（身体形态）、调息（呼吸)、调心(神经状态)入手。长期坚持气功的练习,可以促进大脑皮质抑制的保护作用和低代谢生理状态的保护作用,改善生理机能的自我控制能力,增加对腹腔的按摩作用。

2.自然因素锻炼法

人们赖以生存的自然界是千变万化的。同时,自然界包含许多对人体健康十分有益的因素。人体不仅要适应外界环境的变化,还应该利用各种自然条件进行锻炼,以进一步提高对外界的适应能力,增进健康和增强体质。

(1)日光、空气、水对锻炼身体的影响。日光、空气、水等自然条件,对身体健康具有重要意义。日光对机体的作用是多方面的,其中所含的紫外线既能杀菌、预防佝偻病,又能提高皮肤抵抗力和关节的活动性;红外线能起温热作用,提高新陈代谢、改善组织营养等。温度、湿度、气流对皮肤的刺激,特别是低温的刺激,通过神经的反射作用,可改善体温调节系统,促进血液循环。特别是空气中的负离子,对人体神经、血液循环、呼吸及内分泌活动等,都能产生良好的刺激作用。因为机体对外界环境具有巨大的适应性,变化了的环境条件作用于机体,大脑皮层立刻进行调节,使机体适应变化了的外界环境,保持机体与环境在新的条件下的平衡。新的刺激,又形成新的反射,从而进一步提高机体的适应能力。

人们在生活中接触日光、空气、水的机会很多,由于城市中阳离子含量高,负离子含量少,加之"三废"的污染,因此应该多组织一些野外活动。

水浴主要是利用水的温度、机械力和化学作用来锻炼身体。水浴可以分为冷水浴、温水浴和热水浴。冷水浴对健康更为有益,特别是对增强心血管系统和呼吸系统的功能效果显著,还可以促进消化系统功能以及改善体温调节机能。另外,冷水浴不仅能提高新陈代谢机能、洁净皮肤、增强体质,而且能提高抵抗疾病的能力以及锻炼意志,为适应低温严寒的自然环境创造了十分有利的条件。温水浴能起降低神经的兴奋性、减弱肌肉张力、扩张皮层血管等作用,加速消除疲劳。热水浴较温水浴的效果会更加明显。

(2)冷水浴锻炼方法。冷水浴锻炼应从夏天开始,每周至少练习两次,时间以早晨为好。具体锻炼方法如下:

①冷水洗脸与洗足。初练冷水浴,可以从冷水洗脸与洗脚开始,特别是洗脚,应泡在水中一至数分钟,以提高人体对冷刺激的适应能力。最好每天晨起用冷水洗脸,睡前用冷水洗脚,洗后擦干。

②冷水擦身。冷水擦身伴随按摩动作,对初练者更为适宜。在擦身过程中,要不断地把毛巾浸泡在冷水中拧干再擦,擦身可作为淋浴、浸浴、冬泳的过渡。也可单练擦浴,每天最好在睡前进行。

③冷水淋浴与冲洗。淋浴的水温开始不要过低,在锻炼过程中可逐步降低水温,最后用冷水冲洗。冲洗前先用冷水拍打胸部,再淋上肢,然后从头向全身冲淋,时间不要超过1分钟。经过一段时间锻炼后,再逐步延长时间,每天早晚均可进行,从夏秋开始,淋浴后用干毛巾擦遍全身。

④冷水浸浴。浸浴在室内外均可进行,浸浴前先用冷水拍胸,浸水后用毛巾不断摩擦全身,特别是胸腹部要用力擦。浸泡时间根据个人情况而定,以不出现寒战为度。浴后用干毛巾擦腰、肩、膝关节部位,擦到发热为止。

⑤冬泳。冬泳在天然水域进行,是对日光、空气、水的综合利用,也是冷水浴锻炼的最好形式。下水后不能停止活动,可以进行一定强度的游泳活动,然后再在水中擦摩全身。冬泳的时间应根据个人锻炼的基础而定,以不出现寒战为标准。由于冬泳能量消耗大,每天进行时间不宜过长,并要适当控制运动量。出水后应迅速擦干擦热全身,并立即穿衣。

在进行冷水浴时,要注意以下事项:浴前要充分做好准备活动,使身体发热;浴后要做适当整理活动,尽快恢复温暖感觉;各种形式的冷水浴,都应从温暖季节开始,一经开始就要坚持,以免减弱效果,淋浴、浸浴、冬泳若因故中断,重新开始时,最好经过一个时期的擦浴后再继续进行;饭前、饭后1小时内,不宜进行冷水浴,否则影响消化;剧烈运动和劳动后,体温较高,不宜立刻进行冷水浴,要适当休息后再进行;冷水浴虽然对某些慢性病有治疗作用,但必须征求医生意见;如有发烧、急性或亚急性疾病、严重的心脏病、严重的肺结核等病症,都不宜进行冷水浴。

第三节　运动健身方案的制定

运动健身方案是为满足个体的健康和运动健身目标而制定的。它以运动为主要手段,根据个性化特点,选用适合的运动方法,确定适合的运动量,以改善身体机能、增强体质、增进健康、预防疾病,提高生活质量。

科学的运动健身方案包括运动种类、运动强度、运动持续时间、运动频率及注意事项等内容。

一、运动种类

运动种类包括有氧运动、力量性运动和伸展运动。

有氧运动主要适用于心血管、呼吸、内分泌等系统的慢性疾病的康复和预防,改善和提高心血管、呼吸、内分泌等系统的功能。有氧运动也是保持全面身心健康、保持理想体重的有效运动方式。

有氧运动项目有步行、慢跑、游泳、休闲自行车、有氧运动操、跑台、跳绳、划船、滑雪、球类运动等。

力量性运动是以锻炼肌肉为主要目的的运动。它主要用于运动系统、神经系统等肌肉、神经麻痹或关节功能障碍的人群,以恢复肌肉力量和肢体活动功能为主。力量运动持续时间短,身体负荷大,更能促进肌肉的增长,使人变得更加健美和强壮有力。

力量性运动项目有仰卧起坐、举重、引体向上、俯卧撑等。

伸展运动主要的作用是放松精神,消除疲劳,预防损伤,改善体形,防治高血压、神经衰弱等病症。

伸展运动及健身操的项目主要有太极拳、保健气功、五禽戏、广播体操、医疗体操、矫正体操等。

二、运动强度

运动强度是构成运动量的因素之一。一般认为,心率 120 次/分以下的运动量为小强度,120~150次/分的运动量为中等强度,150~180 次/分或超过 180 次/分的运动量为大强度。随着运动强度的增加,运动所获得的健康也增加。不过,运动强度越大,减肥效果越好,越有益健康这样的观念是不科学的。强度过大,无氧代谢比重增加,容易引起心血管过度负荷或运动器官损伤。所以推荐大多数成年人进行中等强度和较大强度相结合的运动。

三、运动持续时间与频率

运动持续时间用一段时间内进行的体力活动总时间来表示,或者用总的能量消耗表示。一般建议每天至少进行 30 分钟中等强度的运动,每周至少 5 天,总计至少 150 分钟/周;或者每天 20~25 分钟的较大强度运动,每周至少 3 天,总计 75 分钟;或者每天 20~30 分钟中等强度和较大强度相结合的运动,每周运动 3~5 天。

四、注意事项

运动前要做好充分的准备活动,明确运动的禁忌症或不宜进行运动的指征、在运动中应停止运动的指征;运动中,要时刻检测运动量,注意正确的呼吸方式和节奏。

第四节 热身和放松活动

运动前如果不做热身活动,运动中往往会发生肌肉拉伤、关节扭伤等损伤事故,所以锻炼前要做好充分的热身活动。通过各种有效的锻炼方法,使身体发热微微出汗后,再投身到健身锻炼中去尤为重要。热身运动是为了让运动者为训练和比赛做好准备,而运动后的放松运动同样重要,它能使运动者的肌肉得到恢复,身体恢复到放松状态。放松运动不仅能使肌肉恢复更快,还能降低训练中可能出现的肌肉痉挛和肌肉损伤。放松运动可以使血液循环加快,为肌肉细胞恢复正常的血流量、电解质、酶和营养平衡提供可能。放松运动能使血液和肌肉中的乳酸恢复到训练前的正常水平,血液循环加快,使氧和各种营养物质能够迅速进入血液和肌肉,同时排出废物,恢复体能。

一、准备活动的概述

准备活动是指为了更好地进行较大运动量或高强度的体育锻炼或比赛前所进行的各种有目的的身体练习。其目的是预先动员人体的功能能力,缩短进入工作状态的时间,为运动中发挥出最大工作效率做好功能准备。准备活动主要以短时间低强度的动作为主,让运动时将要使用的肌肉群先行收缩活动,以增加局部和全身的温度以及血液循环,使体内的各种系统,包括心脏血管系统、呼吸系统、神经肌肉系统及骨骼关节系统等能逐渐适应即将面临的较激烈的运动,以预防运动伤害的发生。

(一)准备活动的分类

我们大致可以把热身运动分为两类:

(1)第一类叫作全身性的热身运动,比如快步走、慢跑、轻松跳绳、踩固定脚踏车,或者做我们在学校所学到的各种健身操,等等。这些全身性的热身运动,可以使全身大部分肌肉群都参与活动。

(2)第二类则称为特定部位的热身运动,这些是指针对某项运动的特殊需要,较有选择性地活动特定的肌肉群。比如打乒乓球前进行几分钟的挥拍练习,并且逐渐增加挥拍的力量,这样就可以把挥拍所需的肌肉群活动开。

如果在运动前能够用5~6分钟的时间进行全身性的热身,再视运动性质的需要,从事特定部位的热身,加上适当的拉筋体操,就能够有效地减少因为热身不足造成的各种运动伤害。如果从事的运动较激烈或较专业,就必须用更长的时间来热身及拉筋。反之,闲暇之余进行一些比较不需要特殊技巧的运动时,对热身运动的需求也就不必太严格,甚至可以不必进行特殊部位的热身运动,比如慢跑之前要热身的话,可以利用5分钟做一套广播体操,也可以先用一半的速度缓慢跑5分钟,这样也就可以达到热身的效果了。

(二)准备活动的作用及目的

准备活动是身体迅速进入体育状态的手段,它对运动系统、内脏系统和神经系统等都有十分重要的作用。准备活动对运动系统的作用集中表现在对肌肉、韧带和关节的影响上;对内脏系统最大的作用就在于提高基础代谢率和体温,使体内血液重新分配,克服内脏系统的"机能惰性",使心肺功能水平满足身体对氧气的需要,保障教学、训练正常完成;对神经系统的作用表现在通过身体的一系列活动,使人的大脑反应速度提高,动作反射时间缩短,身体协调性改善,神经传导速度加快,有效地防止因动作协调性差而引起的肌肉、韧带拉伤。

人体从安静状态进入到剧烈的运动需要有一定的适应过程。准备活动能使身体发热,提高呼吸和血液循环的能力,降低肌肉和韧带的黏滞性、增强其弹性和伸展性,使关节的活动幅度加大,从而避免了因提高运动强度所造成的运动损伤。

二、准备活动的运动强度及时间

一般来说,在进行准备活动之前应主要考虑以下两个方面:准备活动的强度、准备活动的时间。

(一)准备活动的强度

准备活动的运动量应逐步上升,运动量的大小应根据内容、对象和环境的特点而异。由于克服机体的生理惰性需要一段时间,因此,组成准备活动的各种练习的强度应逐步提高,运动量由小到大,中间稍有起伏,最后适当下降。在运动最激烈的时候,不能突然停下来,否则会失去肌肉对静脉管的挤压作用,影响静脉血液回流,造成心输出量的减少。因此,开始应安排用力较小、速度较慢的练习,如慢跑、徒手操的伸展运动等上肢运动,运动量不大的活动性游戏等。然后动作的速度、幅度、用力程度应逐步提高,如进行四肢、躯干、全身的活动,用力较大和柔韧性要求较高的练习,快速的跑跳练习,运动量大的活动性游戏等。最后进行有节奏、较放松、能调整呼吸的练习,如踏步、慢跑、挥摆四肢等。如果比赛项目的强度大、技术复杂,准备活动的运动量要随之增大,反之则应减小。因为强度越大、技术越复杂的内容,完成神经中枢的协调关系和提高植物性机能所需要的时间越长。如110米高栏赛跑,属于极限强度的活动,技术较复杂;10 000米赛跑是大强度运动,技术较简单。因此,前者比后者的准备活动所需要的时间要长,运动量要大,机体的机能要提高到更高的水平才能与其相适应。儿童、少年的中枢神经的兴奋性高、灵活性大、惰性小,他们做准备活动的时间可以短些、运动量小些。成年人的生理惰性较大,运动量可逐步上升,时间要长些。冬天气温低,散热快,机体发热的时间短,生理惰性大,夏天则相反,因此,冬天做准备活动时间要长、运动量要大。准备活动的运动量太小,身体活动不开,无法适应正式练习;运动量太大,能量消耗过多,中枢神经容易疲劳,也会降低运动成绩。因此,准备活动的运动量应适当。

(二)准备活动的时间

准备活动的时间随体能训练的内容和量而定,应占运动总时间的10%~20%。例如进行1小时的有氧运动,热身时间应该在6~12分钟范围内。同时依据年龄、竞技或非竞技、运动项目特点、个人体质差异、季节及气温不同,准备活动所需的时间也会不同。寒冷的季节,准备活动的时间应适当长一些,而炎热的季节,时间可以相对短一些。一般来说,身体微微出汗,便可以结束热身运动。准备活动结束与正式运动之间的间隔一般不超过15分钟。在一般教学课中以2~3分钟为宜。休息时间过长,痕迹作用变小,准备活动的作用会消失掉,对正式练习不利。

三、准备活动的内容

(一)徒手体操

1.徒手体操的特点

徒手体操是一项极为普及的运动,它是以不同的姿势、方向、路线、幅度、频率和节奏相结合而由身体各部位的各种动作组合成的各种单个动作或联合动作,并配合一定的节奏进行练习。徒手体操是准备活动的主要内容,其内容丰富、动作简单、形式简便、变化多样、运用广泛、效果良好,不需要专门的器械设备,不受场地与气候的限制,不受性别、年龄与运动技术水平的约束。徒手体操的动作有难有易,简便易行,其运动量也便于调节,是较易广泛开展的体育运动项目。徒手体操练习是一项简单易做的运动,可以被编成各种成套的动作,以伸展上肢、肩带、躯干、髋和腿部的关节韧带和增强相应部位的肌群力量。这种练习不仅适合儿童和少年,也适合其他从事运动的人。徒手操练习一般安排在准备活动部分,以加快血液循环,动员机体组织尽快进入工作状态。在练习时要注意动作的正确性,以便收到良好的效果。徒手体操可以在原地进行,也可以在行进间进行。

2.徒手体操的内容

徒手体操的内容包括头部的动作:屈、伸、绕、绕环。臂部的动作:举、屈、伸、振、冲拳、绕、绕环、摆、推、波浪、撑。腿部的动作:出、绕、绕环、屈、伸、摆、压、起、走、跑、跳。上体的动作:绕、绕环、伸、转。身体的基本姿势:立、弓步、蹲、跪、坐、团身、挺身、平衡、撑、劈腿、卧。身体各部位的动作与身体姿势的组合练习。

3.徒手操参考组合

在体育教学的准备活动中我们经常用到徒手的关节操,如:头部运动、扩胸运动、体转运动、体侧运动、腰部运动、弓步压腿、仆步压腿、膝关节运动、脚踝关节运动等。

(二)准备活动组合

1.头部运动(见图3-1)

预备姿势:直立,两手叉腰。

(1)第一个八拍动作:1~8

1拍头前屈,2拍头还原,3拍头后屈,4拍头还原,5拍头向右侧屈,6拍头还原,7拍头向左侧屈,8拍头还原。

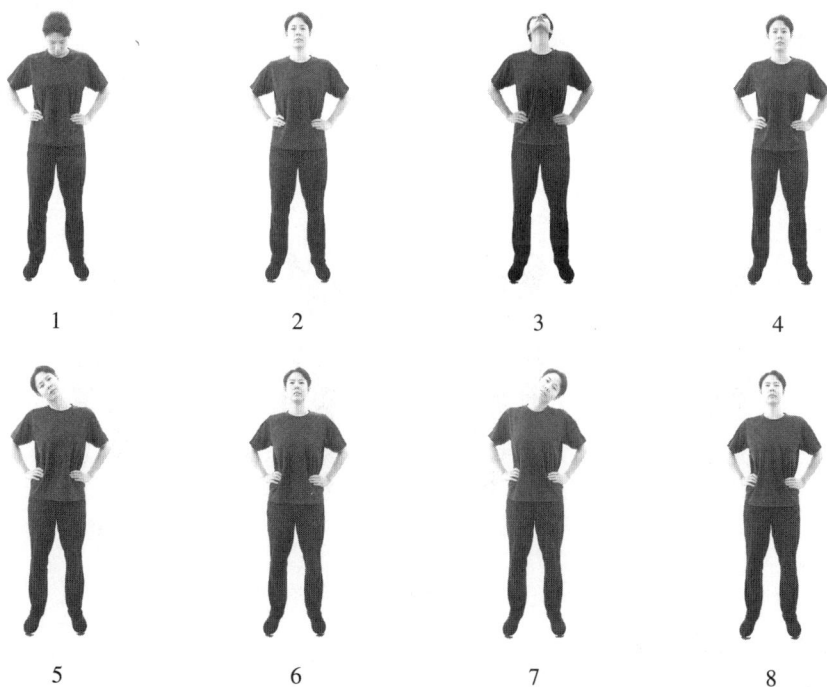

图 3-1

(2)第二个八拍动作:2~8

1拍向右转头,2拍头还原,3拍向左转头,4拍头还原,5~6拍头由前向左绕环一周,7~8拍头由后向右绕环一周。

2.扩胸运动(见图3-2)

预备姿势:直立,两手叉腰。

(1)第一个八拍动作:1~8

1~2拍双手臂屈肘,向后震动两次;3~4拍手臂侧平举,振臂两次;5~6拍动作同1~2拍;7~8拍动作同3~4拍。

第二、三、四个八拍动作的1~8拍同上。

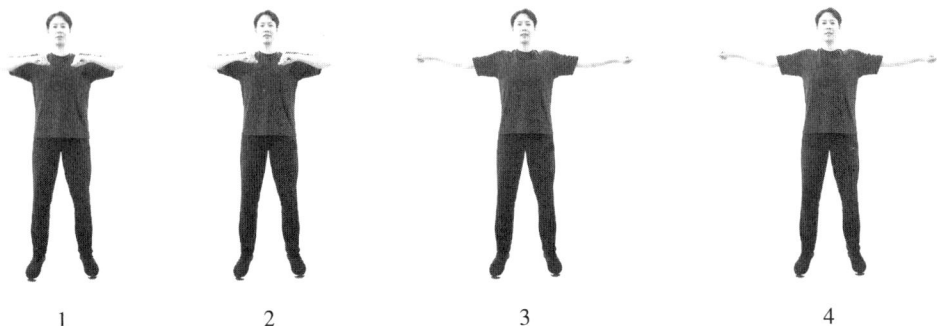

图 3-2

3.振臂运动(见图3-3)

预备姿势:直立。

第一个八拍动作:1~8

1~2拍右手上举,左手下举,振臂两次;3~4拍交换双手位置;5~6拍动作同1~2拍;7~8拍动作同3~4拍。

第二、三、四个八拍动作的1~8拍同上。

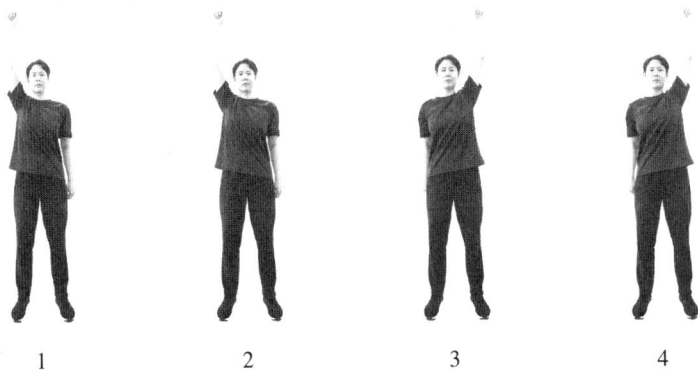

图 3-3

4.体转运动(见图3-4)

预备姿势:直立。

第一个八拍动作:1~8

1~2拍手臂屈肘于胸前,指尖相对,手臂端平,手臂带动腰部向后扭转2次;3~4拍动作同上,方向相反;5~6拍动作同1~2拍;7~8拍动作同3~4拍。

第二、三、四个八拍动作的1~8拍同上。

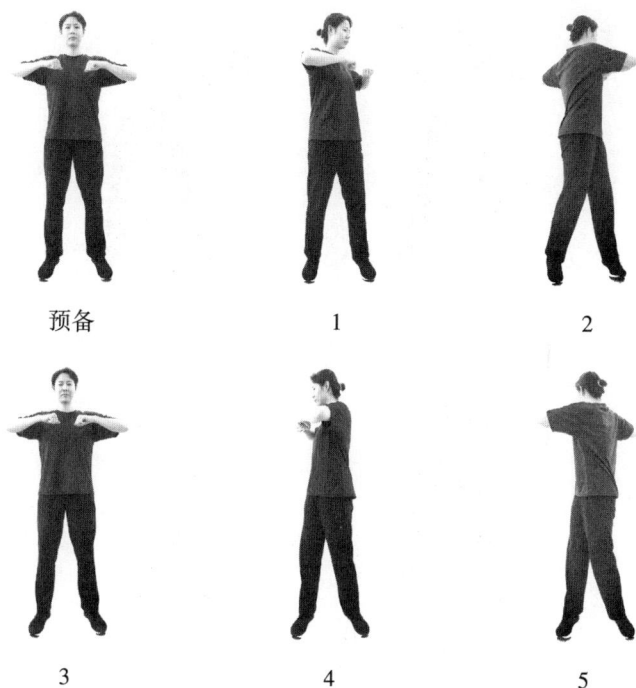

图 3-4

5.体侧运动（见图 3-5）

预备姿势：直立。

第一个八拍动作：1~8

1 拍右脚向右侧迈一步，手臂侧平举；2 拍身体向左侧弯曲，右手向左斜上方延伸；3 拍动作同 1 拍；4 拍收右脚，手臂经体侧还原；5、6、7、8 拍动作同上，方向相反。

图 3-5

6.腰部运动（见图 3-6）

预备姿势：叉腰直立。

第一个八拍动作：1~8 腰部向右画圈。

第二个八拍动作：1~8 腰部向左画圈。

第三、四个八拍动作的 1~8 拍同上。

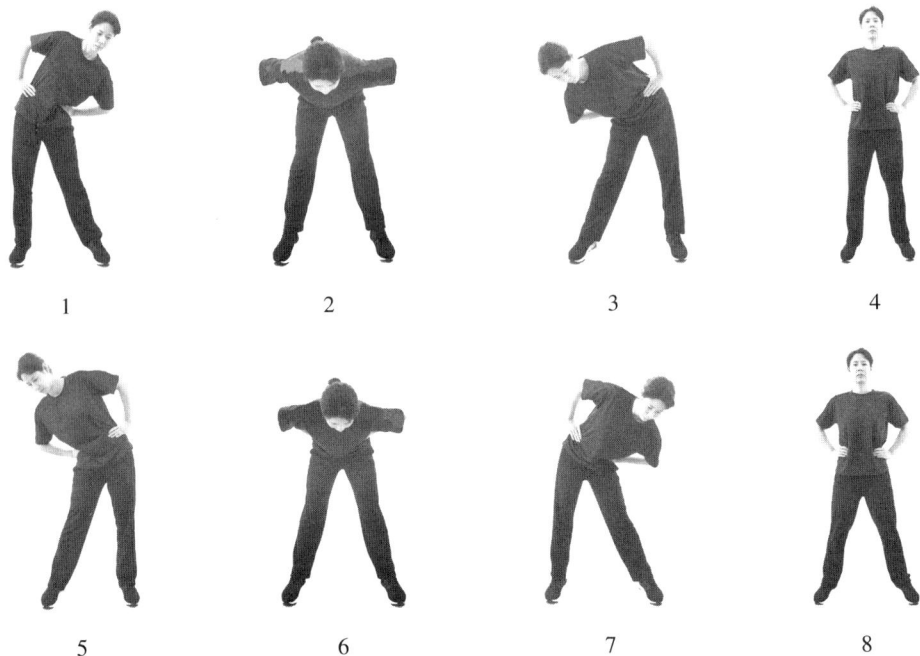

1   2   3   4

5   6   7   8

图 3-6

7.腹背运动(见图 3-7)

预备姿势:叉腰直立。

第一个八拍动作:1~8

1 拍两臂向上伸展,掌心朝前;右腿伸直,左腿向后抬高;2 拍两臂经体前落于平举;3 拍动作同 1 拍,左腿伸直,右腿向后抬高;4 拍身体还原;5 拍两臂向上伸展,掌心朝前,身体适当后弯;6 拍双手扶膝盖,屈膝下蹲;7 拍蹬直膝盖,腹背下压;8 拍身体还原。

第二、三、四个八拍动作的 1~8 拍同上。

1   2   3   4

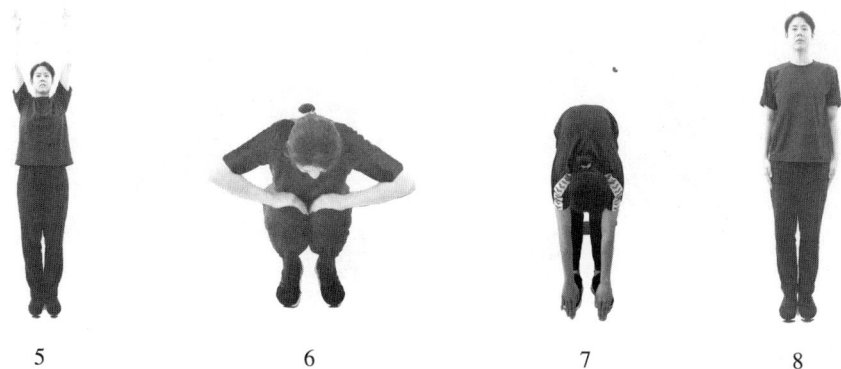

5　　　　　6　　　　　7　　　　　8

图 3-7

8.转体运动(见图 3-8)

预备姿势:直立。

第一个八拍动作:1～8

1拍右脚向右侧打开,两手臂侧平举;2拍左手摸右脚脚背;3拍右手摸左脚脚背;4拍身体还原;5、6、7、8拍动作相同,方向相反。

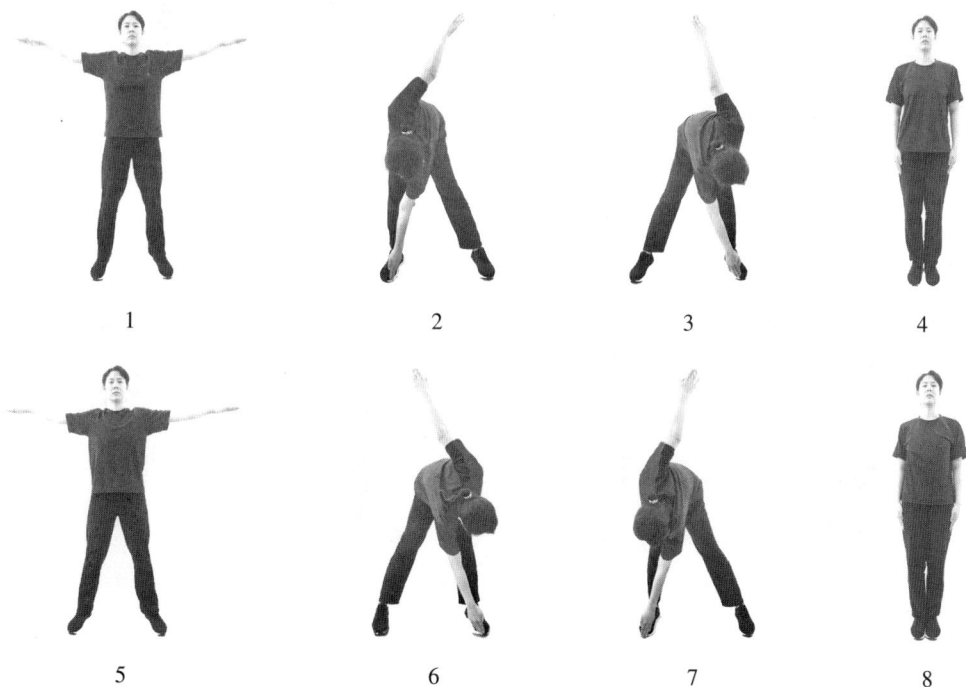

1　　　　　2　　　　　3　　　　　4

5　　　　　6　　　　　7　　　　　8

图 3-8

9.弓步压腿(见图 3-9)

预备姿势:弓步准备。

第一、二个8拍右弓步。

第三、四个8拍左弓步。

图 3-9

10.仆步压腿(见图 3-10)

预备姿势:直立。

第一、二个 8 拍右仆步。

第三、四个 8 拍左仆步。

图 3-10

11.膝部运动(见图 3-11)

预备姿势:手扶膝盖。

第一个八拍动作 1~8 膝关节向右画圈。

第二、三、四个八拍动作的 1~8 拍同上。

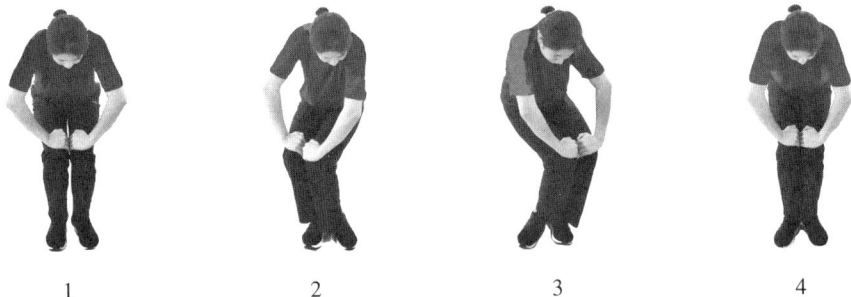

1   2   3   4

图 3-11

12.跳跃运动(见图 3-12)

预备姿势:直立。

第一个八拍动作:1~8

1 拍双脚跳开,双手胸前屈肘平举;2 拍身体还原;3 拍动作同 1 拍;4 拍动作同 2 拍;5~6 拍双脚开合跳,手臂向后画两圈;7 拍两臂向上伸展;8 拍身体还原。

第二、三、四个八拍动作的 1~8 拍同上。

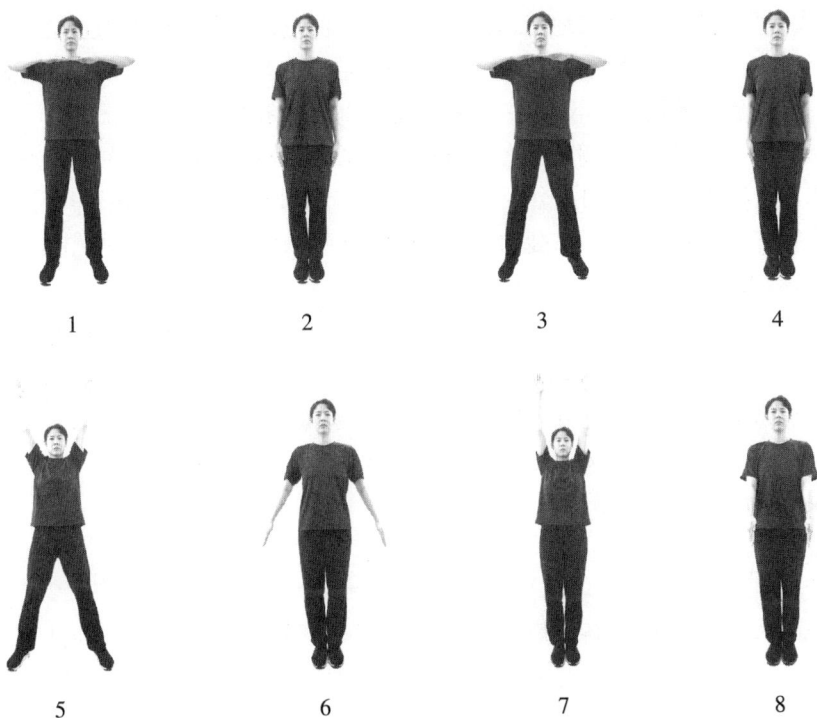

图 3-12

(三) 慢跑

慢跑运动可分为原地跑、自由跑和定量跑等。

1.原地跑

开始每次可跑 50~100 步,循序渐进,逐渐增多。

2.自由跑

根据自己的情况随时改变跑的速度,不限距离和时间。

3.定量跑

(1)定量跑有时间和距离限制,即在一定时间内跑完一定的距离。在准备活动中我们一般会进行定量慢跑。

(2)慢跑时,全身肌肉要放松,呼吸要深长,缓慢而有节奏,可两步一呼、两步一吸,亦可三步一呼、三步一吸,宜用腹部深呼吸,吸气时鼓腹,呼气时收腹。慢跑时步伐要轻快,双臂自然摆动。

(3)全身性的热身运动,如快步走、慢步跑、小步跑、高抬腿跑、后蹬跑、交叉跑、变速跑、短距离疾跑、迎面接力跑、原地跳、跨步跳、蛙跳等,我们在学校中所学到的各种健身操等。这些全身性的热身运动,可以使全身大部分肌肉群参与活动。

(4)热身时主要被拉伸的肌肉和关节:大腿后侧、大腿内侧、小腿、背部、腰部、肩关节、髋关节、踝关节、膝关节、肘关节、腕关节。

①拉伸大腿后侧肌肉。坐在地上,右腿在体前伸直,左腿弯曲,外侧贴近地面,与右腿组成三角形,背部挺直,从胯部开始前倾,双手抓住右脚脚尖,保持这个姿势30秒,手触脚尖时不允许有弹动式动作(触不到脚尖也没关系)。换腿做。每条腿拉伸3~5次。

②拉伸大腿内侧肌肉。双脚脚底在身前相互贴紧,膝盖向外撑并尽量靠近地面,双手抓住双脚踝,保持这个姿势10秒,放松,然后重复3~5次。双脚在体前伸直并分开,保持背部和膝盖部挺直,从胯部向前屈体,双手从腿内侧去抓住双腿的脚踝,保持这个姿势,感觉大腿内侧被拉紧,放松,然后重复3~5次。

③拉伸小腿(后部)肌肉。俯身,用双臂和一条腿(伸直,脚尖着地)支撑身体,另一条腿屈于体前放松,身体重心集中于支撑脚的脚尖处,脚跟向后、向下用力,感觉到小腿后部肌肉被拉紧,保持紧张状态10秒,放松,重复3次,然后换另一条腿做3次。

④拉伸背部肌肉。双腿在体前贴紧伸直,上身前倾,用手指去碰触脚尖,尽量让腹部胸部靠近腿部,保持20秒,放松。然后重复3~5次。

(四)专项准备活动

专项准备活动是在一般准备之后,再做专门性活动练习,其内容与运动项目练习类似,进一步增强中枢神经系统对正式练习的适应能力。通常采用一些模仿练习、诱导练习或辅助练习、基本技术练习以及身体素质练习等,目的是增强中枢神经系统对正式练习的调节能力,强化运动动力定型,为正式练习做好技能和战术准备。比如:篮球的球感练习、投篮练习,游泳的陆上模仿练习,短跑项目的加速跑等。赛跑项,应多做两臂摆动、原地跑、起跑和快速跑等。跳高、跳远项,应多做些腹部运动、两腿屈伸、助跑起跳和试跳等。投掷类项,应多做上肢运动和腰腹背练习。专门性练习应随运动项目不同而异。

1.踢腿

踢腿是腿功柔韧性训练最为重要的一步,它可以巩固压腿、劈腿、吊腿的效果,也为实战腿法训练打下基础。

要点:起腿要轻,腿将要踢起时,要迅速地将身体重心移到另一腿上,使将要踢起的腿部肌肉放松,这样才会起腿轻,踢腿快如风,腿由下至上,应快速向面部摆动,这里有一个加速的过程,踢时髋部要后坐,腿上摆有寸劲,落腿应稳。

常出现的问题:重心不稳,甚至摔倒;支撑腿脚跟抬起或支撑腿膝部弯曲;弯腰凸背。

踢腿种类很多:正踢腿、侧踢腿、外摆腿。

(1)正踢腿

支撑腿伸直,全脚着地,另一腿膝部挺直,脚尖勾起前踢,接近前额,动作要轻快有力,上身保持正直。(见图3-13)

图 3-13

（2）侧踢腿

技术动作要求与正踢腿相似，都是要求双膝盖在整个过程中都不要弯曲，身体正直向体侧摆腿。（见图 3-14）

图 3-14

（3）外摆腿

身体直立，一腿伸直支撑，脚尖外摆，另一腿挺直勾脚斜踢，再经面前（或贴头顶）向体侧划弧摆动落下，称为外摆腿。（见图 3-15）

1　　　　　　　2　　　　　　　3　　　　　　　4

图 3-15

要求与要点：挺胸、塌腰、松髋、展髋，外摆幅度要大，成扇形。

2.跑步练习

（1）小步跑

上体正直肩放松，两臂前后自然摆动。髋、膝、踝关节放松，迈步时膝向前摆出，髋稍有转动。在摆腿的膝向前摆动的同时，另一腿的大腿积极下压，足前掌扒地式着地，着地时膝关节伸直，足跟提起，踝关节有弹性。（见图 3-16）

| 1 | 2 | 3 | 4 |

图 3-16

主要作用:体会足前掌着地;体会踝关节放松和交替用力;体会肩臂放松及摆臂技术;体会髋、膝、踝放松及摆腿技术;发展速率。

(2)高抬腿跑

上体正直或稍前倾,两臂前后摆动。大腿积极同前上摆到水平,并稍稍带动同侧髋向前,大小腿尽量折叠,脚跟接近臀部。在抬腿的同时,另一腿的大腿积极下压,直腿足前掌着地,重心要提起,用踝关节缓冲。(见图 3-17)

图 3-17

主要作用:发展高抬大腿的能力;发展上下肢协调配合能力;发展腰髋肌群的力量和腿部力量;提高踝关节的力量及缓冲技巧;低支撑的高抬腿跑,发展髋、踝关节的柔韧性及力量;是踏踞式起跑的辅助练习。

(3)跨步跳

后腿用力蹬伸,前腿屈膝前顶、送髋,落地时小腿积极后拉,脚掌扒地,手臂上提摆至肩高制动,有明显的腾空时间。(见图 3-18)

图 3-18

（4）后蹬跑

体稍前倾，支撑腿膝关节充分伸直，用脚尖蹬离地面。摆动腿以膝领先带动髋部前摆出，大腿积极下压，用前脚掌着地。两臂配合腿部动作做有力的前后摆动。（见图3-19）

图 3-19

（5）加速跑

加速跑就是越来越快地让身体舒服地跑起来。

（6）交叉跑

两臂侧平举，保持身体平衡，以右腿先动为例，右腿向左侧做交叉步，右脚落点在左脚的左前方，此时髋关节随右腿运行轨迹转动。然后左脚向左侧平移，成开立状，两脚尽量在一条水平线上，在完成这一动作后，右腿向左腿的左后方做交叉步，右脚落点在左腿的左后方，髋关节同样随右腿轨迹转动。然后左脚向左侧平移，成开立状。（见图3-20）

图 3-20

（7）后踢腿跑

上体正直或稍前倾，两臂前后自然摆动。足前掌着地，离地时足前掌用力扒地，离地后小腿顺势向后踢与大腿折叠，膝关节放松，足跟接近臀部。（见图3-21）

主要作用：体会扒地技术；体会膝踝关节放松和大小腿折叠技术；发展大腿后群肌肉力量。

图 3-21

3.提膝转体

双手握拳自然摆臂,右脚迈步,左脚提膝,身体左转;左脚落地,提右膝,身体右转。(见图3-22)

图3-22

4.蛙跳

两脚分开成半蹲,上体稍前倾,两臂在体后成预备姿势。两腿用力蹬伸,充分伸直髋、膝、踝三个关节,同时两臂迅速前摆,身体向前上方跳起,然后用全脚掌落地屈膝缓冲,两臂摆成预备姿势。(见图3-23)

1   2   3   4

图3-23

5.行进间深蹲

臀部向后下蹲,想象其后面有个凳子,你要坐上去。前伸胳膊保持平衡,挺直腰背。保证你的膝关节和脚尖处于同一方向,不要过度内扣或外旋膝盖。尽量蹲深,蹲到大腿平行地面或平行地面以下。(见图3-24)

1   2   3   4

图3-24

四、准备活动中各关节和肌肉的拉伸

(一)拉伸类型

拉伸的类型有很多,基本的有三类:静态拉伸、弹振拉伸和动态拉伸。在准备活动阶段尽量以动态拉伸为主,其他拉伸类型为辅,这样才能使机体既能活动开,又不至于因为拉伸让身体冷下来。

1.静态拉伸

静态拉伸的适宜时间为 30 秒或 30 秒以上,不要拉伸至肌肉疼痛,拉伸到有不适感即可,这可保证获得静态拉伸的最大收益。静态拉伸是缓慢而持续的,由于动作和缓不易产生牵张反射,可以安全有效地发展柔韧性。

2.弹振拉伸

弹振拉伸包含积极的肌肉发力过程,比如,练习者有节奏地拉伸腘绳肌群(大腿后侧):身体前屈拉伸一次,反弹,再继续,这就是弹振拉伸。弹振拉伸可以作为准备运动前的热身,但弹振拉伸可能会损伤肌肉或结缔组织,尤其是不经常运动的人群或者身体有旧伤的人群,弹振拉伸容易引发牵张反射,会阻止肌肉的伸长放松,降低拉伸效果,也易引起损伤。

例:坐姿体前屈动作采用弹振拉伸,练习者上身由垂直位快速伸展到踝部,然后反弹至开始姿势,每次伸展都对身体后链带来较大的压力,不适合大腿后侧或下背部有伤的人群。

3.动态拉伸

动态拉伸是一种功能性伸展练习,运用专项化的动作为身体做好准备活动,强调专项化的动作而不是个别肌肉,这种练习可以最接近地复制专项练习所需要的动作。比如高抬腿模仿了冲刺跑中的提膝动作。

动态拉伸和弹振拉伸看起来相似,然而一系列关键的差异改变了它们的效能,动态拉伸避免了弹振拉伸的负面效果,它避免了弹振,更易于控制,受控的关节活动幅度普遍小于弹振拉伸。

(二)拉伸内容

1.摩天式

两手掌交叉互握,吸气时向上推伸展直到感觉到紧绷停住,同时立脚尖,保持不动,动作中配合呼吸,且停留 10 秒以上。(见图 3-25)

图 3-25

2.肩部伸展

一手抓着另一手的手肘,向着颈部方向缓缓地往内拉,动作中配合呼吸,停留15~20秒,换边练习,并重复相同的动作。(见图3-26)

图 3-26

3.扩胸伸展

两手放在背后互握,然后慢慢地将手臂往上抬高到舒适的部位,保持姿势,停留10~15秒。(见图3-27)

图 3-27

4.大腿前侧肌肉伸展

单脚站立,抓住另一脚的脚踝,慢慢往后拉至臀部,注意骨盆不要倾斜,同时保持躯干的直立,停留15~20秒,换边练习,并重复相同的动作。(见图3-28)

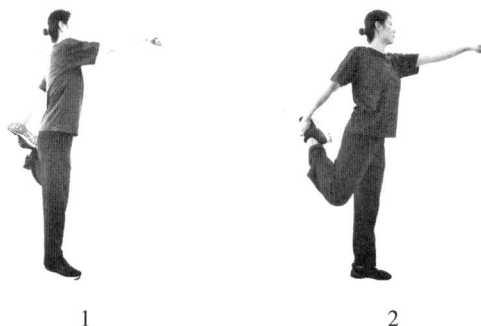

1   2

图 3-28

5.扩胸伸展

手掌朝外伸直,手臂向外打开再缓缓地往后拉,直到感觉胸部、肩部、手臂肌肉呈紧绷状

态,动作停留 10 秒以上。(见图 3-29)

图 3-29

6.含胸练习

两手手指交扣,吸气立直身体,呼气翻转手腕,掌心向前推,保持动作 15～20 秒。(见图 3-30)

图 3-30

7.身体扭转

吸气两手侧平举,呼气左手扶右肩,右手从后绕过腰部,右手手背放在左髋处,身体向右侧扭转。再次吸气反方向,做 10～15 次练习。(见图 3-31)

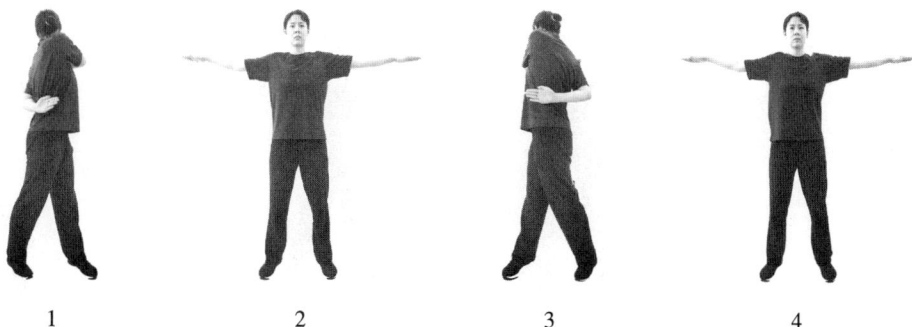

图 3-31

8.体侧伸展

吸气手臂打开侧平举,呼气左手向右侧伸展,身体向右侧下压,吸气还原,呼气反方向。重复 10～15 次。(见图 3-32)

1   2   3   4

图 3-32

9.肩、背部伸展

两脚打开约 3 个脚掌长度,两手扶膝盖,右肩先向下压,保持 15～20 秒,然后还原,换边练习。(见图 3-33)

1   2   3   4

图 3-33

10.手臂伸展 A

左臂向右侧伸直,保持左臂平行地面,右手臂屈肘,垂直地面并扣住左臂,身体带动手臂向右侧伸展,保持 15～20 秒,然后还原,换边练习。(见图 3-34)

图 3-34

11.手臂伸展 B

右手手臂向前伸直,掌心向前,指尖向上,左手拉住右手手指并向身体的方向用力,保持动作 15～20 秒,然后还原,换边练习。(见图 3-35)

图 3-35

12.腰部练习

双脚打开,两手在背后合十,吸气身体立直,呼气身体后弯,保持 15～20 秒,然后还原,重复练习。(见图 3-36)

图 3-36

13.弓步压腿

左腿向前跨步,屈左膝,右腿伸直,双手扶左大腿,髋部下压,右脚脚后跟下压。保持 15～20 秒,然后还原,换边练习。(见图 3-37)

图 3-37

14.小腿牵拉

屈右膝,右手扶右膝,左脚跟向前,左腿伸直,左手拉左脚脚趾。吸气,延伸脊柱,呼气,躯干下压。保持 15～20 秒,然后还原,换边练习。(见图 3-38)

图 3-38

15.蝴蝶式

两脚脚掌相对,脚后跟靠近会阴,两手压膝盖。保持 1~3 分钟。（见图 3-39）

图 3-39

五、运动后放松的意义

（1）运动后放松可以使肌肉全面得到放松还原。只有这样肌肉才会保持良好的机能,收缩有爆发力,抻拉有韧性,全面的放松可以达到肌肉最大的功效,表现能力超强。

（2）提高肌肉放松能力和肌肉工作效率。肌肉放松能有效地增大肌张力,提高柔韧性,增大动作幅度;肌肉放松能有效地增加收缩前的肌纤维长度,放松对抗肌群,提高肌纤维收缩速度,增大肌张力,提高柔韧性,增大动作幅度。

（3）肌肉放松有利于改善神经系统功能,加速运动技能的形成。运动后放松可减轻大脑皮质的负担,加快大脑皮质中枢兴奋和抑制转换的灵活性,从而加速运动技能的形成,提高完成技术动作质量,并有利于提高动作速度,加大动作力度。

（4）放松活动后能减少血液淤积,可加速全身血液重新分配,促进乳酸排除,有助于疲劳的消除,加速肌肉机能的恢复。因为运动时血液主要分布于运动器官,以保证运动时能量代谢的需要,运动后如不做放松练习而突然停止不动,由于地心引力和静止身体姿势,严重影响静脉回流,使身体不适甚至休克。

（5）放松可以提高训练质量,对训练计划的进行是有力的保证。放松活动能使心血管系统逐渐恢复正常,能减轻关节压力,可以松弛紧张情绪,使身体尽快恢复正常状态,因为自然休息很难使紧缩的肌肉完全恢复。

六、运动后放松方法及分类

（一）慢跑类

运动结束后可以开始慢跑,一般应跑 10~15 分钟,跑的速度应该控制在两人能够边跑边轻松地聊天为宜。这样一方面使运动者的心肺功能逐渐恢复到安静状态,有利于健康;另一方面通过这种有氧运动,使体内在运动过程中产生的乳酸得到排除。慢跑的方式不仅能够达到身体放松的目的,而且可以起到调节心理的作用。

（二）伸展类

1.拉伸的好处

（1）扩大身体的动作范围,使各处关节变得强韧、灵活,增强身体的柔韧性、灵活性和协调性。

（2）缓解肌肉的紧张程度,使其由僵硬转为松弛,促进局部机体血液循环,改善机体疲劳。

（3）缓解内心压力,增加身体各处的供氧量,使身体和思维变得活跃、敏锐。

（4）使人的身体变得柔软、强韧,延缓人体老化。

（5）使人的身体和精神状态获得调整,身心倍感愉悦,从而变得自信且充满活力。

2.拉伸的主要部位

（1）侧开立,压右腿

被拉伸的肌肉:大腿后肌群、臀肌、竖脊肌、内收肌。

动作做法:侧开立,膝盖稍弯曲脚尖向外成 45°角,慢慢弯腰,胸贴向右膝,背部保持平直,做拉伸动作,直至感到大腿后肌群被拉紧。坚持 15 秒,重复两次。（见图 3-40）

图 3-40

（2）侧开立,压左腿

被拉伸的肌肉:大腿后肌群、臀肌、竖脊肌、内收肌。

动作做法:侧开立,膝盖稍弯曲脚尖向外呈 45°角,慢慢弯腰,胸贴向左膝,背部保持平直,做拉伸动作,直至感到大腿后肌群被拉紧。坚持 15 秒,重复两次。（见图 3-41）

图 3-41

（3）侧开立，下压

被拉伸的肌肉：大腿后肌群、臀肌、竖脊肌、股内收肌。

动作做法：侧开立，膝盖稍稍弯曲，脚尖向外成45°角，慢慢体前屈，双手尽可能触地，背部保持平直，做拉伸动作，直至感到大腿后肌群被拉紧。坚持15秒，重复两次。（见图3-42）

图 3-42

（4）弓箭步侧压

被拉伸的肌肉：股内收肌和大腿后肌群。

动作做法：侧开立，面向前，慢慢向左成弓箭步，直背，两脚成45°角，左膝移动不能超出左脚尖。坚持15秒，重复两次。换腿练习。（见图3-43）

图 3-43

（5）髂胫韧带拉伸

被拉伸的肌肉：臀肌、大腿后肌群、阔筋膜张肌、竖脊肌。

侧开立，右腿交叉至左腿前，膝盖稍稍弯曲，慢慢弯腰，双手够后面一条腿的踝关节，换腿重复拉伸动作，坚持15秒，重复两次。（见图3-44）

图 3-44

（6）坐式股沟拉伸

被拉伸的肌肉：股内收肌（腹股沟）。

坐直，脚底相对，膝盖外展，双手握脚，双肘下压两膝盖，背部保持平直，压至大腿内侧（腹股沟）感到被拉紧。坚持 15 秒，重复两次。（见图 3-45）

图 3-45

（7）仰卧单膝及胸拉伸

被拉伸的肌肉：臀肌，竖直肌。

仰卧，一条腿膝盖稍稍弯曲，可以卷一条毛巾放在膝盖下，慢慢将另一腿屈膝拉至胸前，直至感到肌肉被拉紧，换腿，重复上述拉伸。坚持 15 秒，重复两次。（见图 3-46）

图 3-46

（8）仰卧大腿后肌群拉伸

被拉伸的肌肉：大腿后肌群、腓肠肌、部分臀肌。

仰卧，双手扳腿直膝拉向胸前，再慢慢展开，脚尖伸直，收缩腓肠肌，坚持 10 秒，脚尖指向头部（勾脚尖），再坚持 10 秒（至此坚持时间共为 20 秒）。重复两次。（见图 3-47）

图 3-47

（9）交叉拉伸

被拉伸的肌肉：臀肌、缝匠肌、腹肌、阔筋膜张肌、竖脊肌。

仰卧，大腿后肌群拉伸姿势，慢慢交叉两腿，尽量拉到 90°位置用腿尽量够手，注意双肩拉伸时展平，坚持 15 秒。换腿，重复两次。（见图 3-48）

图 3-48

（10）侧臀肌拉伸

被拉伸的肌肉：梨状肌、臀肌、阔筋膜张肌。

仰卧，左腿交叉过右膝，左踝放在右膝上，背、双肩、头贴地，背部保持平直，抱住右腿慢慢拉，直至感到左臀肌被拉紧，坚持 15 秒。换腿，重复两次。（见图 3-49）

图 3-49

（11）交叠拉伸

被拉伸的肌肉：竖脊肌、臀肌、腹肌。

坐直，右手放在身后，将头和双肩转向手，左腿伸直，将右腿弯曲跨过左腿，用左肘将右膝推过身体，直至感到右臀肌和躯干被拉伸，坚持 15 秒。换腿，重复两次。（见图 3-50）

图 3-50

（12）前弓步

被拉伸的肌肉：髂腰肌、股直肌。

直立，右腿向前跨出成弓箭步，膝盖向前顶并超过脚后跟，向前推压直腿一侧臀部，坚持15秒，换腿。（见图3-51）

图 3-51

（13）直立拉伸股四头肌

直立，用一只手扶墙或椅子，保持身体平衡，提起右脚，将脚跟拉向臀部，向前提右臀，拉伸臀屈肌，坚持15秒，换腿，重复两次。（见图3-52）延长拉伸时间可增加柔韧性，但要记住，拉伸时不要过于剧烈。

图 3-52

（14）拉伸小腿

两手扶墙，左腿伸直，右腿屈膝，左脚脚后跟下压。坚持15秒后屈膝，再坚持15秒。换腿，重复两次。（见图3-53）

图 3-53

（15）侧摆腿

向左摆右腿时臀部相应转动，尽力踢腿，直至感到大腿后肌群被拉紧，头部随着脚转动。（见图3-54）

图 3-54

（16）内摆腿

单腿踢 10 次,换腿重复,如果感到不适,可适当减小动作幅度。（见图 3-55）

图 3-55

（17）前后踢腿

侧身对墙,右手扶墙或栏杆,膝盖稍稍弯曲,摆正姿势,不要含胸或屈背,通过右手和左腿保持平衡,上摆右膝,使之与地面平行,如同向前踢腿,然后向后摆腿。（见图 3-56）

图 3-56

（18）后踢腿

开始时动作幅度较小,适应后加大力度和速度,单腿练习 10 次,换腿重复练习。（见图 3-57）

图 3-57

（19）坐压

被拉伸的肌肉：大腿后肌群、股内收肌、臀肌、竖脊肌。

坐下，两腿分开呈 V 字形，同伴用手均匀缓慢地向下压练习者的后背，练习者应从臀部开始向前压，保持直背，这项伸展练习应该完成右、中、左三个方向。

（20）仰卧压膝

被拉伸的肌肉：臀肌、竖脊肌。

练习者仰卧屈膝，同伴双手置于练习者的脚底，向下压，尽力使膝盖碰胸，练习时间 20 秒。重复练习。（见图 3-58）

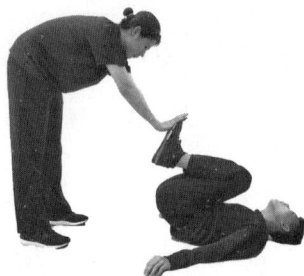

图 3-58

（21）单膝压胸

被拉伸的肌肉：臀肌、竖脊肌。

练习者仰卧，单膝弯曲，抬腿，同伴将练习者的脚底向臀部方向下压，将膝盖压向胸，同伴一只手置于脚面，另一只手置于平放地面的膝盖，练习时间 20 秒。换腿重复练习。（见图 3-59）

图 3-59

（22）侧压膝

被拉伸的肌肉：臀肌、阔肌膜张肌、腹肌、竖脊肌。

如图所示，两个肩胛骨贴地，单腿屈膝向身体的另一侧上抬，尽力碰胸，每条腿做两次，每次 20 秒，用另一条腿重复单膝碰胸练习。（见图 3-60）

图 3-60

（23）仰卧拉伸大腿后肌群

被拉伸的肌肉：大腿后肌群、腓肠肌、一部分臀肌。

练习者躺在地上，左腿伸直，同伴抓住练习者右脚后跟，向上提腿，拉伸大腿后肌群，每条腿做两次，每次坚持 15 秒。（见图 3-61）

图 3-61

（24）梨状肌拉伸

被拉伸的肌肉：梨状肌、臀肌

练习者仰卧，屈膝，提起右脚，搭在左膝上，同伴将双手放在练习者的左膝和右脚上，用力将左膝和右腿同时推向胸部。每条腿做两次，每次持续 20 秒。（见图 3-62）

图 3-62

（25）交叉拉伸

被拉伸的肌肉：阔筋膜张肌、臀肌、大腿后肌群。

练习者仰卧，肩胛放平，双臂平展，同伴慢慢提起练习者的右腿搭在左腿上，左腿不动，右腿搭在左腿时，两腿成 90°角。每条腿做两次，每次持续 20 秒。（见图 3-63）

图 3-63

（26）蝶状拉伸

练习者仰卧，屈膝，脚底相对，同伴向地面用力压两膝盖，做两次，每次持续 20 秒。（见图 3-64）

图 3-64

（27）单腿股四头肌拉伸

被拉伸的肌肉：股四头肌、髂腰肌、股直肌。

练习者俯卧，弯曲右膝，左腿伸直，同伴慢慢向上抬起练习者的左膝，同伴应该将右手放在练习者的臀部。每条腿做两次，每次坚持 20 秒。（见图 3-65）

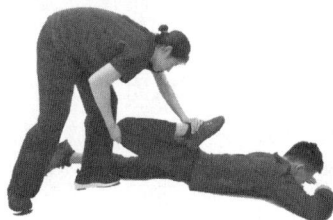

图 3-65

（28）胸肌拉伸

被拉伸的肌肉：胸大肌、前三角肌。

练习者坐、站或跪立，双手抓住练习者的上臂，用力向后压双肘。做两次，每次坚持 20 秒。（见图 3-66）

图 3-66

（29）双肩及二头肌拉伸

被拉伸的肌肉：肱二头肌、前三角肌、胸大肌。

练习者坐、跪或站立，练习者双臂向后伸直，掌心向上，同伴双手抓住练习者的两只手腕，手掌向上，双臂上抬，直至练习者感到拉伸，做两次，每次坚持 20 秒。（见图 3-67）

图 3-67

七、意念放松

（1）两腿分开站立与肩同宽，两手下垂，双眼闭合，大脑不想任何事情，然后慢慢用鼻子深吸气，再缓慢用嘴呼气。

（2）大腿分开站立与肩同宽，两手下垂，双眼闭合，大脑不想任何事情，然后两臂同时缓缓前举至水平位再慢慢下放，两臂前举时用鼻子深吸气，放下时用嘴呼气。

（3）两臂同时缓缓侧平举至水平位置再慢慢放下，举臂时吸气，放下时呼气。

（4）两臂前举至水平，然后同时向外扩展至侧举再慢慢放下，配合呼吸。

（5）两臂上举，头后仰展体，然后低头、含胸、屈体，两手尽量向下，向上向后时吸气，向前向下时呼气。

（6）俯卧在垫子上，身体完全放松，闭上眼睛，呼吸均匀，想象风平浪静时大海的波浪浮动或蓝蓝的天空中一朵朵白云飘动的感觉。

八、积极性休息

在紧张比赛或大运动量训练后，可采用在轻松愉悦的气氛中走或者慢跑，使呼吸逐渐趋于平稳，心率减慢。

九、温水浸泡

在 30~40℃ 的温水中浸泡洗浴，对心脏活动和神经系统有镇静作用。

十、针对运动内容合理安排整理放松活动

放松运动应当对症下药，针对疲劳的肌肉重点放松，科学搭配。运动项目是多种多样的，因此，我们只有根据运动项目的不同性质，合理选择放松活动的方法，才能达到理想的效果。以下为几种训练后的放松方式：

（一）短跳掷类力量速度项目

短跳掷类力量速度项目包括短跑、跳远、跳高、投掷类项目，它是发展速度、弹跳力和力量素质的运动项目，练习后腿部肌肉有酸痛感。除了要求受训者进行一定距离的慢跑外（400~

600 米），更重要的是做一些拉伸性练习以缓解肌肉的紧张度和关节韧带的疲劳。参加锻炼后肌肉酸痛往往不是锻炼后即刻出现，而是在第二或第三天出现，持续 2~3 天后才逐渐缓解。那是因为在此类练习时，肌纤维中的粗细肌丝相互滑行，导致肌肉收缩剧烈。练习后，要特别注意粗细肌丝复位，使肌肉放松，以缓解肌肉的紧张，按摩、拉伸性练习正好是解决这一问题最有效的方法。在做拉伸性练习时要求动静结合，逐步加大拉伸的幅度。拉伸性练习除了在训练之后做之外，还可以在睡觉之前做，这样肌肉酸痛的恢复就会更快些。倒立练习的目的就是促使下肢的血液回流，在做这一练习时，要做好防护，防止意外事故的发生。

（二）中长跑类耐力项目

400~1 500 米等中长距离的耐力跑是发展混氧供能能力，提高耐力素质的运动项目。人在长跑后容易出现延迟性肌肉酸痛症，表现为长跑者可能会出现髋部、大腿部和小腿部前侧伸肌和后侧屈肌的疼痛，在肌肉远端和肌腱连接处更明显。在炎热夏天进行极量运动后，除肌肉疼痛外，还可能出现脱水、低钙、低蛋白等症状。由于剧烈运动时，人体的肌肉活动往往是在缺氧的情况下进行的，因此亏欠大量的氧，体内产生乳酸堆积。针对这种情况，放松整理活动应以有氧慢跑为主，使人体的内脏器官继续工作来补偿运动时所欠的氧债，加强呼吸的深度，加速乳酸的消除，达到放松的目的。

（三）技巧韵律类项目

滚翻、单杠、腾越等此类项目对练习者的肌肉和神经系统都会产生疲劳，可采用拉伸性练习与放松性游戏相结合的方法进行，使练习者的神经系统由抑制转为兴奋，再进行针对性的肌肉拉伸性练习，以消除在力量练习后的酸胀感。

（四）大球类项目

篮球、足球、排球等这些运动对抗性较强的体育项目，对情绪的影响比较大（即心理疲劳），此类项目可采用有氧慢跑和语言提示放松（即意念放松）相结合的方法来进行。语言的提示要柔和，让练习者的意念随着提示自主地慢慢放松身体的各个部位。意念放松分为两种：一种是自我意念放松，即自己全身放松，如想象大海平静的场面或夕阳西下的情景；二是接受意念放松，如"肩放松、臂放松、深呼吸……"直至全身放松。接受暗示是在统一指导下，按提示语进行练习。姿势可站、可坐，也可躺下，眼要微闭。

（五）小球类项目

羽毛球、乒乓球等项目使神经系统具有一定的高度紧张和亢奋性，运动员的精神疲劳往往胜于身体肌肉的疲劳，而且还具有一定的延时性。应运用游戏和语言提示放松（即意念放松）相结合的方法进行，使练习者紧张的精神状态得到缓解。

十一、运动放松注意事项

(一)不要蹲坐休息

训练后若立即蹲坐下来休息,会阻碍下肢血液回流,影响血液循环,加深肌体疲劳,严重时会产生重力性休克。因此,每次训练结束后应调整呼吸节奏,步行甩臂,并做一些放松、调整活动,促使四肢血液回流入心脏,以利于还清"氧债",加快恢复体能、消除疲劳。

(二)不要贪吃冷饮

训练往往使人大汗淋漓,尤其是在夏天,随着大量水分的消耗,训练后总会有口干舌燥、急于喝水的感觉,很多人喜欢买一些冷饮解暑解渴。然而此时人体消化系统仍处在抑制状态,功能低下,若图一时凉快和解渴而贪吃大量冷饮,极易引起胃肠痉挛、腹痛、腹泻,并诱发胃肠道疾病。所以,训练后不要贪吃大量冷饮,可以少量地补充一些白开水或盐水。

(三)不要骤降体温

训练时肌体表面血管扩张,体温升高,毛孔舒张,排汗增多。倘若训练后立即走进冷气空调房间或在风口纳凉小憩,或图凉快用冷水冲头,均会使皮肤紧缩闭汗而引起体温调节等生理功能失调、免疫功能下降,从而出现感冒、腹泻、哮喘等病症。

(四)切忌训练后吸烟

训练后吸烟,吸入肺内的空气混入大量的烟雾,一方面减少含氧量,不利还清"氧债",难以消除肌体疲劳;另一方面当人体吸入这样带雾空气时,会影响人体肺泡内的气体交换,导致人体在运动后因供氧不足而出现胸闷、气喘、呼吸困难、头晕乏力等症状。

(五)不要立即吃饭

训练时,运动神经中枢处于高度兴奋状态,在它的影响下,管理内脏器官活动的副交感神经系统则加强了对消化系统活动的抑制,同时,在运动时全身血液亦进行重新分配,而且比较集中地供应了运动器官的需要,而对腹腔内各器官的供应相对减少。上述因素使得胃肠道的蠕动减弱,各种消化液的分泌大大减少。它需在运动结束20~30分钟后才能恢复。如果急忙吃饭,就会增加消化器官的负担,引起其功能紊乱,甚至造成多种疾病。

第四章
运动与营养

营养是人体从外界摄取食物,经过消化、吸收和代谢,利用食物中含有的身体所需要的物质以维持生命活动的整个过程。世界卫生组织近年对影响人类健康的众多因素进行了评估,结果表明,遗传因素对人类健康的影响居于首位,其占比为 15%;而膳食营养因素对人类健康的影响仅次于遗传因素,其占比为 13%,远远高于医疗因素 8% 的占比。人类的遗传是相对稳定的因素,因此对人的健康起决定作用的往往是膳食营养因素。合理的膳食营养对人一生的健康起着重要作用。

第一节　营养素

一、营养素的概念

营养素指能在体内消化吸收,具有供给热能、构成机体组织和调节生理的功能,是机体进行正常物质代谢所必需的物质,包括糖类(碳水化合物)、蛋白质、脂肪、水、矿物质(无机盐)和维生素六大类。只有营养均衡,人体才会健康,缺乏或过多摄取某种营养物质都会引发疾病,青少年营养不均衡还会导致发育不良。

人体通过进食等方式摄取营养物质,任何一种食物都不可能包含人体所需要的一切营养素,因此人体需要从多种食物中获得各种营养素。

二、蛋白质

蛋白质是生命的物质基础,没有蛋白质就没有生命。因此,蛋白质是与生命及各种形式的生命活动紧密联系在一起的物质。机体中的每一个细胞和所有重要组成部分都有蛋白质参与。蛋白质占人体重量的 16.3%，即一个 60 千克重的成年人其体内约有蛋白质 9.8 千克。人体内蛋白质的种类很多，其性质、功能各异，但都是由 20 多种氨基酸按不同比例组合而成的，并在体内不断进行代谢与更新。

氨基酸是组成蛋白质的基本单位，氨基酸通过脱水缩合连成肽链。蛋白质是由一条或多条多肽链组成的生物大分子，每一条多肽链有 20 至数百个氨基酸残基(-R)不等，各种氨基酸残基按一定的顺序排列。蛋白质的氨基酸序列是由对应基因所编码。除了遗传密码所编码的 20 种基本氨基酸，在蛋白质中，某些氨基酸残基还可以因翻译后修饰而发生化学结构的变化，从而对蛋白质进行激活或调控。多个蛋白质可以结合在一起形成稳定的蛋白质复合物，折叠或螺旋形成一定的空间结构，从而发挥某一特定功能。合成多肽的细胞器是细胞质中糙面型内质网上的核糖体。蛋白质的不同在于其氨基酸的种类、数目、排列顺序和肽链空间结构的不同。

食入的蛋白质在体内经过消化被水解成氨基酸，被吸收后，重新合成人体所需的蛋白质，同时新的蛋白质又在不断代谢与分解，时刻处于动态平衡中。因此，食物蛋白质的质和量，各种氨基酸的比例，关系到人体蛋白质合成的量，尤其是青少年的生长发育、孕产妇的优生优育、老年人的健康长寿，都与膳食中蛋白质的量有着密切的关系。蛋白质又分为完全蛋白质和不完全蛋白质。富含必需氨基酸，品质优良的蛋白质统称完全蛋白质，如奶、蛋、鱼、肉类等所含蛋白质属于完全蛋白质，植物中的大豆亦含有完全蛋白质。缺乏必需氨基酸或者含量很少的蛋白质称为不完全蛋白质，如谷、麦类、玉米所含的蛋白质和动物皮骨中的明胶等。

(一)蛋白质的生理活动

1.维持组织的生长更新和修补

蛋白质是细胞的主要组成成分。人体各组织细胞的蛋白质经常不断地更新，成年人也必须每日摄入足够量的蛋白质，才能维持其组织的更新。在组织受创伤时，则需要供给更多的蛋白质作为修补的原料。为保证儿童的健康成长，对生长发育期的儿童、孕妇提供足够量优质的蛋白质尤为重要。

人体内各种组织细胞的蛋白质始终在不断更新。例如，人血浆蛋白质的半寿期约为 10 天，肝脏中大部分蛋白质的半寿期为 1~8 天，还有一些蛋白质的半寿期很短，只有数秒。人只有摄入足够的蛋白质才能维持组织的更新。身体受伤后也需要大量蛋白质作为修复材料。成人体内每天约有 3%的蛋白质更新，借此完成组织的修复更新。

2.参与重要的生理功能

体内重要的生理活动都是由蛋白质来完成的。例如，参与机体防御功能的抗体，催化代谢反应的酶；调节物质代谢和生理活动的某些激素和神经递质，有的是蛋白质或多肽类物质，有的是氨基酸转变的产物；此外，肌肉收缩、血液凝固、物质的运输等生理功能也是由蛋白质来实现的。因此，蛋白质是人体生命活动的重要物质基础。

机体生命活动之所以能够有条不紊地进行，有赖于多种生命活性物质的调节。而蛋白质在人体内是构成多种重要生理活性物质的成分,参与调节生理功能。如核蛋白构成细胞核并影响细胞功能;酶蛋白具有促进食物消化、吸收和利用的作用;免疫蛋白具有维持机体免疫功能的作用;收缩蛋白如肌球蛋白具有调节肌肉收缩的功能;血液中的脂蛋白、运铁蛋白、视黄醇结合蛋白质具有运送营养素的作用;血红蛋白具有携带、运送氧气的功能;白蛋白具有调节渗透压、维持体液平衡的作用;由蛋白质或蛋白质衍生物构成的某些激素,如垂体激素、甲状腺激素、胰岛素及肾上腺素等都是机体的重要调节物质。

3.提供能量

食物蛋白质也是能量的一种来源,每克蛋白质在体内氧化分解可产生 17.9 千焦的能量。一般成人每日约有 18% 的能量来自蛋白质。但糖与脂肪可以代替蛋白质提供能量,故氧化分解供能是蛋白质的次要生理功能。饥饿时,组织蛋白分解增加,每输入 100 克葡萄糖约可节约 50 克蛋白质,因此对不能进食的消耗性疾病患者应注意葡萄糖的补充,以减少组织蛋白的消耗。

4.蛋白质在运动中具有重要作用

蛋白质是肌肉的主要成分,对于肌肉的生成、代谢和受伤肌肉的修复都有非常大的影响,运动后迅速补充蛋白质有助于受伤肌肉和组织的修复、肌肉酸痛等症状的减轻。

蛋白质是细胞的主要组成部分,占细胞干重的 80% 以上,构成细胞膜和细胞内物质。蛋白质调节机体的生理功能,需具有催化活性的酶参与才能完成,而且酶本身就是一种蛋白质。

蛋白质可以在运动中参与供能,在长时间、大强度运动中,蛋白质是体内存在的游离氨基酸,也可以作为能源物质参与。氨基酸主要通过丙氨酸—葡萄糖循环的代谢过程提供运动所需的能量。

(二)蛋白质的来源

1.动物蛋白来源

(1)牲畜的奶,如牛奶、羊奶、马奶等。

(2)畜肉,如牛肉、羊肉、猪肉、狗肉等。

(3)禽肉,如鸡、鸭、鹅、鹌鹑、鸵鸟等。

(4)蛋类,如鸡蛋、鸭蛋、鹌鹑蛋等。

(5)水产类,如鱼、虾、蟹等。

2.植物蛋白来源

(1)豆类,如黄豆、大青豆和黑豆等,其中以黄豆的营养价值最高。

(2)干果类,如芝麻、瓜子、核桃、杏仁、松子等。

(3)螺旋藻。

(三)科学摄入蛋白质

1.多吃含优质蛋白质的食物

绿叶蔬菜、土豆、发芽种子等都含有易消化的蛋白质。也可以喝酸奶补充蛋白质,如含乳酸菌牛奶或天然的"去脂酸奶"。而奶类中羊奶比牛奶好,羊奶含有抗癌及抗关节炎的物质。

2.蛋白质摄入量要适宜

按照美国营养及人类需要特别委员会建议的美国膳食目标,蛋白质只能占每人总热量的12%。这当然也要随人的年龄及体重而变化。按人的体重计算,每千克需要0.8克的蛋白质,一个体重70千克的成年男子,每天摄取56克的蛋白质就算适度;一个体重55千克的女子,每天摄取44克的蛋白质就足够了。

3.搭配合理

蛋白质的摄入量以"够用而不可过多"为原则。以天然蛋白为主,所食各项食物的80%应是天然生物。多吃种子、谷类,不吃精加工的谷类;多吃蔬菜、水果。研究表明,经过加工的干蛋粉,鸡蛋里的硒、锌、铬等微量元素就被破坏了,因此以干蛋粉为原料制成的蛋糕与冰激凌也不宜食用。

4.均衡饮食

适量的植物蛋白可以抑制动物性蛋白的脂肪异化,减少对动脉的影响,保证必需的氨基酸充分合理地被吸收。研究发现,当含蛋白质的食品与蔬菜一起摄入后,胃的消化液要比单吃一种食物时分泌得多,因而瓜果、蔬菜和谷类对蛋白质吸收有辅助功能。

三、碳水化合物

碳水化合物是由碳、氢和氧三种元素组成的。由于它所含氢氧的比例为2:1,和水一样,故称为碳水化合物。它是为人体提供热能的三种主要的营养素中最廉价的营养素。食物中的碳水化合物分成两类:一类是人可以吸收利用的有效碳水化合物,如单糖、双糖、多糖;另一类是人不能消化的无效碳水化合物,如纤维素。但应注意,纤维素是人体必需的物质。

(一)碳水化合物的生理功能

(1)构成机体的重要物质。
(2)储存和提供热能。
(3)维持大脑功能必需的能源。
(4)调节脂肪代谢。
(5)提供膳食纤维。
(6)节约蛋白质。
(7)抗生酮作用。
(8)解毒。
(9)增强肠道功能。

(二)碳水化合物在运动中的重要作用

运动的机体需要能量供应,而能量的来源往往是以一种能源物质为主、几种能源物质同时供能的方式来提供运动所需的能量。运动中能量来源取决于运动的强度、类型和训练水平。

在大多数的运动中,机体都需要利用碳水化合物中的糖作为能量的来源,因此,糖是运动机体重要的能量来源。在运动时,糖能够在氧气充足的情况下供能,也可在缺氧情况下供能,因此比脂肪和蛋白质供能更有优势。体内糖的贮备包括肌糖原、肝糖原和血糖三类,其中肌糖原的量占了糖贮备的绝大部分,约有 250 克,肝糖原有 75~90 克,血糖仅占 5~6 克,所以,糖原是运动中糖供能的主要部分。

对于不同强度的运动,糖原的利用速率不同。运动强度极大或很低时,肌糖原的分解量较低,糖原消耗大的运动项目主要见于运动强度大、持续时间在 40 分钟以上的运动或中等强度的运动。肌糖原的消耗在不同类型的运动中也有选择性。有研究表明,反复进行最大强度的运动且运动时间在 1 分钟左右,快肌纤维中的糖原几乎耗尽;而在长时间、中等强度运动达到疲劳时,快肌纤维和慢肌纤维中糖原都几乎耗尽。可见,糖原的储备量对运动能力有重要的影响。

肌糖原充足有利于提高运动员的耐力。一般来说,剧烈运动时,运动员体内的糖原以 3~4 克/分的速度消耗,如果运动训练持续 2 小时以上,体内的糖原就可能耗竭。若不及时补充,就会影响运动效果和成绩。

(三)碳水化合物的来源与摄入

糖类化合物是一切生物体维持生命活动所需能量的主要来源。它不仅是营养物质,而且还具有特殊的生理活性。例如,肝脏中的肝素有抗凝血作用;血液中的糖与免疫活性有关。此外,核酸的组成成分中也含有糖类化合物——核糖和脱氧核糖。因此,糖类化合物对医学来说,具有更重要的意义。

一般来说,对碳水化合物的摄入没有特定的要求,主要是应该从碳水化合物中获得合理比例的热量摄入。另外,每人每天应至少摄入 50~100 克可消化的碳水化合物以预防碳水化合物缺乏症。碳水化合物的主要食物来源有:糖类、谷物(如稻米、小麦、玉米、大麦、燕麦、高粱等)、水果(如甜瓜、西瓜、香蕉、葡萄等)、干果类、干豆类、根茎蔬菜类(如胡萝卜、甘薯等)等。

四、脂肪

脂肪是由甘油和脂肪酸组成的三酰甘油酯,其中甘油的分子比较简单,而脂肪酸的种类却不相同。因此脂肪的性质和特点主要取决于脂肪酸,不同食物中的脂肪所含有的脂肪酸种类和含量不一样。自然界有 40 多种脂肪酸,可形成多种脂肪酸甘油三酯。脂肪酸一般由 4~24 个碳原子组成。脂肪酸分为三大类:饱和脂肪酸、单不饱和脂肪酸、多不饱和脂肪酸。

(一)脂肪的生理功能

1.脂类是组成生物体的重要成分

磷脂是构成生物膜的重要成分。油脂是机体代谢所需燃料的贮存和运输形式。脂类物质可为动物机体提供溶解于其中的必需脂肪酸和脂溶性维生素。某些类固醇类物质,如维生素

A、维生素 D、维生素 E、维生素 K、胆酸及固醇类激素在机体中具有营养、代谢及调节功能。有机体表面的脂类物质有防止机械损伤与防止热量散发等保护作用。脂类作为细胞的表面物质,与细胞识别、种特异性和组织免疫等有密切关系。

2.脂肪是生物体的能量提供者

脂肪是人体最大的储能库,相同重量的脂肪在生物学能量储存效能上要比糖高 9 倍。脂肪是理想的细胞燃料,1 克脂肪完全氧化可以释放能量 9.3 千卡,是等量葡萄糖或蛋白质氧化所提供能量的 2 倍多。在持续时间长、负荷强度低的运动中,脂肪是主要的供能物质。如在马拉松的后半程中,脂肪供能可占 90% 左右。可见,脂肪与运动员的耐力有关。运动员进行长时间耐力训练后,身体动用脂肪氧化供能的能力提高,其起着节省蛋白质和糖消耗的作用,有助于延长运动时间,有效地提高运动成绩。

(二)脂肪供给来源

1.脂肪的供给量

脂肪无供给量标准。不同地区由于经济发展水平和饮食习惯的差异,脂肪的实际摄入量有很大差异。我国营养学会建议膳食脂肪供给量不宜超过总能量的 30%,其中饱和脂肪酸、单不饱和脂肪酸、多不饱和脂肪酸的比例应为 1：1：1。亚油酸提供的能量达到总能量的 1%~2%,即可满足人体对必需脂肪酸的需要。

2.脂肪的来源

脂肪的主要来源是烹调用油脂和食物本身所含的油脂。在各种食物中,果仁的脂肪含量最高,各种肉类居中,米、面、蔬菜、水果中含量很少。

3.脂肪含量高的食物

(1)油炸食品。此类食品热量高,含有较高的油脂和氧化物质,经常进食易导致肥胖,是导致高脂血症和冠心病的最危险食品。在油炸过程中,食物往往产生大量的致癌物质。已经有研究表明,常吃油炸食物的人,其部分癌症的发病率远远高于不吃或极少进食油炸食物的人。

(2)罐头类食品。不论是水果类罐头,还是肉类罐头,其中的营养素都遭到大量的破坏,特别是各类维生素几乎被破坏殆尽。另外,罐头制品中的蛋白质常常出现变性,使其消化吸收率大为降低、营养价值大幅"缩水"。很多水果类罐头含有较高的糖分,并以液体为载体被人体摄入,使糖分的吸收率增高,在进食后短时间内血糖大幅攀升,胰腺负荷加重。同时,由于其所含能量较高,可能会导致肥胖。

(3)腌制食品。在腌制过程中,需要大量放盐,这会导致此类食物钠盐含量超标,造成经常食用腌制食品者肾脏负担加重,发生高血压的风险增高。还有,食品在腌制过程中可产生大量的致癌物质如亚硝胺,导致鼻咽癌等恶性肿瘤的发病风险增高。此外,由于高浓度的盐分可严重损害胃肠道黏膜,故常进食腌制食品者,胃肠炎症和溃疡的发病率较高。

(4)加工的肉类食品(火腿肠等)。这类食物含有一定量的亚硝酸盐,可能有导致癌症的潜在风险。此外,由于添加防腐剂、增色剂和保色剂等,人体肝脏负担加重。火腿等制品大多为高钠食品,大量进食可导致盐分摄入过多,造成血压波动及肾功能损害。

（5）肥肉和动物内脏类食物。此类食品虽然含有一定的优质蛋白、维生素和矿物质,但肥肉和动物内脏类食物所含有的大量饱和脂肪和胆固醇,已经被确定为导致心脏病的两类膳食因素。现已明确长期大量进食动物内脏类食物会大幅度地增高患心血管疾病和恶性肿瘤（如结肠癌、乳腺癌）的风险。

（6）奶油类制品。常吃奶油类制品可导致体重增加,甚至出现血糖和血脂升高。饭前食用奶油蛋糕等,还会降低食欲。高脂肪和高糖成分常常影响胃肠排空,甚至导致胃食管反流。很多人在空腹进食奶油制品后会出现反酸、胃灼热等症状。

（7）方便面。此类食品属于高盐、高脂、低维生素、低矿物质的一类食物。一方面,因盐分含量高食入后增加了肾负荷,会升高血压;另一方面,含有一定的人造脂肪（反式脂肪酸）,对心血管有相当大的负面影响。加之其所含的防腐剂和香精,可能对肝脏等有潜在的不利影响。

（8）烧烤类食品。此类食品含有强致癌物质三苯四丙吡。

（9）冷冻甜点。此类食品包括冰淇淋、雪糕等。这类食品有三大问题:因含有较多的奶油,易导致肥胖;因高糖,会降低食欲;因为温度低而刺激胃肠道。

（10）果脯、话梅和蜜饯类食品。此类食品含有亚硝酸盐,在人体内可结合胺形成潜在的致癌物质亚硝酸胺;含有香精等添加剂,可能损害肝脏等脏器;含有较高盐分,可能导致血压升高和肾脏负担加重。

（三）消除脂肪

身边是否有这样的朋友:他们每天都在说减肥,可是还是该吃吃,该喝喝,一点也没有要减肥的行动。简单说,减肥就是消除脂肪,我们可以一边享受美食一边消除脂肪,以下介绍一些可以消除脂肪的食物。

1.黄豆

黄豆含有丰富的蛋白质和钙质,还富含亚油酸,可减少胆固醇,防止动脉硬化。

2.燕麦

燕麦含极丰富的亚油酸和丰富的皂甙素,可降低血清总胆固醇、甘油三酯和脂蛋白,防止动脉血管硬化。

3.冬菇

冬菇含有谷氨酸等18种氨基酸,可降低血压、胆固醇,预防动脉硬化。它有宁心保肝、安神定志、加强体内废物排泄等作用。

4.苹果

苹果含有丰富的钾,可帮助机体排除体内多余的钠盐。其丰富的果酸,具有防止脂肪积聚的作用,还能与其他降低胆固醇的物质如维生素C、果糖、镁等结合成新的化合物,从而增强降血脂效能。

5.大蒜

大蒜所含的大蒜精油具有降脂效能,所含硫化合物的混合物可减少血中胆固醇和阻止血栓形成,有助于增加高密度脂蛋白,保护心脏动脉。

(四)运动减肥

运动减肥能够增加体内脂肪和糖的消耗。食物中的脂肪进入体内后,分解为游离脂肪酸和甘油三酯进入血液,储存于脂肪细胞中,如果摄入含脂类物质多,脂肪组织就会增加。另外,糖类食物过多摄入体内也会转变为脂肪组织储存起来。当增加运动时,肌肉活动需要热量,因此对血的游离脂肪酸和葡萄糖利用率增高。脂肪细胞得不到补充,反而还要支出,于是就缩小变瘪。运动减肥要结合合理的饮食,否则消耗了肌糖原,对身体的伤害很大。

可以用于运动减肥的体育项目有很多,但要遵循一定原则。人理想的运动强度大约是最快心跳速度的 70%~80%,即(220−年龄)×70% = 目标心跳率。例如,某人今年 30 岁,他运动时理想心跳速率约为(220−30)×70% = 133,也就是每分钟心跳 133 次。

五、膳食纤维

由于膳食纤维所包含的成分非常复杂,而所用的检测方法至今尚未标准化,因此它的准确定义也未能确定,其大致的定义如下。

膳食纤维是一般不易被消化的食物营养素,主要来自植物的细胞壁,包含纤维素、半纤维素、树胶、果胶及木质素等。膳食纤维是健康饮食不可缺少的,纤维在保持消化系统健康过程中扮演着重要的角色。同时摄取足够的纤维也可以预防心血管疾病、癌症、糖尿病以及其他疾病。纤维可以清洁消化道壁和增强消化功能,同时可稀释和加速食物中的致癌物质和有毒物质的移除,保护脆弱的消化道和预防结肠癌。纤维可减缓消化速度和帮助人体以最快速度排泄胆固醇,所以可让血液中的血糖和胆固醇控制在最理想的水平。

膳食纤维主要是不能被人体利用的多糖,即不能被人类胃肠道中的消化酶所消化,且不能被人体吸收利用的多糖。这类多糖主要来自植物细胞壁的复合碳水化合物,也可称之为非淀粉多糖,即非 a−葡聚糖的多糖。

(一)膳食纤维的生理功能

1.吸水作用

膳食纤维有很强的吸水能力或与水结合的能力。此作用可使肠道中粪便的体积增大,加快其转运速度,减少其中有害物质接触肠壁的时间。

2.黏滞作用

一些膳食纤维具有很强的黏滞性,能形成黏液型溶液,这类膳食纤维包括果胶、树胶、海藻多糖等。

3.结合有机化合物作用

膳食纤维具有结合胆酸和胆固醇的作用。

4.阳离子交换作用

阳离子交换作用与糖醛酸的羧基有关,即羧基可在胃肠内结合无机盐,如钾、钠、铁等阳离子,形成膳食纤维复合物,影响其吸收。

5.细菌发酵作用

膳食纤维在肠道易被细菌酵解,其中可溶性纤维可完全被细菌酵解,而不溶性膳食纤维则不易被酵解。而酵解后产生的短链脂肪酸,如乙酸、丙酸和丁酸,它们均可作为肠道细胞和细菌的能量来源,促进肠道蠕动,减少胀气,改善便秘。

(二)食物来源

膳食纤维是一种不能被人体消化的碳水化合物,以是否溶解于水为标准可分为两个基本类型:水溶性纤维与非水溶性纤维。纤维素、半纤维素和木质素是 3 种常见的非水溶性纤维,存在于植物的细胞壁中;而果胶和树胶等属于水溶性纤维,则存在于自然界的非纤维性物质中。

常见食物,如大麦、豆类、胡萝卜、柑橘、亚麻、燕麦和燕麦糠等都含有丰富的水溶性纤维。水溶性纤维可减缓消化速度和最快速排泄胆固醇,所以可让血液中的血糖和胆固醇控制在最理想的水准,还可以帮助糖尿病患者降低胰岛素和三酸甘油酯。非水溶性纤维包括纤维素、木质素和一些半纤维,它们来自食物中的小麦糠、玉米糠、芹菜、果皮和根茎蔬菜。

六、矿物质

矿物质是构成人体组织和维持正常生理功能所必需的各种元素的总称,是人体必需的七大营养素之一。人体中含有的各种元素,除了碳、氧、氢、氮等主要以有机物的形式存在以外,其余的 60 多种元素统称为矿物质(也叫无机盐),其中 21 种为人体营养所必需。钙、镁、钾、钠、磷、硫、氯 7 种元素在人体中含量较多,约占矿物质总量的 60%～80%,称为宏量元素。其他元素包括铁、铜、碘、锌等。

(一)矿物质的生理功能

1.构成机体组织的重要成分

钙、磷、镁是骨骼、牙齿的重要成分。缺乏钙、镁、磷、锰、铜可能引起骨骼或牙齿不坚固。

2.为多种酶的活化剂、辅因子或组成成分

钙是凝血酶的活化剂,锌是多种酶的组成成分。

3.某些具有特殊生理功能物质的组成成分

碘是甲状腺素的组成成分,铁是血红蛋白的组成成分。

4.维持机体的酸碱平衡及组织细胞渗透压

酸性(氯、硫、磷)和碱性(钾、钠、镁)无机盐适当配合,加上重碳酸盐和蛋白质的缓冲作用,维持着机体的酸碱平衡;无机盐与蛋白质一起维持组织细胞的渗透压;缺乏铁、钠、碘、磷可能会引起疲劳。

5.维持神经肌肉兴奋性和细胞膜的通透性

钾、钠、钙、镁是维持神经肌肉兴奋性和细胞膜通透性的必要条件。人体内矿物质不足可能出现许多症状。

6.矿物质如果摄取过多,容易引起过剩症及中毒

一定要注意矿物质的适量摄取,否则容易引起过剩症及中毒。

(二)矿物质的重要作用

在人体新陈代谢过程中,每天都有一定量的各种矿物质随各种途径,如粪、尿、汗、头发、指甲、皮肤及黏膜的脱落而排出体外。因此,必须通过饮食补充。由于某些无机元素在体内,其生理作用剂量带与毒性剂量带距离较小,故过量摄入不仅无益反而有害,特别要注意用量不宜过大。根据矿物质在食物中的分布及其人体吸收的特点,在我国人群中比较容易缺乏的矿物质有钙、铁、锌。在特殊地理环境或其他特殊条件下,也可能有碘、硒及其他元素的缺乏问题。

矿物质和酶结合,帮助代谢。酶是新代谢过程中不可缺少的蛋白质,而使酶活化的是矿物质。如果矿物质不足,酶就无法正常工作,代谢活动就随之停止。

(三)矿物质的食物来源

1.钙

主要来源:奶类制品和绿叶类蔬菜。

2.镁

主要来源:坚果、大豆和可可。

3.钠

主要来源:食用盐(氯化钠)、牛奶和菠菜。

4.钾

主要来源:豆类、所有五谷和香蕉。

5.氯

主要来源:食用盐。

6.硫

主要来源:肉类、蛋和豆类。

7.铁

主要来源:红肉和叶菜类蔬菜(特别是菠菜)。

七、维生素

维生素,旧称维他命,通俗来讲,即维持生命的物质,是维持人体生命活动必需的一类有机物质,也是保持人体健康的重要活性物质。维生素在体内的含量很少,但在人体生长、代谢、发育过程中却发挥着重要的作用。

(一)维生素的特点

维生素在体内的含量很少,但不可缺少。各种维生素的化学结构以及性质虽然不同,但它们却有着以下共同点。

(1)维生素均以维生素原的形式存在于食物中。

(2)维生素不是构成机体组织和细胞的组成成分,也不会产生能量,它的作用主要是参与机体代谢的调节。

(3)大多数的维生素,机体不能合成或合成量不足,不能满足机体的需要,必须经常从食物中获得。

(4)人体对维生素的需要量很小,日需要量常以毫克或微克计算,但一旦缺乏就会引发相应的维生素缺乏症,对人体健康造成损害。

(二)维生素的生理功能

1.维生素是辅基或辅酶的组成部分

与碳水化合物、脂肪和蛋白质三大物质不同,维生素在天然食物中仅占极小比例,但又为人体所必需。酶要产生活性,必须有辅酶参加。已知许多维生素是酶的辅酶或者是辅酶的组成分子。因此,维生素是维持和调节机体正常代谢的重要物质。

2.维生素对机体的生长、发育、健康有极其重要的作用

维生素是人和动物为维持正常的生理功能而必须从食物中获得的一类微量有机物质,在人体生长、代谢、发育过程中发挥着重要的作用。如果长期缺乏某种维生素,就会引起生理机能障碍而发生某种疾病。

3.维生素参与人体代谢

维生素是人体代谢中必不可少的有机化合物。人体犹如一座极为复杂的化工厂,不断地进行着各种生化反应。维生素能促进胃肠消化和吸收功能,改善腹胀,腹痛等,促进食物消化和缓解吸收不良。可以认为,最好的维生素是以"生物活性物质"的形式存在于人体组织中。

(三)维生素在运动中的作用

维生素种类很多,目前已知达 30 多种,分为两大类:一类为脂溶性维生素,如维生素 A、维生素 D、维生素 E、维生素 K 等;另一类为水溶性维生素,如维生素 B1、维生素 B2、维生素 B6、维生素 C、维生素 PP 等。维生素在人体中主要是调节物质代谢,维持人体生命和正常功能运转。

具体来说,维生素 A 在维持人体生长发育、保护视力、促进皮肤黏膜代谢方面具有重要作用;维生素 B 族能促进体内物质代谢,保护神经系统和消化系统健全并提高免疫力;维生素 C 可提高人体组织的生物氧化过程,促进物质代谢和造血功能,增强人体抵抗力和应激能力,参

与解毒等生化过程。

许多运动医学科研工作者指出,在竞技运动训练中维生素具有特殊的意义。维生素不仅有参与人体物质代谢、维持机体正常生理功能的作用,同时在提高运动员注意力、提高运动效率、预防运动性疾病等多方面都有重要价值。

(四)食物来源

1.维生素 A 的食物来源

主要来源:动物内脏(如猪肝、鸡肝)、蛋类、乳类;深色蔬菜,如西兰花、胡萝卜、菠菜、苋菜、生菜、油菜、荷兰豆等;橘子、枇杷等。

2.维生素 D 的食物来源

主要来源:蘑菇、鱼肝、鱼油、鸡蛋、黄油、海鱼(鲱鱼、鲑鱼、沙丁鱼)。

3.维生素 E 的食物来源

主要来源:食用油脂、谷物类(如麦胚)、向日葵籽及葵花籽油(富含 RRR-α-生育酚)、玉米和大豆(主要含 γ-生育酚)。绿色植物中的维生素 E 含量高于黄色植物。

4.维生素 B 族的食物来源

(1)维生素 B_1:未精制的谷类食物,瘦肉和动物内脏,杂粮、坚果和豆类,蔬菜(除鲜豆外)。

(2)维生素 B_2:动物性食物(如肉类、禽类、鱼)以及绿色蔬菜。

(3)维生素 B_6:肉类、全谷类(特别是小麦)、蔬菜和坚果。

5.维生素 C 的食物来源

人体内不能合成,只能靠食物提供。维生素 C 主要来源于新鲜蔬菜和水果,动物性食物和牛奶等食物中含量很少。

6.胆碱的食物来源

胆碱是卵磷脂的组成部分,存在于动物肝脏、花生、蔬菜(如花菜和莴苣)中。

八、水

(一)水的生理功能

1.构成细胞组织

水是细胞组织的组成成分。生物体内的水大部分与蛋白质结合形成胶体,这种结合使组织细胞具有一定的形态、硬度和弹性。水是构成细胞胶态原生质的重要成分,失掉了水,细胞的胶态无法维持,各种代谢就无法进行。

2.参与物质代谢

水不仅是生物体内营养和代谢物质的主要溶剂,同时也将各种物质通过循环带到目的地。

水有很高的电解常数,溶解力强。很多营养物质的吸收和输送及代谢产物的排出,没有水的参与就不能完成。因为养料和代谢产物的交换、转移以及多种活性物质(酶、激素和维生素)的转运,只有溶解或分散于体液中才能在体内进行。

3.促进生化反应

水是促进代谢反应的物质,一切生物的氧化和酶促反应都有水参加。水是生物体内生化反应的原料,又是生化反应的原料。在水解过程中,水是反应的原料;在氧化过程中,水是反应的产物。在体内的消化、吸收、分解、合成、氧化还原以及细胞呼吸过程中都有水的参与。

4.维持体液平衡

水是维持体液平衡的重要物质。体液是指存在于动物体内的水和溶解于水中的各种物质(如无机盐、葡萄糖、氨基酸、蛋白质等)所组成的液体。它广泛地存在于细胞内外,构成动物体的内环境。水能稀释细胞内容物和体液,使物质能在细胞内、体液内和消化道内保持相对的自由运动,保持体内矿物质的离子平衡,保持物质在体内的正常代谢。水不仅能在消化道内排出大量不能被消化利用的物质时起着重要作用,而且在人体通过尿液、汗液在排出代谢产物上也起着重要作用。

(二)运动后如何补水

运动过程中人类需要大量排汗,就会产生口渴的感觉,不论是身体还是感觉上都需要补水,但是如果运动后补充水分不正确,可能不仅没有有效地补充水分,还会导致身体其他的健康问题。那么运动后如何正确补充水分呢?

1.白开水最佳,淡盐水也不错

尽量不要喝碳酸类的饮料,最好喝白开水,绿豆汤、淡盐水也很好。这些不但能够解渴解热,还能够在第一时间补充身体流失大量汗液时丢失的钠。

2.不要大口地喝

人在运动后,尤其是夏天运动后,确实会感到非常口渴,因此有人觉得大口地豪饮才解渴。但是,事实上此时一定要小口地喝,切忌一饮而尽。

3.忌饮过冷的水,忌冷饮

天气热时,许多人在运动后都喜欢喝冰水,但这对人体有害无益。经过运动后,人体体温大概为39 ℃,如果饮用过冷的水,会强烈刺激胃肠道,引起胃肠平滑肌痉挛、血管突然收缩,造成胃肠功能紊乱,导致消化不良。

4.少量多次

运动过程中,随着体温升高,如果周围环境的气温和湿度也很高的话,热量就无法很好发散,会造成中暑。所以有必要在运动前和运动中多次补充水分,同时在运动时应穿着散热较好的衣服。

5.避免在闷热的天气运动

补水毕竟只是弥补手段,为了身体健康,还是要从多方面找到解决的方法。在进行户外运动的时候,如果遇到气温和湿度过高的情况,应及时中断运动,尤其是在夏季。

第二节　平衡膳食

一、平衡膳食

随着生活水平的提高,人们的食品结构发生了变化,食物中肉、禽、蛋、鱼的比例有所增加,五谷杂粮的摄取量减少,这个趋势是肯定的。但人的饮食仍然需要讲究营养平衡。所谓营养平衡,主要指机体摄取蛋白质、碳水化合物和脂肪三者能量的平衡。据有关资料分析,摄取三种能量物质较理想的比为:蛋白质占总热量的 12%~15%,脂肪占 20%~25%,碳水化合物占60%~70%。如果按重量比计算,三种物质的比大约为 0.8:1:4。在我们日常的食谱中,宜适当降低脂肪的摄入量。

二、合理营养

现实生活中食物的种类很多,有的含营养素很多,有的则含得很少;有的所含营养素比较全面,有的又不甚完全。我们日常的膳食是由多种食物混合而成的混合型膳食,食物中各种营养成分可以相互补充,取长补短,提高营养价值。理想的膳食必须含有人体所需的全部营养素,其数量能够满足人体需要,并以一定的比例摄入,保证机体正常的生长发育和身体健康。如果摄入的营养素过剩或不足,都会影响机体的生长发育和健康。在正常情况下,成年人的体重应保持稳定,如果体重增加则提示热量的摄入超过热量的消耗,是营养过剩的表现。在儿童少年阶段,体重随年龄、身高而增加是正常的,但不应该超过正常范围,否则,同样是营养过剩的表现。由于营养增加、运动量减少,我国少年儿童超重和肥胖的发生率有增加的趋势,这对他们的身心发育不利。

健身圣典:上古之人,其知道者,法于阴阳,和于术数,食饮有节,起居有常,不忘劳作,故能形与神俱而尽其天年,度百年乃去。

三、膳食安排

一天的膳食安排对人整天的工作、学习和健康会产生影响,俗话说"早吃好、午吃饱、晚吃少",这是很有道理的。一般情况下,早餐的热量应占全天食物热量的 25%~35%。不少人早餐都比较随便,甚至不吃早餐,这会影响整个上午的学习和工作效率。适当地选择体积小、合口味而又富含蛋白质的食物作为早餐较为适宜。这种食物可使体内血糖保持较高水平且较为稳定,不会出现高糖饮食后的思睡现象,而且富含蛋白类的食物较耐饥,从而使人整个上午精神饱满、精力充沛。午餐的热量应占全天食物热量的 40%,适当增加含蛋白质和脂肪的食物,保证下午工作和学习效率,同时午餐也是机体一天中营养的最主要来源。晚餐的热量不宜超过全天食物总热量的 30%，且以少而精为好。晚餐吃得过多，过于油腻，容易使人兴奋和失眠；同时会使血液的黏滞度增高，流动缓慢。如果此时入睡，对心脑血管不利，也容易使人发胖。对有晚睡习惯的人，晚餐可以适当增加热量，也可在晚餐后加用夜宵，但应注意全天食物的总热量不应超过机体正常的热量需求。

进行体育锻炼要注意饮食规律。进餐时间与体育锻炼的时间应有一定间隔，特别是早、中、晚三个正餐，食物较多且复杂，胃肠道负担较重。因此，一般是运动后半小时以上再进食。餐后应休息一个半小时到两个半小时后才可运动。

第三节　体育锻炼与营养补充

一、运动项目与营养

在进行速度性运动，如 400 米以内的短跑、跳远、跳高和跨栏等时，其能量来源主要靠糖的无氧酵解。因此，为了迅速供给体内能源物质，减少体内酸性物质的形成，应该多吃一些容易消化吸收的含糖类、维生素 B、维生素 C、磷以及蛋白质的食物，并应多增加蔬菜和水果。

耐力性运动，如中、长跑以及各种球类运动等，人体总能量消耗大，对各种营养素的需要量较高。因此，需供给较多的蛋白质、铁、维生素 B 与维生素 C。食物中可适当提高脂肪供应。

力量性运动，如投掷、举重、摔跤和拳击等，要求运动员的肌肉有较大力量和爆发力，同时，热量消耗较大，体内蛋白质代谢快，以及由于肌肉蛋白增长的需要，对蛋白质要求高，因此，应多吃含蛋白质的食物。

体操动作复杂，对神经系统、力量的要求很高，因而进行此类活动时，应多吃一些含蛋白质、维生素 B 和磷的食物。游泳时由于水中散热增加，能量消耗很大，要多吃含热量、脂肪及维生素 A 较多的食物。进行短距离游泳，要多吃些含蛋白质的食物；进行长距离游泳，应多吃些含碳水化合物多的食物。

二、运动前的饮食

运动前适当的饮食可以提高运动的效果和比赛的成绩，尤其是对后者的影响更大。不适当的饮食会引起肠胃不适或使人较早感到疲劳，无法发挥出应有运动能力。运动前的饮食依据个人的喜好、习惯、适应的程度和参与的运动有所不同。总体上讲，运动前的适当饮食的好处是：(1)为机体的肝糖原做最后的补充，保证整个运动的过程有足够的能量。运动中，对糖的利用是渐次的，随着时间的延长，依次动用肌糖原、血糖，最后是肝糖原。如果出现肝糖原存量不足，会使人感觉疲劳，导致运动能力下降。(2)提供充足的水分，使机体处于水合状态。

(一)运动前的饮食

运动前，应以高糖、低脂、低蛋白的食物为主，例如面食、米饭和水果等，这些食物容易消化，又能提供糖类作为运动时的能量来源。如果运动的时间为 60～90 分钟，可以选择升糖指数较低的饮食，如面食、运动饮料，它们较易消化，能够迅速地提供糖类。含高纤维素的食物比较容易造成腹部不适，应避免在运动前食用。

（二）进食时机选择

进食的时机随着运动的时间和食物的种类而不同。选择进食时机的原则是，在运动过程中可提供充足的营养和能量，而又不至于在运动过程中造成肠胃不适。一般而言，正常分量的一餐食物需 3～4 小时的消化时间，才不至于使人在运动中感到肠胃不适，分量较少的一餐需 2～3 小时，少量的点心只需 1 小时。这些情形依照个人在运动时对胃中食物的感觉不同而有差异。通常，运动前进食以七成饱为宜。如果你在运动时对胃中的食物很敏感，少量的食物就会令你感受到饱胀不适，你就需要让食物有更长的时间消化，或进食更少的食物。

进行身体上下振动幅度比较大的运动，例如篮球、跑步等，人对胃内食物通常比较敏感，吃少量食物可能就会感到不适，这时就需要在比赛更早前进食，或是减少食物的摄取量，以减轻这些症状。进行身体震动相对小的运动，例如自行车和游泳运动，人受到胃中食物的影响不太明显，对于进食的时间和食物的选择有一定的弹性。

少数人若是在运动前 15～120 分钟吃甜食或是高升糖指数的饮食，例如运动饮料、面包、蜂蜜等，在运动时会发生低血糖，感到头晕和乏力。因为这些食物可刺激胰岛素的分泌增加，而运动时肌肉耗能也增加，两者都可引起血糖下降，从而影响运动能力。为避免出现血糖过低的症状，最好的方法是：如果是短时间的运动（持续时间在 40 分钟以下），可在运动前 5～10 分钟进食甜食，胰岛素的分泌无法在这么短的时间内反应；而在运动开始后，胰岛素的分泌会被抑制，不会对升高的血糖产生反应，也就不会有上述的血糖过低的症状发生。如果运动时间较长，则宜在运动前两小时吃，此时，胰岛素增高的因素已不明显。

没有任何一种食物或是任何的进食时间表可以适合所有人，每个人都需要在练习时实际体验，找出最适合、最有效的食物和进食时间。

三、运动后的营养与恢复

体育锻炼后的恢复是体育锻炼中非常重要的环节，恢复的好坏不仅直接影响到锻炼的效果，而且还关系到人在第二天的运动能力。越来越多的研究表明，锻炼后简单的休息仅是恢复手段之一，如果能适当地补充营养，将对体能的恢复有很大帮助。

运动后的营养主要作用有以下三个方面：

（1）补充因汗液而损失的水分和电解质；

（2）补充运动中消耗的糖；

（3）修复受伤的组织。

（一）水分的补充

剧烈的运动会导致机体大量水分的流失，失水会影响运动的能力。失水占体重的 1%，容易引起疲劳和不适;失水占体重的 3%,不适感加重,运动能力可下降 20%～30%。人通常会在运动中补水,但补充量基本都少于流失量。因此,在运动后机体还是处于不同程度的缺水状态,需要积极地补水。

如果想要知道到底在运动中流失了多少水分,最直接的方法就是计算运动前和运动后的体重变化,每减少 1 千克体重,就表示至少需要补充 1 升水,甚至更多,因为在运动后人仍然会持续地流汗和排尿。若是不方便测量体重,也可以根据口渴的感觉喝水。但是人类的口渴感觉并不灵敏,即使身体已经处于缺水状态,仍然不会觉得口渴,即有意识脱水;或是虽然喝进去的水并不足以完全补充丢失的水分,但是已经足以缓解口渴。所以,即使已经不觉得口渴,但至少还需要再喝 2～3 杯的水,才能补充足够的水分。另一个明显的指标是排尿,如果在运动后 1～2 小时中,排尿量很少或是完全没有,而尿液的颜色很深,表示身体仍然处于缺水的状态,仍需补水,直到排尿量恢复正常,而且尿液颜色变得很淡或是无色,这才表示身体已经有了足够的水分。

(二)电解质的补充

汗液中主要的电解质是钠和氯离子,还有少量的钾和钙。进行了长时间的运动,例如长跑或是在酷热的天气下连续剧烈运动数小时后,可在运动后以淡盐水或运动饮料补充水分和电解质。一般情况下,运动后丢失的电解质在正常的饮食中可得到补充。

(三)糖类的补充

糖原是运动时的主要能量来源之一,存在于肌肉和肝脏中。肌肉中的糖只能供给肌细胞所用,而肝脏中的糖可以以葡萄糖的形式释放到血液中,供给肌肉以及身体其他器官所需。体内糖存量不足以应付运动所需是造成疲劳和运动能力降低的原因之一。运动后体内的糖存量显著降低,若是没有积极的补充,下次运动时的表现就会受到肝糖原不足的影响而降低。

研究显示,在运动后两小时,身体合成肝糖原的效率最高,两小时后则恢复到平常的水平。因此,在运动后迅速补充糖类,就可以利用这个自然的高效率时段,迅速地补充体内消耗的肝糖原。如果下次训练或比赛是在 10～12 小时之内,这段高效率期间就特别重要,因为如果错过这个时段,即使在后续的时间吃进了足够的糖类,身体也可能没有足够的时间完全补充消耗的肝糖原,使得体内的肝糖原存量一次比一次降低,越来越容易感觉疲劳。若下一次运动在24～48 小时之内,即使错过这段时间,接下来只要着重于高糖类的食物的摄入,仍然有足够的时间补充所有消耗的肝糖原。

一般的建议是在运动后 15～30 分钟之内吃进 50～100 克的糖类(大约是每千克体重 1 克糖),每两小时再吃 50～100 克糖类,直到进餐为止。正餐以及其他运动期间的饮食也应该以富含糖类的食物为主。

(四)肌肉和组织的修复

即使是没有身体接触的运动,也会造成肌纤维和结缔组织的损害,运动后的酸痛来自受损的肌肉组织。进行身体接触性的运动,例如篮球、足球、橄榄球,会造成更多的肌肉损伤。运动后迅速地补充蛋白质有助于修复受损的肌肉和组织,受损的肌肉合成和储存肝糖原的效率也会降低。因此,参与身体接触性运动,或是比赛后受伤的运动员,需要补充更多的糖类,并且也需要把握运动后两小时的那段高效率时期,有效地补充体内消耗掉的糖原。

(五)适合食用的食物

主要食物中三大营养素的含量(可食部分每 100 克)如表 4-1 所示。下面列出含有 50 克糖类的食物,各人可以依照不同的习惯或喜好以及需求的量来选择适合的食物,或是加以组合变化。一般而言,运动后比较容易接受各式饮料或是流质的食物以补充糖类和蛋白质,同时不要忘记补充足够的水分。例如:

800~1 000 毫升运动饮料,500 毫升纯果汁,三个水果(苹果、香蕉、橘子等);

6~10 片饼干,两个水果加一杯牛奶,两片面包加少许果酱和一杯牛奶。

表 4-1　主要食物中三大营养素的含量(可食部分每 100 克)

名称	蛋白质(克)	脂肪(克)	糖类(克)
猪肉(瘦)	16.7	28.8	1.0
鸡(净)	23.3	1.2	0.1
草鱼(净)	17.9	4.3	0
鸡蛋(去壳)	14.7	11.6	1.6
牛奶	3.3	4.0	5.0
粳米(标)	6.8	1.3	76.8
面粉(标)	7.2	1.3	77.8
大豆	36.3	18.4	25.3
花生仁	26.2	39.2	22.1
柑橘	0.9	0.1	12.8
苹果	0.4	0.5	13.0
香蕉	1.2	0.6	19.5

(六)应该避免的食物

大运动量运动后,应避免喝酒。酒精有利尿的作用,会降低体内的水分含量,也会减少肝糖原的合成,还会影响受损组织的复原,对于运动后的恢复有很大的副作用。运动后也应该避免饮用含有咖啡因的饮料,例如咖啡、茶等。咖啡因也有利尿的作用,将减缓体内水分的补充。

第五章
健康体适能

第一节　体适能概述

　　现代文明是一把双刃剑,它使人们在享受生活、工作便利的同时,也危害人类的身心健康。体育运动以其独特的对人体良好的生物效用和心理健全功能成为维护健康的有效手段。但是,在日常生活中人们对体育理论知识、技能的掌握和运用都比较欠缺,对相关概念的理解也含混不清,对体育技术的应用更是知之甚少,这妨碍了人们对体育理论的深入了解,以及自我健康技能的运用。

一、体适能历史发展

　　体适能概念起源于欧美发达国家,其中又以美国的发展最早、最为典型。1879年哈佛大学的萨尔金特博士为使人类能够达到最完美的身体状态,专门针对人类的身体结构与功能,设计出一套属于个人适用的运动处方身体训练课程。他对适能所下的定义是:身体能适应于工作、游戏,以及任何人类可能做得到的事。1954年,克劳斯·韦伯的体能测验结果显示:美国青少年体能状况落后于欧洲各国。这一统计结果令美国全国上下极为震惊,因而也使得美国政府对青少年的运动及适能问题十分关切。1955年,美国总统艾森豪威尔特别就青少年身体活动及适能问题召开会议,并促使成立青少年适能总统会议。1957年,美国健康、体育、休闲与舞蹈协会开发青少年适能测验,并应用于美国体育课程。

　　肯尼迪总统为了表示对青少年身体活动及适能议题的重视,把会议名称改为"体适能总统会议",这也是第一次正式使用"体适能"名称取代过去的"适能"名称。到20世纪80年代初,中国台湾、香港的运动生理学界率先将这一名词翻译为"体适能",中国大陆(内地)学术界近年来才开始对这一名词进行讨论。体适能从英文"physical fitness"翻译而来,也有的译成

"体能"。"体适能"概念虽然只是在原有体能两个字中间加了一个"适"字,但它的意义和对体育锻炼及运动训练领域的影响是绝对不可低估的。"体能"偏重于运动训练用语,而"体适能"可以说是身体适应外界环境能力的简称,更侧重于表达身体对某种事物的适应能力,如"fitness for competition and win"和"fitness for life activity"等。

现今,体质、健康、体适能等词汇频繁出现在各种体育和健康相关的知识和应用中。因此,界定它们的概念,弄清各自的内涵和特点,对于加强体育理论,掌握和体育锻炼运用十分必要。体质是指人体的质量,是生命活动和劳动工作能力的物质基础,是在先天遗传和后天环境的影响下,在生长、发育和衰老的过程中逐渐形成的身心两方面相对稳定的特质。健康不仅是没有疾病和衰弱状态,也是一种身体上、精神上和社会上的完好状态。体适能是机体在不过度疲劳状态下,能以旺盛的精力从事日常工作和休闲活动,能从容地应对不可预测的紧急情况的能力。体质、健康和体适能三者的关系是紧密相连、不可分割的。体质是人体维持良好状态的基础,健康是体质的外在表现形式,是一种动态平衡。体质是一种"质量",健康是一种"状态",体质与健康的关系是"质量"与"状态"的关系,"质量"决定"状态"。比如说,某两人都表现为健康状态,但他们两者的体质可能不完全相同,一个可能有良好的力量和速度素质,另一个可能有良好的耐力素质。体质与体适能既有相同之处,又有不同之点。相同的是两者都反映身体适应生活、运动和环境等因素的一种应变能力。不同的是体质的概念除反映人体的形态结构、生理功能和运动能力外,还包括心理因素和机体免疫力;体适能则强调了身体适应生活、运动和环境等因素的一种应变能力。体质是身体的质量,是静态的,就好比是制造物品的材料或材质。体适能是身体的适应力,是动态的,就如同物品的用途或功能。在一定程度上"材料"决定了"功能"。体适能研究内容包括健康体适能、技能体适能和代谢体适能。健康则包括身体健康、情绪健康、智力健康、精神健康和社会健康五个方面。健康是一种"状态",体适能是一种"能力",健康和体适能的关系就是"状态"与"能力"的关系,"状态"决定"能力"。也就是说,身体处于健康状态时,体适能就好;身体处于非健康状态时,体适能就差。

二、体适能概念及组成

(一)体适能概念

明确体适能的定义可以使人们在追求体育锻炼和运动训练效果的过程中能够站在更加科学、客观的角度去理解问题和处理问题。"体适能"概念是由西方运动生理学界首先提出的一个概念,是衡量人体体质健康水平的一个指标,也是运动训练新思想的一个指导性的概念。德国人称体适能为"工作能力",法国人称之为"身体适性",日本人称之为"体力",而我国香港和台湾地区则称之为"体适能",我国内地地区习惯称其为"体质"。

受种族、文化、国度等方面差异的影响,各国的学者对体适能的理解和定义也不尽相同,因此研究和测试内容也存在着一些区别。尽管理解和文字表述有所不同,定义也不尽一致,但其核心思想大同小异。体适能从广义上讲,是指人体适应外界环境的能力,是健康概念的一种延伸;从狭义来讲,是指人体所具备的有充足的精力从事日常工作(学习)而不感到疲劳,同时有余力享受康乐休闲活动的乐趣,能够适应突发状况的能力。

体适能与工作、学习、娱乐和应急处理等紧密联系,可以把体适能概括为身体适应生活、运动和环境等因素的一种应变能力。体适能的提高有赖于科学的、持之以恒的体育锻炼。美国一项经过五年追踪探讨体适能水平与死亡率的研究结果显示:抛弃久坐的生活方式,并拥有普通体适能水平的人,可以明显降低44%的死亡率。研究对象中死亡率最低的是一开始就拥有良好的体适能,并持续维持良好体适能的人;而死亡率最高的为一开始就没有良好体适能,而且也一直没有改善体适能的人。

(二)体适能的组成

美国运动医学学会认为,体适能包括健康体适能、运动技能体适能和代谢性体适能。欧美国家的健康体适能活动已经成为人们的一种习惯,同时深入各个层次的学校教学,并在向与运动相关的体适能和与代谢相关的体适能方面逐渐拓展。一个健康的人需要这三方面的体适能参数至少达到适当水准,使身体能拥有一定的健康、技能,以及与代谢相关的体适能成分。

1.健康体适能

随着对体适能的研究和社会的发展,体适能与健康越来越紧密地结合在一起。健康体适能直接与个体从事日常生活和工作的能力相关,受规律性身体活动的影响,是促进健康、预防疾病并提高工作效率的身体要素。健康体适能是指关于身体方面的健康状态,包括心肺耐力、柔韧性、肌肉力量、肌肉耐力、身体成分五项要素。

(1)心肺耐力。心肺耐力指一个人持续身体活动的能力。心肺和血管的功能对于氧和营养物的分配、清除体内垃圾具有重要的作用,尤其是在进行有一定强度的活动时,良好的心肺功能会显得更加重要。心肺功能越强,走、跑、学习和工作就会越轻松,进行各种活动保持的时间也会越长。

(2)柔韧性。柔韧性是指身体各个关节的活动幅度以及跨过关节的肌肉、肌腱、韧带、皮肤和其他组织的弹性和伸展能力,可以通过经常性的身体练习得到提高。柔韧性是绝大多数的锻炼项目所必需的体能成分之一,对于提高身体活动水平、预防肌肉紧张以及保持良好的体态等具有重要作用。

(3)肌肉力量。肌肉力量是一块肌肉或肌肉群一次竭尽全力从事抵抗阻力的活动能力,所有的身体活动均需要使用力量。肌肉强壮有助于预防关节的扭伤、肌肉的疼痛和身体的疲劳。需注意的是,不应在强调某一肌肉群发展的同时而忽视另一肌肉群的发展,否则会影响身体的结构和形态。

(4)肌肉耐力。肌肉耐力指一块肌肉或肌肉群在一段时间内重复进行肌肉收缩的能力,与肌肉力量密切相关。一个肌肉强壮和耐力好的人更易抵御疲劳的产生,因为这样的人只需花很少的力气就可以重复收缩肌肉。

(5)身体成分。身体成分包括肌肉、骨骼、脂肪等。体适能与体内脂肪比例之间的关系最为密切,脂肪过多者是不健康的,其在活动时比其他人需要消耗更多的能量,心肺功能的负担也更重,心脏病和高血压发生的可能性更大。体育锻炼是控制脂肪增加的重要手段,要维持适宜的体内脂肪比例,就必须注意能量吸收和能量消耗之间的平衡。

2.运动技能体适能

运动技能体适能是指能成功地执行各种运动竞技的身体要素,包括敏捷、平衡、协调、力量和速度等。运动技能体适能所包括的这些素质不是每个健康人都具有的,它们受遗传因素的影响较大,但也与后天的习得有很大关系。拥有这些技能会使人更容易完成高水准的技术动作,在体育运动中体验到更多乐趣。

(1)速度。速度指快速移动的能力,即在最短的时间内移动一定的距离的能力。在许多竞技运动项目中,速度对于个人取得优异成绩至关重要。在平时的生活和工作中,速度表现为变速的能力,如迅速改变体位、躲避危险等。

(2)力量。力量指短时间内克服阻力的能力。许多竞技运动项目,如举重、铅球、标枪等均能显示一个人的力量大小。在日常生活和工作中力量也是必不可少的,因为人的站立、行走等一切活动都是在肌肉力量的支配下进行的。

(3)灵敏性。灵敏性指在活动过程中,既快速又准确地变化身体移动方向的能力。灵敏性在很大程度上依赖于神经肌肉的协调性和反应时间,可以通过提高这两方面的能力来进行改善。神经肌肉协调性主要指反映一个人的视觉、听觉和平衡觉与熟练的动作技能相结合的能力。

(4)平衡。平衡指当运动或静止站立时保持身体稳定性的能力。滑冰、滑雪、体操、舞蹈等项目对于提高平衡能力很有效果,此外,闭目单足站立练习也有相当好的效果。

3.代谢性体适能

代谢性体适能是近年来新提出的体适能参数,主要包括血糖、血脂、血胰岛素、骨密度等。它与许多慢性疾病的发生或发展直接相关,与运动锻炼的效果直接相关,但并不必然与健康体适能联系。它反映的是一种机能状态。通过运动锻炼降低血脂水平、控制血糖、提高骨密度等都能增强机体代谢性体适能,可减少各种运动不足性疾病的发生,并影响机体整体体适能水平。

三、体适能层次划分

体适能可以是知识、技术上的传授,也可以是借竞赛、游戏而达到身体适应生活的效果,是欢悦地、自愿地、建设性地利用闲暇时间。因此,体适能拥有体育、运动及休闲活动三者的共同属性。在体适能的三大类别中,与健康有关的体适能是指一般人为了促进身心健康、预防各种疾病、提高工作效率、提升生活质量等目的所需的能力,是一般运动体适能和专项运动体适能的基础,对于任何人都是极其重要的基本能力。而对体育竞技和运动竞赛活动的适应是体适能的高级状态。由低到高的排列,也反映了上层人群的减少和体适能整体水平的提升。体适能与以上三者各有异同,充分了解体适能,做到知行合一,才能达到身心健康、健康人生的境界。

通过对体适能层次划分,我们应该认识到健康与竞技运动对体适能有不同的要求。不同的人群或个体的体适能可以代表不同的意义。对于普通大学生或一般人来说,更多的是关注健康体适能。每一个人在不同的年龄阶段、不同的环境和条件下都会有不同的健康的需求,这时的运动应该适合其健康的需要。例如,一个人在儿童、少年时期,特别需要体育锻炼来促进身体各器官的全面生长发育;在青年时期,需要体育锻炼促进肌肉形态的改善和力量的增长,并保持体形;在中年时期,需要运动来保持旺盛的精力,预防疾患,以更好地承担工作与生活的责任;在老年时期,则需要通过体育锻炼减缓衰老,保持健康,做到延年益寿。一个拥有良好健康体适能者并不一定具有优秀的技能体适能。技能体适能还涉及一个学习过程,而要拥有优秀技能体适能的前提是要有良好的健康体适能。因此,按照不同人群的需求对体适能的层次进行划分:对基本生存的适应、对日常生活和基本活动的适应、对生产劳动和娱乐活动的适应、对运动竞技的适应。以上四个方面的排列顺序反映了体适能构成要素中运动技能、代谢性体适能和健康体适能之间的匹配水平。

四、大学生体适能需求

普通高校的学生年龄一般在 18～24 岁,正值生长发育的第二高峰期,这一时期是系统学习健身知识和多种运动技能、养成健身习惯的最佳时期。对于学校体育环境而言,可以把体适能分为这样两类:与学生健康有关的健康体适能和与学生运动能力有关的运动技能体适能。学校的体育教育应该在确保健康体适能的基础上,尽量加强运动技能体适能的教育,两者有机结合才能促进体适能全面有效地发展。

学校阶段的健康体适能,主要是指学生能够适应学习,又可应付日常生活活动,并且形成良好的生活习惯;运动技能体适能,主要是指学生在课外活动时能够从事各项活动所需要的一般运动能力,包括速度、爆发力、敏捷性、协调性、平衡、反应时间、准确性等要素,并有身体能力、反应能力处理突发紧急情况。运动技能体适能又可分为与一般基本运动能力有关的一般运动技能体适能,以及与特定运动项目有关的专项技术技能体适能(见表 5-1)。

表 5-1　学校体育体适能层次划分

项目	健康体适能	一般运动技能体适能	运动技能体适能
目标	身心健康	休闲娱乐	竞技比赛
对象	全体学生	大部分学生	少部分学生
获得	容易	相对容易	困难
保持	终身学习	业余锻炼	短时

健康体适能与运动技能体适能两者虽然形象殊异,但其间的强化体适能这一运行主线却是同根同源。健康体适能是体育之路的真正起点,必须得到初级强化;运动技能体适能则是强化体适能的高级阶段。

五、体适能对青少年的影响

人类科学地认识并极大地改造了自然,却没能充分地认识和改造自身,以使自己在远离自然的同时也能回归自然。随着社会生产力的巨大发展,人类的体力劳动急剧减少,造成了人类的文化进化与自身自然存在减弱的严重冲突,这是产生现代文明病的根本原因所在。肥胖症、心脑血管疾病、神经官能症、人体免疫细胞数量减少症、全身骨骼和关节代谢障碍及腰痛症等文明病,严重影响着人类的健康,并且患病者呈现出年轻化的趋势,这已经成为人类生存、发展的重要障碍。

（一）良好的体适能使青少年有充沛的精力适应日常生活和学习

学生学习、上课的精神专注程度和效率都与体适能有关，尤其是有氧能力。脑需氧量最多，儿童大脑的需氧量占整个人体需氧量的 50%，成人大脑需氧量占整个人体需氧量的 20%。体能锻炼要消耗大量的能量，为了满足运动的需要，人体新陈代谢加速、血液循环增强，从外界获取氧的能力增强，从而使大脑获得更多的氧气和营养物质。一般而言，有氧能力较好的学生脑部获取氧的能力较佳，看书的持久性和注意力也会很强。

（二）发展体适能可促进青少年发育，增强对疾病的抵抗力

青少年时期是人一生中身体发育的重要时期。调查表明，经常参加运动的青少年与不经常运动的同龄人相比，平均身高高出 4 厘米以上，肺活量多出 200 毫升以上。拥有良好体适能的青少年，身体运动能力亦会较好，健康状况较佳，生病的概率相对较小。锻炼与不锻炼对健康的影响极大，经常进行体适能锻炼，经受各种气温的刺激，尤其是在冬季，能更有效地改善心脏、血管系统的功能，提高身体对寒冷刺激的适应能力，提高青少年及儿童适应环境和抵御疾病的能力。

（三）体适能锻炼有助于青少年身心等方面均衡、全面的发展

随着青少年身体、心理、道德品质、社会交往等方面的不断成熟，他们形成了一定的饮食、生活作息和处理环境压力的方式，并逐渐开始形成了自己的认知、经验和态度。青少年应该保证足够的时间和机会去参加体育活动，在运动和活动中积累互助合作、公平竞争及团队精神等宝贵的经验，改善心理素质，形成热情、积极向上的精神风貌，享受欢乐、活泼、有生机的生活方式，为个体树立正确的人生观、价值观、道德观打下良好的生理、心理基础。

六、体适能发展趋势

（一）体适能与健康的有机结合

随着社会的发展，人们的生活、工作压力的不断增加，体育的健康功能越来越受到人们的关注。在现代的"生物—心理—社会"模式下，健康概念包括了身体的、心理的和社会的三方面的含义。

体适能是与健康紧密相连的，个体的运动能力是衡量健康水平的一个标志，对不同运动负荷的适应能力是人体机能状态和体质状况的一种反映。因此，对体适能研究也必然带来健康观念的变化。从欧美国家对体适能与健康的研究方向来看，研究重点已经基本转向与健康相关的体适能，尤其强调心肺机能、身体成分、肌耐力和肌力、柔韧度对健康的影响。良好的心肺机能可以预防心血管疾病；适宜的身体成分组成可以避免由于肥胖导致的高血压、高血脂等疾病；良好的肌肉适能是完成日常生活活动的基础；柔韧适能可以预防活动中的损伤和疲劳，防止运动器官的老化。个体只有具备以上的良好要素，才可以从容、安全地工作和生活，预防运动不足引起的疾病，始终保持健康的状态。

(二)学校体育教育与体适能的结合

随着国家社会经济水平稳步增长,国民日常生活水平不断提高,人们对体质、健康越来越重视,终身体育意识也应逐渐加强。教育家陶行知先生说:"我们深信健康是生活的出发点,也是教育的出发点。"青少年健康是社会关注的重要环节,同时教育青少年加强体育锻炼,养成终身体育习惯是现阶段学校教育的重点和出发点。

在学校教育阶段,学生的体适能可以包括健康体适能和运动技能体适能。学校体育应该在确保学生掌握健康体适能锻炼方法的基础上,尽量加强运动技能体适能的教育。两者有机结合才能促进体适能全面有效地发展。因此要突破传统体育的价值观,从更加丰富的层面看待学校体育与人的发展以及社会发展之间的关系,把"促进身体健康"的传统体育价值观同"学会生存的必要知识和技能"这一新的价值观有机地结合起来,建立一种符合时代要求和现代社会发展形势的全新的学校体育价值观。在此基础上,青少年能够采用多种方式积极参加体育锻炼,能够自发、主动、积极地去获取需求的健康知识和运动技能,既能尽情地享受运动带来的乐趣,又能培养勇敢顽强的性格、超越自我的品质、迎接挑战的意志、承担风险的能力,以及竞争意识、协作精神和公平的观念,更好地适应现实生活环境。

(三)体适能与日常生活的结合

在人类进化过程中,人们的生活习惯、生活方式、劳动方式发生了重大变化,生物性的缺憾在高强度的脑力劳作、体力活动减少的现代社会加速凸显。社会文明程度越高,社会闲暇越多,人们花费于生活必需的时间逐渐减少,休闲时间增多,体育以其独特的优势逐渐融入人们的日常生活,体育与休闲结合将成为健康娱乐生活方式的组成部分。人体之所以能够通过训练改善其体适能,是因为人体具有很强的适应外界环境的能力。良好的运动技能体适能不仅可以提高学习运动技巧的效率,也可以减少运动产生的伤害及意外事件的发生。采用体育运动的形式进行休闲,作为一种文明、健康、科学的余暇生活方式,具有可选择性、娱乐性、创造性、新奇性与冒险性等特点,人们将以这种休闲方式主动地、愉快地从事某种身体活动,以实现自我价值,提高生活质量。

第二节　健康体适能的测量与评价

一、心肺耐力测试

(一)心率的测量

1.器材:秒表

2.心率的测量步骤及注意事项

（1）把食指及中指放在桡动脉上便可感觉到脉搏,不可太大力压下去,感到搏动即可。

（2）不可用大拇指,因为它也有微弱搏动,会影响测量的准确性。

（3）开始计时的一刻由"0"数起,数至15秒时便停下。把读数乘以4便是每分钟的脉搏次数。

（4）正确的安静心率应在早晨醒来后立刻测量1分钟,连续三个早晨,然后取三次测量的平均值。

（5）成年人正常的安静心率应为60~100次/分。

（6）经常进行足够量体能锻炼的人,安静心率会有所下降,这是一个好现象。

（7）可以坐姿或站立姿势测量。测量技巧反复练习数次,便会熟练掌握。

（二）3分钟踏台阶测试（YMCA protocol）

1.目的

测量运动后心率恢复情况,以评估受成人心肺功能。

2.器材

30.5厘米高的稳固长凳、节拍器（96次/分）、秒表及时钟。

3.步骤

（1）首先检查节拍器,预设节拍为每分钟8次,然后依"上上下下"的节拍运动3分钟（即每分钟做24次"上上下下"）,每次踏上后要到直膝为止,而且先踏上的脚要先落下（见表5-2）。

表5-2　3分钟踏台阶测试

	年龄（岁）	欠佳	尚可	一般	良好	优异
男	18~25	>115	105~114	98~104	89~97	<88
	26~35	>117	107~116	98~106	89~97	<88
	36~45	>119	112~118	103~111	95~102	<94
	46~55	>122	116~121	104~115	97~103	<96
	56~65	>119	112~118	102~111	98~101	<97
	65+	>120	114~119	103~113	96~102	<95
女	18~25	>125	117~124	107~116	98~106	<97
	26~35	>128	119~127	111~118	98~110	<97
	36~45	>128	118~127	110~117	102~109	<101
	46~55	>127	121~126	114~120	103~113	<102
	56~65	>128	118~127	112~117	104~111	<103
	65+	>128	122~127	115~121	101~114	<100

（2）完成 3 分钟踏台阶后,5 分钟内立刻开始测量 1 分钟的脉搏,记下心率,并依表 5-2 评价其功能水平。

（3）若运动后心率越低,说明其心肺功能越好。

（三）1 英里步行测试

1.目的

测量心肺耐力（$VO_{2\,max}$）。

2.器材

秒表、标杆筒 6 个,记录表(每人一张)及计算器。

3.步骤

（1）在一个标准篮球场放好标杆筒。（见图 5-1）

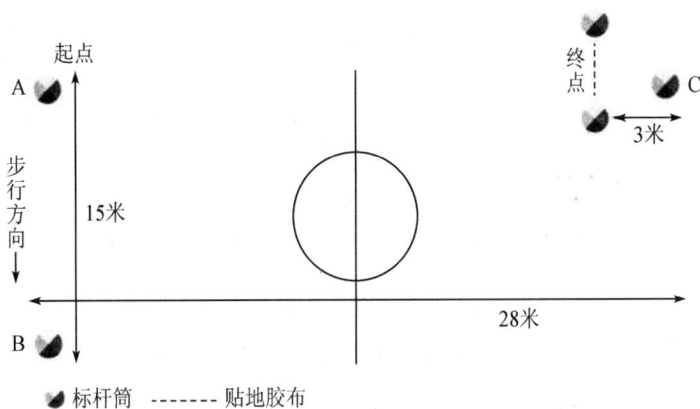

起点

终点

A

C

3米

步行方向

15米

B

28米

标杆筒　------- 贴地胶布

图 5-1　1 英里步行测试篮球场标杆摆放位置

（2）两人一组,一人负责为同伴数圈,记录步行时间及测量运动后心率(取 15 秒数值,然后乘以 4)。

（3）热身准备活动(包括伸展运动)。

（4）同伴发令"预备""开始"。

（5）受试者在开始后,应以个人既快又稳的步行速度来完成整段距离(18 圈+61 米)。

（6）同伴在受试者经过转角点(一周)时,报上其已完成的圈数,在报完第 18 圈后,数圈同伴便应立刻到正确的终点线以记录受试者过终点的时间,然后尽快开始测量其运动后心率(取 15 秒数值,然后乘以 4),并做好记录。

（7）同伴可于测试后依公式计算其最大摄氧量（$VO_{2\,max}$）,并参考常模表对照评价。

（8）记录完步行时间及运动后心率,便可与同伴互换位置,交换测试。

（9）计算出的 $VO_{2\,max}$ 值越高,表示心肺耐力越好。

（四）12分钟耐力跑测试

1.目的

测量心肺耐力（$VO_{2\,max}$）。

2.器材

秒表1个、标杆筒18个及记录表。

3.步骤

（1）在一标准篮球场（长28米，宽15米）上放好标杆筒。（见图5-2）

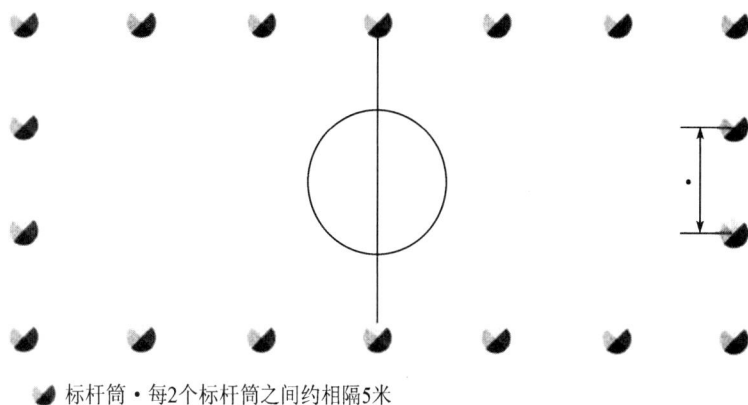

🔸标杆筒·每2个标杆筒之间约相隔5米

图5-2　12分钟耐力跑篮球场标杆摆放位置

（2）两人一组，其中一人跑，同伴为其数圈/距离。

（3）热身准备运动（包括伸展运动）。

（4）同伴发令"预备""开始"。

（5）开始后，尽量在12分钟内完成最多距离，途中如有需要的话，可暂停或步行。

（6）同伴每圈都要报告圈数，然后在12分钟终止时，记下他此时所到的最近标杆筒，并计算最后一圈所完成的距离并加上先前总圈数的86倍，便是他所完成的总距离（米），并记录。

（7）同伴可以在每分钟报时。

（8）与同伴交换测试。

（9）12分钟内跑的距离越长，表示其心肺耐力越好（见表5-3）。

表 5-3 12 分钟耐力跑评价标准

	年龄(岁)	欠佳	尚可	一般	良好	优异
男	13~19	<1 900	1 901~2 100	2 101~2 400	2 401~2 600	>2 601
	20~29	<1 900	1 901~2 100	2 101~2 400	2 401~2 600	>2 601
	30~39	<1 800	1 801~2 000	2 001~2 300	2 301~2 500	>2 501
	40~49	<1 700	1 701~1 900	1 901~2 200	2 201~2450	>2 451
	50~59	<1 600	1 601~1 800	1 801~2 100	2 101~2 300	>2 301
	60+	<1 300	1 301~1 600	1 601~1 900	1 901~2 100	>2 101
女	13~19	<1 400	1 401~1 600	1 601~1 800	1 801~2 000	>2 001
	20~29	<1 500	1 501~1 700	1 701~2 000	2 001~2 200	>2 201
	30~39	<1 450	1 451~1 650	1 651~1 900	1 901~2 100	>2 101
	40~49	<1 400	1 404~1 550	1 551~1 800	1 801~2 000	>2 001
	50~59	<1 300	1 301~1 400	1 401~1 700	1 701~1 900	>1 901
	60+	<1 200	1 201~1 300	1 301~1 500	1 501~1 700	>1 701

二、肌力及肌耐力测试

(一)前臂肌力测试(手握力测试)

1.目的

测量前臂肌肉力量。

2.器材

握力器及记录表。

3.步骤

(1)首先调整手握位置(以第二手指节紧握手柄为宜)。

(2)垂直站立,手放身旁。

(3)手持握力计,指针向外。

(4)在无其他手部动作下,用尽全力紧握手柄。

(5)左、右手各做 3 次,每次之间可休息 30 秒,各取最佳成绩,然后取其总和做好记录。

(6)对照下表(见表 5-4)评价,测试中,数值越高,表示前臂肌肉力量越强,一般也表示上肢肌力强。

表 5-4　握力评价标准［单位:(左手+右手)千克］

	年龄(岁)	欠佳	尚可	一般	良好	优异
男	6	≤13	14~17	18~20	21~24	≥25
	7	≤17	18~19	20~23	24~27	≥28
	8	≤19	20~23	24~28	29~31	≥32
	9	≤22	23~26	27~30	31~36	≥37
	10	≤25	26~30	31~35	36~40	≥41
	11	≤28	29~34	35~40	41~48	≥49
	12	≤36	37~44	45~57	58~65	≥66
	20~29	≤60	61~69	70~81	82~91	≥92
	30~39	≤60	61~68	69~80	81~89	≥90
女	6	≤11	12~14	15~19	20~21	≥22
	7	≤13	14~17	18~20	21~24	≥25
	8	≤17	18~20	21~24	25~29	≥30
	9	≤19	20~23	24~28	29~32	≥33
	10	≤23	24~28	29~34	35~40	≥41
	11	≤27	28~32	33~38	39~44	≥45
	12	≤31	32~37	38~43	44~48	≥49
	20~29	≤34	35~39	40~47	48~54	≥55
	30~39	≤36	37~40	41~49	50~55	≥56

(二)腹肌耐力测试

1.1 分钟仰卧起坐测试

(1)目的:测量腹部肌肉耐力。

(2)器材:垫子、秒表及记录纸。

(3)步骤:

①两人一组,受试者仰卧于垫子上,屈膝约 90°,另一同伴按住其双踝,以固定身体,并为同伴记录次数。

②受试者双臂交叉平放胸前,手掌放在双肩上,以此仰卧姿势开始。

③同伴发令:"预备""开始"。

④受试者由仰卧开始,卷腹团身至肘部触及大腿,然后还原至仰卧姿势(肩胛骨触垫)为一次。进行过程双臂需紧贴上身。

⑤同伴记录受试者在 1 分钟内完成的最多次数。途中可做休息,然后再继续。

⑥同伴可中途报时,并于 1 分钟时叫"停"。

⑦其后,两人可交换测试,并记录次数,对照测试表评价。

⑧在1分钟内完成的次数越多,腹肌耐力便越高、越持久,便越容易维持身体正确的坐、立、行姿势,也可降低患腰背痛及脊椎变形的机会(见表5-5)。

表5-5 1分钟仰卧起坐评价标准(单位:次)

	年龄(岁)	欠佳	尚可	一般	良好	优异
男	12~14	≤14	15~26	27~35	36~42	≥43
	15~17	≤15	16~27	28~37	38~47	≥48
	18~29	≤16	17~28	29~40	41~50	≥51
	30~39	≤12	13~23	24~32	33~43	≥44
	40~49	≤10	11~22	23~27	28~38	≥39
	50~59	≤7	8~16	17~21	22~33	≥34
	60+	≤5	6~12	13~17	18~30	≥31
女	12~14	≤13	14~21	22~26	27~34	≥35
	15~17	≤14	15~22	23~27	28~35	≥36
	18~29	≤13	14~21	22~26	27~34	≥35
	30~39	≤10	11~19	20~25	26~32	≥33
	40~49	≤8	9~18	19~23	24~30	≥31
	50~59	≤5	6~12	13~17	18~28	≥29
	60+	≤4	5~10	11~14	15~25	≥26

2.仰卧卷腹测试(curl-up crunch)

(1)目的:测量腹部肌力/肌耐力。

(2)器材:垫子、节拍器、颜色胶纸、记录纸。

(3)步骤:

①两人一组,受试者仰卧于垫子上,屈膝约90°。另一同伴按住其双踝,以固定身体,并为同伴记录次数。

②受试者双手伸直放于两旁,在手指前贴一张胶纸,在这一胶纸前方8厘米处(45岁以上),或12厘米处(45岁以下)贴另一张胶纸。

③将节拍器调校至每分钟40拍,受试者跟着节拍起、落、起、落,每分钟做20次卷腹。

④同伴发令:"预备""开始"。

⑤受试者由仰卧开始,背部先平直,慢慢卷腹至肩离开垫子,约成30°,手指一直接触地面,并要碰到前面的贴纸。肩部放松,不可刻意探肩。然后还原至仰卧姿势(手指触回先前的贴纸)为一次。

⑥同伴计数,受试者尽力跟着节拍做,不可停顿,跟不上节拍便停止。完成75/70次(男/女)者可得满分。

⑦完成次数越多,表示腹肌耐力越强、越持久,便越容易维持身体正确的坐、立、行姿势,也

可降低患腰背痛及脊椎变形的机会(见表5-6)。

表5-6 仰卧卷腹评价标准(单位:次)

	年龄(岁)	欠佳	尚可	一般	良好	优异
男	20~29	≤19	20~26	27~40	41~74	≥75
	30~39	≤18	19~30	31~45	46~74	≥75
	40~49	≤25	26~38	39~66	67~74	≥75
	50~59	≤18	19~26	27~44	45~73	≥74
	60~69	≤5	6~15	16~25	26~52	≥53
女	20~29	≤16	17~26	27~36	37~69	≥70
	30~39	≤11	12~20	21~33	34~54	≥55
	40~49	≤13	14~24	25~32	33~49	≥50
	50~59	0	1~8	9~22	23~47	≥48
	60~69	≤2	3~12	13~23	24~49	≥50

其他修正方法:

①仰卧位置开始时两手交叉胸前,头和身体蜷曲至30°位置。

②仰卧位置开始时两手放在大腿上,卷腹时手及前臂紧贴并慢慢将手指尖移至膝关节部位,卷起身体至离地30°。

3.修正仰卧卷腹测试

(1)目的:测量腹部肌肉耐力。

(2)器材:垫子、节拍器、长椅或30.5厘米高的木箱。

(3)步骤:

①节拍器的节拍调校至50次/分钟,并把木箱放于地上。

②受试者仰卧于垫子上,把小腿放于木箱上,大腿与地面垂直。

③受试者两手臂伸直放身体旁,手心向下,然后由手指尖位置开始贴一条长7.6厘米的胶纸。

④受试者听到测试员发令"预备""开始"后,便开始把上背卷起向前,使手指尖向前移动7.6厘米至胶纸的边缘,然后返回开始位置(肩胛骨触地),便完成一次。其速度要依节拍来做(节拍第一声便是卷身,第二声便是还原仰卧位置)。

⑤当受试者出现以下情况时,测试员便可以叫停,受试者便结束测试:

a.受试者不能维持节拍器的节奏。

b.受试者脚部离开木箱。

c.受试者不能卷起至手指尖触及7.6厘米胶纸的边缘。

⑥测试员记录正确的卷腹次数。此项测试没有时间的限制(见表5-7)。

表 5-7　仰卧卷腹(修正版)评价标准

评级	男(次)	女(次)
优异	>61	>58
良好	53~61	50~58
一般	35~52	31~49
尚可	27~34	21~30
欠佳	<27	<21

(三)上肢肌力/肌耐力

1.引体向上/屈臂悬垂测试

(1)目的:测量上肢肌力/肌耐力。

(2)器材:单杠、秒表、测试记录表及垫子。

(3)步骤:

①两人一组,同伴帮助受试者以正手握稳单杠,双臂伸直才开始。

②同伴可在正确准备动作完成后叫"开始"。

③受试者屈肘提升身体,直至下颚超越横杠,然后慢慢下降至原来位置,再重新做下一次,直至不能再做而下杠停止。

④其同伴可替其记录成绩(次数)。

⑤运动途中,不可有多余的摆动动作,否则该次不计。

⑥若是女子的屈臂悬垂,其同伴可帮受试者上杠维持屈臂状态,下颚超过横杠(但不可触杠),受试者准备好后,示意同伴放手。同伴放手时便按动秒表,受试者努力维持,直至其下颚低于横杠,同伴便停止秒表,把读数报给受试者。同伴替其记录时间。

⑦引体向上的次数越多或维持屈臂悬垂的时间越长,表示上肢肌肉力量及耐力越好(见表5-8),应付日常工作也会觉得轻松。

表 5-8　引体向上评价标准

	年龄(岁)	引体向上(次)		年龄(岁)	屈臂悬垂(秒)
男	5-6	1~2	女	5-6	2~8
	7~8	1~2		7~8	3~10
	9~10	1~2		9~10	4~10
	11	1~3		11	6~12
	12	1~3		12	7~12
	13	1~4		13	8~12
	14~15	2~7		14~15	8~12
	16+	5~8		16+	8~12

2.俯卧撑测试

（1）目的：测试上肢肌力/肌耐力。

（2）器材：无。

（3）步骤：

①二人一组，受试者俯撑于地，与肩同宽，保持腰背挺直，头望前方，男士以脚尖着地，女士以膝部触地支撑，双脚并拢，小腿离开软垫，脚腕屈曲。

②同伴发令："预备""开始"，记录其完成的次数。

③受试者手肘屈曲至下巴触垫才算一次，腹部不可触垫。若中途停顿，便立刻终止测试。把完成次数做好记录，并对照下表评价。

④与同伴交换进行测试。

⑤俯卧撑的连续次数越多，表示上肢肌肉力量及耐力越好，这也有助于应付日常工作及特别需要（见表5-9）。

表5-9 俯卧撑评价标准（单位：次）

	年龄（岁）	欠佳	尚可	一般	良好	优异
男	20~29	≤17	18~23	24~29	30~40	≥41
	30~39	≤13	14~18	19~23	24~31	≥32
	40~49	≤9	10~12	13~18	19~24	≥25
	50~59	≤6	7~9	10~13	14~23	≥24
	60~69	≤5	6~8	9~10	11~23	≥24
女	20~29	≤10	11~15	16~21	22~31	≥32
	30~39	≤9	10~13	14~20	21~30	≥31
	40~49	≤6	7~11	12~17	18~27	≥28
	50~59	≤2	3~8	9~12	13~22	≥23
	60~69	≤1	2~5	6~11	12~28	≥29

三、柔韧性测试

腰背及大腿后肌柔韧性测试是最常用的柔韧性测试方法。

1.坐位体前屈测试

（1）目的：测量腰背及大腿后肌的柔韧性。

（2）器材：坐位体前屈箱、垫子及记录表。

（3）步骤：

①所有受试者必须先做适量的热身和伸展运动，以免受伤。两人一组，受试者赤足，面对箱子坐在垫子上，脚掌抵住箱子底板，双腿与肩同宽，伸直（不可屈曲）。

②双手拇指可互扣，中指重叠，放于箱子上面，以指尖慢慢地向前移动。保持直膝，移至最

远的位置并保持 1 秒,便可完成。同伴可以手按其膝部以帮助伸直。

③同伴在受试者停 1 秒时,取其读数并记录。

④重复动作 3 次,取最好成绩。

⑤读数越高,表示其腰背及大腿后肌的柔韧性越好,也可预防腰背痛及运动受伤(见表 5-10)。

表 5-10 坐位体前屈评价标准

	年龄(岁)	欠佳	尚可	一般	良好	优异
男	<20	≤18	19~30	31~34	35~39	≥40
	20~29	≤23	24~28	29~32	33~36	≥37
	30~39	≤18	19~26	27~31	32~34	≥35
	40~49	≤15	16~23	24~27	28~31	≥32
	50~59	≤12	13~21	22~25	26~28	≥29
	≥60	≤10	11~18	19~22	23~28	≥29
女	<20	≤32	33~37	38~39	40~41	≥42
	20~29	≤28	29~34	35~37	38~41	≥42
	30~39	≤26	27~32	33~35	36~39	≥40
	40~49	≤23	24~29	30~32	33~36	≥37
	50~59	≤22	23~29	30~32	33~35	≥36
	≥60	≤18	19~25	26~28	29~32	≥33

2.YMCA 坐位体前屈测试(sit and reach test)

(1)目的:测试腰背及大腿后肌的柔韧性。

(2)器材:胶纸、61~91 厘米的长尺。

(3)步骤:

①所有受试者必须先做适量的热身和伸展运动,以免受伤,受试者坐在地上。

②把长尺放在地上,在 38.1 厘米的位置贴一条胶纸。受试者坐在地上可脚分开 25.4~30.5 厘米,与胶纸成直角,脚跟在胶纸之后,脚跟的位置应该正好在长尺 31.8 厘米处两侧延伸的胶纸上。

③受试者两腿必须伸直,两手平衡放在身前,不可一先一后,可以手掌互叠,同时向前,以指尖触尺,慢慢移动,保持直腿,移至最远的位置并保持 1 秒,便可完成。

④同伴可以手按其膝部以助其保持直腿,并提醒动作不要过快和抽动,避免拉伤肌肉。

⑤受试者须保持呼吸,不宜闭气,可于向前伸时呼气,头放在两臂中间,还原时吸气。

⑥重复三次,取最好成绩。如手指到达脚跟平行线时,即记录 31.8 厘米,如越过脚跟平行线 2.5 厘米,记录为 40.6 厘米,以此类推。

⑦读数越高,表示其腰背及大腿后肌的柔韧性越高,也可预防腰背痛及运动受伤(见表 5-11)。

表 5-11　YMCA 坐位体前屈评价标准

	年龄（岁）	欠佳	尚可	一般	良好	优异
男	18~25	≤13	14~16	17~18	19~21	≥22
	26~35	≤12	13~14	15~16	17~20	≥21
	36~45	≤12	13~14	15~16	17~20	≥21
	46~55	≤9	10~12	13~14	15~18	≥19
	56~65	≤8	9~10	11~12	13~16	≥17
	>65	≤7	8~9	10~12	13~16	≥17
女	18~25	≤16	17~18	19~20	21~23	≥24
	26~35	≤15	16~18	19	20~22	≥23
	36~45	≤14	15~16	17~18	19~21	≥22
	46~55	≤13	14~15	16~17	18~20	≥21
	56~65	≤12	13~14	15~16	17~19	≥20
	>65	≤12	13~14	15~16	17~19	≥20

3.改良式坐位体前屈测试

（1）目的:评估下背部和臀部至大腿的柔韧性。

（2）用具:长凳（约30.5厘米高），长铁尺（100~120厘米），胶纸。

（3）步骤:

①受试者必须先做适量的热身和伸展运动,以免受伤。

②在长凳上贴上铁尺,在50厘米处贴上胶纸。

③受试者脱去鞋子,坐在长凳上,一只脚伸直,脚跟刚好在胶纸（50厘米）处,不可越过。

④受试者双手交叠,伸直双臂,慢慢将身体前伸,手指触着铁尺前移,同时保持呼吸。

⑤保持直腿,至最远位置,维持1秒,放松还原。测量者可蹲在受试者身旁,按住其膝盖帮助直腿,并记录读数。

⑥重复动作3次,取最好成绩。

⑦重复以上程序,测试另一只脚（见表5-12）。

表 5-12　改良式坐位体前屈评价标准（单位:cm）

		欠佳	尚可	一般	良好	优异
男	左脚	≤46	46.1~49	49.1~57	57.1~60	≥60
	右脚	≤45	45.1~48	48.1~57	57.1~60	≥60
女	左脚	≤53	53.1~56	56.1~63	63.1~66	≥66
	右脚	≤52	52.1~55	55.1~62	62.1~66	≥66

四、身体成分的测量与评价

身体成分的测量包括脂肪成分和非脂肪成分测量两种,其测量方法较为丰富,可从原子、分子、细胞、组织系统和整体五个不同水平进行测试。测定技术分为直接、间接和双间接三种测定法。具体的方法有人体测量、身体密度、X线测量、同位素技术和超声波扫描等方法。通过直接或间接方法测定人体密度、皮下脂肪厚度、身体总水量和矿物盐含量等。

下面选取方便快捷、广泛适用的三种测评技术介绍一下。

(一)腰围、臀围比例测评

腰臀比可以指示脂肪的区域性分布,判断是上半身肥胖还是下半身肥胖。测量腰围、臀围的步骤比较简单,更适合于自我评价。

(1)测量工具为无弹性的卷尺。站立,穿着轻薄的衣服以减小误差。测量时,卷尺紧紧贴在皮肤上,测量数值应精确到毫米。

(2)测量腰围时,将卷尺放在肚脐水平处,并在呼吸结束时测量。

(3)测量臀围时,将卷尺放在臀围的最大周长处。

(4)完成测量后,用腰围除以臀围,得出腰围、臀围比例。

请根据表5-13评定腰围、臀围比例等级,进行自我评定。

表5-13 腰围、臀围比例的等级评定

等级(疾病危害)	男	女
高危险	>1.00	>0.85
较高危险	0.90~1.00	0.80~0.85
较低危险	<0.90	<0.80

(二)体脂率

体脂率是指人体内脂肪重量在人体总体重中所占的比例,又称体脂百分数,它可反映人体内脂肪的含量。正常成年人的体脂率分别是男性15%~18%,女性25%~28%。体脂率应保持在正常范围。若体脂率过高,体重超过正常值20%以上就可视为肥胖;若男性体脂率低于5%,女性体脂率低于13%~15%,则可表明体脂率过低,即可能引起功能性失调。

一般采用简便易行的皮褶厚度测量法,即利用皮下脂肪厚度间接推算体脂率,由于这种方法容易导致测量误差,在大规模测试中不常使用。

(三)身高标准体重

在高校实施的《国家学生体质健康标准》中,就是采用身高标准体重的评价指标间接反映身体成分的。在《国家学生体质健康标准》身高标准体重评价表中,采用体重指数(BMI)单项评分表(单位:千克/平方厘米)对学生进行测试,不同的测试数值都对应有正常、低体重、超重和肥胖四个等级。如果测得的体重/身高指数小于或大于同年龄范围,就说明身体的匀称度欠佳,需要通过调整饮食结构和积极参加体育动来增加肌肉组织或减少体内多余的脂肪。

身高测量方法:采用机械式身高计。受试者赤足,背向立柱站立在身高计的底板上,躯干自然挺直,头部正直,两眼平视前方(耳屏上缘与眼眶下缘最低点呈水平位)。上肢自然下垂,两腿伸直。两足跟并拢,足尖分开60°角,足跟、骶骨部及两肩胛间与立柱相接触,成"三点一线"站立姿势。记录数据以厘米为单位,精确到小数点后一位。测量误差不得超过0.5厘米。

体重测量方法:采用电子体重计或杠杆秤,不允许使用弹簧式体重秤。受试者穿短衣裤、赤足,自然站立在体重计踏板的中央,保持身体平稳。记录数据以千克为单位,精确到小数点后1位,测量误差不得超过0.1千克。

第三节 心肺耐力的锻炼方法

一、心肺系统简介

心肺系统是指在功能上有密切联系的循环系统和呼吸系统。心肺系统负责把氧气和营养物质运输到组织,同时把代谢废物(如二氧化碳等)排出体外。体育锻炼时,骨骼肌代谢增强,需氧量增大,通过调节,使机体心肺系统活动加强以满足运动的需要。

1.循环系统

循环系统是由心脏和血管组成的管道系统。心脏实际上是由两个分开的心房和心室构成:右心,泵血通过肺,称为肺循环;左心,泵血通过身体其他各部分,称为体循环。

体循环把含氧丰富的动脉血送至身体各部分,并通过毛细血管与组织进行气体(氧气和二氧化碳)和营养物质的交换,交换后动脉血变为静脉血,通过静脉回流至心脏。肺循环把静脉血泵至肺,在肺部静脉血结合氧气,排出二氧化碳,重新成为动脉血并回流至左心。

心脏每分钟所泵出的血量称每分心输出量,正常成年男子安静时的心输出量约为5升/分,剧烈运动时可达20升/分,而训练良好的马拉松运动员可高达35~40升/分。心输出量受心率(心脏每分钟跳动的次数)和每搏输出量(心脏收缩一次的射血量)的影响。体育锻炼时,心输出量会因心率或每搏输出量的增加而增加。无论男性还是女性,最大心输出量在20岁以后都开始下降,这主要是由于最大心率的下降引起的,不同年龄人群的最大心率可由以下公式获得:

最大心率=220−年龄(年)

如20岁时最大心率为200次/分(220−20=200),60岁时为160次/分(220−60=160)。

血液通过血管壁时对其造成的压力称为血压。血压通过血压计在肱动脉处测量心脏收缩时血压达最高值,称为收缩压;心脏舒张时血压达最低值,称为舒张压。

2.呼吸系统

呼吸系统的主要功能就是进行气体交换,吸气时,空气进入肺,氧气扩散至血液,二氧化碳由血液扩散至肺,并通过呼气排出体外。

人体运输和利用氧的最大能力称最大摄氧量。最大摄氧量是反映氧运输系统机能最有效的指标。在不同强度下运动时机体耗氧量是不同的。在摄氧量未达到最大摄氧量之前,摄氧量与运动强度呈线性关系,因此常用最大摄氧量的百分比表示运动强度。最大摄氧量代表心肺系统输氧能力的生理极限。

二、心肺耐力的锻炼

1.心肺耐力的概念

心肺耐力指一个人持续身体活动的能力。心肺和血管的功能对于氧和营养物的分配,消除体内垃圾具有重要的作用。

2.影响有氧耐力的生理因素

有氧耐力是指长时间进行有氧运动的能力,又称一般耐力。决定机体有氧耐力的生理因素主要是运动中氧气的供应多少和作为能量物质的糖原含量。

(1)肺的通气功能

从呼吸系统来看,肺的通气量越大,吸入体内的氧气量就越多。在体育锻炼中采用深呼吸的方法,可有效地提高呼吸效率,增加肺的有效气体交换量。

(2)血液的载氧能力

吸入肺内的氧气是通过血液中血红蛋白运送到各组织细胞的,在生理范围内,血液中血红蛋白的含量越高,其携带氧气的能力就越强。如果人体中血红蛋白含量下降10%,就会明显影响有氧耐力。

(3)心脏的射血能力

心脏的射血能力是血液循环的动力,单位时间内心脏射出的血量越多,运送氧气的能力越强。体育锻炼中影响心脏射血量的主要因素是心肌收缩力量和心室容积的大小。体育锻炼时,心脏收缩力量越大,心脏的射血能力就越强。

(4)骨骼肌的代谢能力

肌组织的有氧代谢能力是影响有氧耐力的重要因素,有氧代谢酶活性高,利用氧气的能力强,表现为机体的有氧代谢能力高。而肌组织的有氧代谢能力与肌纤维类型密切相关,肌肉中红肌纤维多,有氧代谢能力就好。现在普遍认为,心脏的射血能力和骨骼的有氧代谢能力是影响有氧耐力的最重要因素。

(5)肌糖原含量

肌糖原是肌肉进行有氧代谢的主要能源物质,它的功能特点为效率高,氧气消耗量相对较少,代谢时产生的代谢产物可及时排出体外,不致在体内堆积,对身体产生不利影响。所以,肌肉中糖原含量越高,有氧供能的潜力就越大。虽然脂肪也参与有氧运动的供能,但由于脂肪氧化供能时氧气消耗量大、代谢产物堆积等因素,身体容易疲劳。

3.有氧运动对身体机能的良好影响

实践证明,以有氧运动为主要形式的体育锻炼是增强体质、提高人体健康水平最常用、最有效的方法。

(1)提高心肺功能

通过有氧运动可以提高呼吸系统的功能,表现为肺活量水平明显增加,肺交换频率提高。对心脏功能的影响表现为安静时心率下降或不变,心脏的收缩力量增加,心脏容积增大,有人称这种变化为"运动员心脏"。"运动员心脏"是心脏功能对体育锻炼的适应性变化,是心脏功能提高的标志,这些变化可以预防并减少心血管疾病的发生。

(2)促进生长发育、延缓衰老

有氧运动由于改善身体的血液循环、加强体内的新陈代谢而可以促进少年儿童的生长发育。坚持体育锻炼的青少年,其身高、体重、胸围都较同年龄的人有不同程度的增长。老年人进行有氧运动,可以调节神经系统的功能,加强体内的代谢功能,保持旺盛的精力和充沛的体力,从而达到延年益寿的效果。

(3)提高机体的免疫功能

人体抗疾病能力与机体的免疫系统功能有关,人体的免疫机能主要是通过免疫细胞完成的。采用小强度的有氧运动形式对提高机体免疫功能的效果最好,免疫功能的提高不仅可以预防和治疗一些一般性疾病,而且对诸如癌症等大病、顽症的预防和治疗也有积极作用。

(4)减肥

运动减肥的效果主要与体育锻炼的时间和体育锻炼的总工作量有关,而与运动强度关系不大。由于有氧运动的强度相对较小,不容易疲劳,可以保证较长的体育锻炼时间,同时,有氧运动消耗的脂肪类物质较多,所以减肥的效果明显。以减肥为主要目的的体育锻炼都应该以有氧运动为主要形式。

4.提高有氧耐力的方法

(1)最大摄氧量及其体育锻炼

最大摄氧量是有氧代谢能力的基础,一般人的最大摄氧量为2~3升/分,经常参加体育锻炼的人可达4~5升/分,在进行有氧耐力练习时,可以将最大摄氧量作为参考指标确定运动强度。对于身体机能状况较好的青壮年人来说,运动强度可相当于80%的最大摄氧量;对老年人则以采用40%~60%的最大摄氧量强度提高有氧耐力较为合适。

(2)无氧及其体育锻炼

无氧是人体在进行递增性体育锻炼过程中,由有氧代谢供能开始大量动用无氧代谢供能的转折点,这一转折点相当于一般人心率在140~150次/分时的运动强度。也就是说,体育锻炼时心率在140次/分以下,主要是发展有氧耐力,心率150次/分以上,就主要是发展机体的无氧耐力。因此,不管采用何种体育锻炼方式,只要是以发展有氧耐力为主要目的的练习,心率最好不要超过150次/分。

（3）常用的有氧耐力练习方法

提高有氧耐力最常用的方式为慢跑,此外还有游泳、骑自行车、滑雪等;如前所述,发展有氧耐力的练习强度不要太大,但要保证足够的体育锻炼时间,一般每次活动的时间不要低于半小时,最好每天锻炼 1 小时左右。

具体有效方法有以下几种:

（1）综合练习

综合练习是由几种不同的锻炼内容组成的。如第一天跑步,第二天游泳,第三天骑自行车。综合练习的一个优点就是避免日复一日进行同一种练习的枯燥感,并且可以防止身体同一部位的过度使用。

（2）持续练习

持续练习是指长时间、长距离、慢节奏和中等强度(约 70% 最大心率)的锻炼,也是一种最受欢迎的心肺锻炼方法。渐进阶段,如果运动强度不增加,锻炼者就能轻松地完成身体练习。在不受伤的情况下,一次锻炼的时间可持续 40~60 分。同较大强度的运动相比,持续练习引起受伤的可能性较小。

（3）间歇练习

间歇练习是指重复进行强度、时间、距离和间隔时间都较固定的练习的锻炼方法。练习持续的时间各不相同,但一般为 1~5 分。每次练习后有一个休息期,休息期的时间与练习时间相等或稍长于练习时间。

有一定耐力基础和希望能获得更高适应水平的锻炼者或运动员常用这种方法。间歇练习比持续练习能使人完成更大的运动量,且锻炼的方式可以有所变化,这就减少了其他锻炼方式容易造成的冗长与枯燥的感觉。

（4）锻炼频率

一周进行两次锻炼就可增强心肺适应能力,锻炼 3~5 次可使心肺达到最大适应水平,且受伤的可能性较小,但一周锻炼超过 5 次并不能引起心肺适应水平的进一步提高。

（5）运动强度

运动强度接近 50% 最大摄氧量时即可增强心肺适应能力,故常把这一强度称为锻炼阈。目前推荐的运动强度范围为 50%~85% 最大摄氧量。

在确定运动强度时,心率指标比最大摄氧量指标更实用,因此,常用心率间接地表示运动强度。只有超过一定强度的运动才能有效地引起机体的适应,该强度所对应的心率称为目标心率。目标心率常以最大心率的百分比表示。50% 和 85% 最大摄氧量的运动强度所对应的心率值分别为 70% 和 90% 的最大心率,因此,目标心率是 70%~90% 最大心率,如年龄为 20 岁的大学生目标心率的计算方法如下:

最大心率 = 220-20 = 200 次/分,200×70% = 140 次/分,200×90% = 180 次/分。

（6）持续时间

提高心肺适应水平最有效的一次锻炼时间是 20~60 分(不包括准备活动和整理活动)。起初每个人的适应水平和运动强度不同,所以锻炼持续的时间应有区别。对于一个适应水平较低的锻炼者而言,20~30 分钟的锻炼就可提高心肺适应水平,而适应水平高的锻炼者可能需要 40~50 分钟。低强度的锻炼要求练习的时间长于大强度的练习时间,如以 50%最大摄氧量的强度进行锻炼,需要 40~50 分钟才能有效地提高心肺适应水平;而以 70%最大摄氧量强度进行锻炼,仅需 20~30 分钟。

三、锻炼方式的选择

在选择锻炼方式时,首先应选择喜欢的运动,只有从事喜欢的运动,才容易坚持下去。其次要考虑到可行性和安全性。冲击力强的运动(如跑)比冲击力小的运动(如游泳和骑自行车)更易引起锻炼者受伤。对于容易受伤的人来说,最好选择冲击力小的锻炼方式,而很少受伤的人可以任意选择锻炼方式。常见增强心肺耐力的锻炼方式有以下几种:

(一)步行锻炼法

步行是体育锻炼中最简便易行的运动,常言道"饭后百步走,活到九十九",可见步行(也称散步)是古今长寿的妙法之一。

1.步行锻炼的意义

步行之所以能成为人们进行健康锻炼的良好方法,自然有着诸多的原因:首先,人们在不花额外费用的情况下,可以在任何时候、任何地方、与任何人一起进行活动;其次,步行是一项有趣的运动,它极易被各种年龄的人所接受并融入日常的生活安排中去;再次,步行锻炼虽然也存在技术的问题,但这些技术非常简单,极易掌握;最后,参加步行锻炼不需要什么特殊的装备,有一双穿着舒适的运动鞋即可。

2.步行速度

稳健而又轻快的步伐可以使步行的健身效果得到充分的发挥。对普通锻炼者来说,以 80~100米/分的速度步行较为理想。如果以步频来推测步行速度,那么 120步/分是比较合适的基础频率。当然,步行的速度最终还是由个人的身体条件和兴趣爱好而定。

(二)跑步锻炼法

跑步锻炼对任何人群都很适宜。从儿童到老人,无论是体力劳动者还是脑力劳动者,也不管是什么性别或其所处的生活环境怎样,只要穿上运动鞋跑起来,就一定会体验到其中的乐趣。

1.跑步的益处

绝大多数的人参加跑步的目的不外乎保持优美体形和健康这两大方面。跑步是一种有关肌群反复活动的全身性有氧运动。肌肉活动必须有能量的提供才能完成,跑步则消耗大量的能量物质,因此,利用跑步消耗体内过剩的热量有助于减少体脂和控制体重。

(1)跑步与热量消耗

跑步所消耗热量的多少主要取决于运动的强度和持续时间,以 270 米/分的速度跑 30 分钟所消耗的热量要比以 135 米/分的速度步行 30 分钟所消耗的热量多得多,虽然同样是活动

30 分钟,但跑步行进的距离成倍于步行。强度越大,消耗的热量也越多。但无论是慢步走还是快步跑,一个中等身材的人移动 1 千米消耗的热量一般在 62~75 千卡。有人也许会认为跑完 42 千米的马拉松,其消耗的热量仅为 2 600~3 150 千卡,而 1 千克脂肪合热量有 7 700 千卡。换言之,跑一个马拉松所消耗的脂肪还不足 0.5 千克。这样的算法是不全面的,因为在运动过程中除了消耗大量的热量以外,在随后的恢复期内还要消耗相当多的热量。

（2）跑步有利于健康

参加跑步锻炼可以维持良好的身体机能。随着科技的发展,机械化和自动化程度会进一步提高,脑力劳动相对增加,而体力劳动却越来越少,身体活动的减少,使心肺功能下降,患心血管疾病的可能性增加。而跑步可以提高心肺功能,消除聚集在动脉管壁上的胆固醇。

总之,跑步是每个人尤其是脑力劳动者预防疾病、保持健康的良好方法。

（3）跑步使人放松

研究表明,跑步有降低焦虑、缓解紧张、减轻抑郁等作用。跑步后人们往往体验到强烈的自我价值感和对生活的热爱,"跑步者高潮"便是因这种体育锻炼产生愉快感的代名词。这种"高潮"从生理机制的研究中也得到了充分的验证:人体自身会释放一种名为内啡肽的类似吗啡的物质。跑步能增加内啡肽的分泌,使人在一定时间内减轻精神压力和痛苦。

2.跑步的技术要领

跑步对具有正常活动能力的人来说是一件非常容易的事,但并非谁都能跑得很好。由于没有完全一样的身体结构,也就不会有绝对相同的跑法。没有必要追求一种固定的模式,但必须重视那些对提高跑步的健身效果、减少运动损伤具有普遍指导意义的技术。

（1）步幅和脚的落地

跑步时步幅的大小取决于跑速,跑得越快,步幅相应越大。适宜的步幅可使两膝关节保留一定的弯曲,可以有效地缓冲来自地面对踝关节、膝关节和髋关节的冲击力,从而避免损伤的发生。

跑速不同,其脚掌接触地面的部位也不一样。全速疾跑时用前脚掌,脚跟不触及地面;中速奔跑时一般用全脚掌,主要以脚掌中部承受压力;长距离跑步时应使脚跟部首先接触地面,经脚底外侧过渡到前掌大拇脚趾根部后再做蹬地动作。长跑中最易犯的错误是过多地使用前脚掌,而没有注意正确地使用中、跟部位。

（2）身体姿势

跑步时,两肩放松,五指自然弯曲并空握拳,两肘弯曲约为 90°,身体稍向前倾,头部正直,两眼除偶尔观察地面情况外应注视前方。

（3）摆臂

跑步中的摆臂有维持身体平衡和调节步频的作用。两臂不宜靠身体太近,小臂与地面接近水平,随步伐的节奏轻松地摆动。长跑时摆臂动作的幅度宜小不宜大,过大的摆臂会引起躯干的转动并延长动作时间,导致疲劳的产生和能量的浪费。

（4）呼吸

跑步中如何进行呼吸是一个需要注意的问题。如果摄取的氧不能满足肌肉工作的需要,那么,身体活动将不能长时间地进行。像 50 米、100 米这样的短距离跑,其能量来源是无氧供能,练习者在整个跑动过程中很少呼吸甚至根本不呼吸。长跑则不然,只有源源不断地向工作肌供氧,才能使这种有氧运动持续下去。

跑步中的呼吸一般以腹式呼吸为主,与呼吸深度大、空气较多通过口腔进入的胸式呼吸不同,腹式呼吸往往是通过鼻腔进行较浅的呼吸,这样的呼吸方式对长距离跑更为有利,采用腹式呼吸还能有效防止肋部疼痛。迄今为止,对引起肋部疼痛的原因尚无明确的定论,但胸式呼吸造成膈肌缺血缺氧而引发疼痛是最有力的解释。

中长跑的呼吸应和步频协调配合,一般是每两步一呼,每两三步一吸,有节奏地进行。跑步过程中如将注意力更多地集中于呼吸运动,则有助于进入"忘我"的境界,可减轻身体不适感,并使各机能之间更加协调。

(5)跑步锻炼计划的制订

每个人必须根据自己的具体情况来制订循序渐进地增加练习时间和强度的锻炼计划。运动强度的大小一般可通过心率指标来确定。首先测得每分钟的心率,然后计算出与最高心率相对应的百分数。小强度为最高心率的 60% ~ 65%,中等强度为 70% ~ 75%,大强度为 80% ~ 85%。

(6)跑步的负效应

如果不注意正确地运用技术进行跑步锻炼,本应对身心健康有益的运动也可能有损健康。由于腿和脚不断接受来自地面的反作用力,锻炼不当也会因过度负荷而引起肌肉、肌腱、韧带甚至下肢骨的急、慢性损伤。因此,在做到量力而行、循序渐进的同时,还应注意按照正确的技术进行锻炼;另外,选择一双合适的运动鞋也很重要。

(三)游泳锻炼法

游泳的锻炼价值与跑步有很大的相似之处,两者的主要不同是游泳以手臂和腿的运动推动人体在水中前进的同时,还必须花费一定的能量使身体免于下沉。因此,在水中游与在地面上跑同样的距离,游泳消耗的能量是跑步的 4 倍之多。人体通过克服来自前进中的阻力获得肌肉力量和耐力的锻炼。由于水的浮力减轻了人体承重关节的负荷,水的良好导热性又帮助锻炼者散发运动时产生的热量,因此,游泳锻炼虽然消耗的能量较多,但心率却相对处于较低的水平,是一种更为安全的健身方法。

值得一提的是,当下肢受伤而不能进行其他方式锻炼时,以游泳作为替代练习能使心肺机能得到维持,伤愈后即可投入其他方式的正常锻炼。以下是自由泳的基本动作:

1.入水

手掌出水后,肘关节弯曲约 90°并高于手,手掌向外旋转,拇指向下掌心向外,主动伸向正前方约 30 米处,斜插入水。

2.用力

入水后掌心转向身体中线,屈腕屈肘,前臂用力向后"拉水"至肩下方,手臂继续向后"推水"至在大腿两侧。从"拉水"到"推水"应是连贯地加速完成。

3.出水和移臂

划水结束后,身体沿纵轴向右转动,以肘关节领先迅速将臂提出水面,此时前臂和手掌应尽量放松。臂在空中前移的动作是手臂出水的继续,移臂的动作应连贯自如,还要保持流线型的身体姿势,并注意和另一臂动作协调配合。

4.打水

两腿自然伸直,两脚稍向内扣,踝关节放松,以髋关节为起始点,以大腿发力带动小腿和脚做鞭打动作。两脚分开距离为 30~40 厘米,打水深度以脚跟刚触及水面为宜。

5.呼吸

自由泳的呼吸动作应有节奏地进行。一般是两臂各划一次做一次呼吸,以右侧呼吸为例,右手入水后,口鼻开始逐渐呼气。右臂前移过肩时停止吸气并闭气将头转正,右臂随之前移入水。

(四)跳绳锻炼法

1.跳绳的作用

坚持跳绳锻炼能提高心血管系统和呼吸系统的功能,提高肌肉长时间工作的能力,不仅普通人可以通过跳绳来锻炼身体,就连对心肺功能和肌肉耐力要求极高的拳击运动员都常将跳绳作为身体练习的重要手段。此外,跳绳对速度、灵敏、协调等体能成分也有较高的要求,锻炼同样会使这些体能得到增强。对肥胖的人来说,很难找到比跳绳更好的减肥方法。肥胖的人完全可以寻找一处不为人注意的小空间进行跳绳练习,从而实现控制体重的愿望。

2.跳绳的装备

跳绳的绳子可由许多不同的材料制成,有的绳子两端带有木制或塑料的手柄。没有手柄的绳子可在两端打上结,这样使用起来比较方便。绳子的长度一般以脚踩绳子中央,两手握绳分别至两侧腋下为宜。跳绳时应穿比较紧身的运动服和富有弹性的运动鞋,这样可以防止因服装过于宽松而妨碍活动,或因鞋子不能有效缓冲外力而引起踝部损伤。

3.跳绳的技术

两手轻握绳子两端,肘关节微屈并紧靠身体两侧。两手稍外展,手与身体保持一定距离。跳绳时,以前臂和手做圆周形的绕环动作并带动绳子做相同的运动,趁前脚掌蹬地使人体腾起之际使绳子由脚下通过,这样算完成一次跳绳动作。向上跳起不必太高,以能够让绳子通过脚下即可。应充分利用手腕的力量来加大绳子的运动速度。

跳绳是一种比较剧烈的运动,应根据自己的身体状况制订切实可行的计划,目标计划的实施也应根据具体情况灵活运用。并且,通过系统锻炼后,逐渐延长跳绳的持续时间以及增加跳绳的次数。跳绳的花式技巧如下:

(1)单摇;

(2)一带一;

(3)双摇。

（五）有氧操锻炼法

有氧操崛起于 20 世纪 80 年代。至今长盛不衰的有氧操,以其特有的魅力及良好的健身价值受到人们的青睐。这是一种以锻炼身体为目的,以徒手运动为基础,结合舞蹈动作并在音乐伴奏下进行的健身活动。无论男女老少都可根据自己的年龄特点、体能状况和锻炼目的等,选择或自编有氧操进行锻炼。

有氧操是一种充满活力的体育锻炼方法,在提高心血管系统和呼吸系统工作能力方面具有明显作用。通过有氧操锻炼可以使体重得到有效的控制,而良好的体能和健美的身材使人自信增强。另外,从有氧操练习中体验到的轻松和快乐还能减轻精神上的烦恼和痛苦,使情绪得到改善。

有氧操为人们提供了一种既经济又实用的体育锻炼方式。一般的有氧操不需要什么特殊的装备,只要在服装方面稍加注意即可。着装以舒适和便于活动为原则,包括紧身衣、中短裤、T 恤衫和软底鞋。人们可以通过参加学校或社区办的健美班、体育俱乐部、休闲活动中心等进行有氧操锻炼,也可以在家中跟着电视中的有氧操节目一起做或一边看录像一边进行有氧操锻炼。

1.高冲击和低冲击有氧操

有氧操一般可分为高冲击和低冲击两类,其中以高冲击有氧操更为常见。高冲击有氧操主要由各种跑和跳组合而成,因反复地接受来自坚硬地面的反冲力,下肢骨和肌肉较易受伤。低冲击有氧操则不同,它以轻松的步伐变换和身体不同部分合理的运动组合贯穿始终,有效地缓解了来自地面的外力,最大限度地避免了下肢因局部过度负荷而引起的损伤。为了使心率达到理想的水平,低冲击有氧操相应增强了上肢的活动。当然,两臂的活动要根据步伐和躯体的运动协调控制,不可随心所欲地胡挥乱舞。低冲击并非意味着低强度,与高冲击有氧操一样,低冲击有氧操通过提高心率水平并保持一定的时间,使心肺功能得到锻炼。这种方法更适用于初学者、肥胖者、慢性运动损伤患者、孕妇及高龄者等人群。

2.水中有氧操

越来越多的有氧操指导者提倡在水中进行有氧操锻炼。水的浮力可以减轻身体承重部分的负荷,减少运动对这些部分的振动。那些在陆上的练习,用力时肌肉非常紧张,入水后这种情况将完全得到改变,原先在陆上练习时工作的肌肉在水中运动时可以得到很好的休息。因此,水中有氧操对运动损伤的恢复所具有的积极作用已得到广泛的重视,它是有氧操锻炼中最安全的一种。

3.踏板有氧操

顾名思义,这种练习的主要器材是由踏板组成的。将踏板做成长宽适宜,每块高 4~8 厘米,相互可以叠加的扁平箱,表面能以防滑橡胶等柔性物质包裹则更好。踏板有氧操适合各种不同年龄层次的人进行锻炼,其特点是运动强度的调整比较容易,即通过增减踏板的数量对高度进行调整以达到某一运动强度。以下是踏板有氧操练习的要点和建议。

（1）练习中必须保持抬头挺胸、上体稍前倾的躯体姿势。但上体前倾不能过度,否则易引起腰背不适。

（2）根据身高调整踏板的高度，以膝关节角度大于90°为宜。

（3）前脚踏步上板应以全脚掌接触板面。

（4）后脚应柔缓地着地，落地点离板不宜过远。

（5）注意前脚蹬板的方向。

（6）要穿比较结实的鞋子，以鞋底柔软而富有弹性、鞋帮稍高为佳。

4.负重下的有氧操锻炼

负重下的有氧操锻炼是指手持轻器械或在手腕处戴上专用的负重物进行各种形式的有氧操练习。两臂在负重条件下进行摆动和上下运动，加大了运动的强度，比徒手练习能消耗更多的能量。然而，负重进行有氧操练习会使收缩压和舒张压进一步增高，故心脏病和高血压患者不宜采用。为避免引起肩部疼痛，应将负重物的运动幅度控制在肩水平以上。

5.有氧操锻炼注意事项

初次参加体育锻炼或有身体疾患的人，在开始进行有氧操练习前，应咨询一下专业人员，以确定自己锻炼的起始点。为确保安全，过度肥胖或有心脏病家族史的人应征得医生认可或经耐受能力测试后方可开始练习。锻炼中要定时测定心率，旨在了解心率的变化是否在限度以内。正式活动开始前的准备活动不容忽视。强度和难度的安排应做到从小到大、由易到难逐渐过渡。正式练习后应进行放松整理活动。

可以尝试编一套适合自己的徒手操。编写原则是从上到下、从慢到快、从局部到全身。

（六）自行车锻炼法

在发达国家，自行车锻炼是另一种受到人们广泛喜爱、老少皆宜的有氧运动。我国虽然是世界上首屈一指的自行车大国，有着自行车锻炼的巨大潜力，但自行车目前主要还用作代步工具。随着社会的发展和人民生活水平的提高，自行车作为一种锻炼身体的方式必将被大家所接受。

有如跑步和游泳，自行车锻炼能使人体在生理上产生理想的应答反应。通过自行车锻炼能有效地增强肌肉力量，提高机体的耐久力并使体重得到控制。另外，在有关健康的研究中，几乎没有因自行车锻炼的过度负荷而导致运动损伤的报道。因此，自行车锻炼不仅可以成为人们日常进行体育锻炼的良好方法，还能在受伤后的康复期内作为保持身体活动能力的有效替代练习。

自行车品种繁多、功能各异，有作为交通工具的普通自行车、骑车旅行的越野自行车、适合穿山越岭的山地自行车，还有各种竞赛用自行车等，无论哪种车都可以用来进行身体的锻炼。在野外骑自行车锻炼时必须把安全放在第一位，除了考虑气候条件、地理环境和交通状况等安全因素以外，为了减少突发事件造成的伤害，建议外出进行自行车锻炼时戴上自行车专用头盔。选择了自己喜欢的自行车后还要注意日常的维护和保养，经常检查自行车的行走系统和刹车的状态是否完好以确保用车安全。自行车坐垫的高低与锻炼质量有直接的关系，调整坐垫高度的方法是以骑行姿势坐在自行车上，当脚踏板绕至离地面最近时膝关节稍屈大约10°

为宜,膝关节弯曲过多会引起大腿前肌肉群的酸痛而影响骑行距离和持续时间。

为了消除室外自行车锻炼的不安全因素,同时又能获得自行车锻炼对提高心肺功能的良好作用,固定式自行车练习器被发明并得到普及。在室内练习虽然没有优美的风景与你为伴,但一边锻炼一边欣赏音乐、看电视等也可以使枯燥的锻炼变得趣味盎然、其乐无穷。

四、心肺耐力锻炼应注意的事项

(1)每次锻炼前要做好充分的准备活动,使心率、体温逐渐加快与升高,并增加肌肉的血流量,使机体逐渐适应剧烈的运动。锻炼结束后要做整理活动,以促进血液回流心脏,避免血液过多分布在上下肢而造成头晕和昏厥。

(2)锻炼者必须根据自己的实际情况确定运动负荷的大小,运动负荷应由小到大逐渐提高。开始从事练习或中断练习后再恢复练习时,强度宜小,时间宜短,不要急于求成。

(3)要注意提高人体已经适应的运动负荷,使心肺耐力保持不断增长的趋势,但要加强自我监督,监控心率,密切注意身体机能的不良反应,感觉不适时要减少练习和运动量。

(4)不应经常在硬地上跑,特别是柏油马路。服装要宽松适体并且吸汗,鞋袜要轻柔透气,以保持良好的锻炼心情。

第四节 肌肉力量和肌肉耐力的锻炼方法

一、肌肉力量与肌肉耐力的概念

(一)肌肉力量

肌肉力量是人体肌肉收缩产生的张力,而张力是一块肌肉或肌肉群一次竭尽全力抵抗阻力的活动能力,所有的身体活动都是由肌肉收缩克服阻力产生的,均需要使用力量。力量被认为是一切体育活动的基础,肌肉强壮有助于预防关节的扭伤、肌肉的疼痛和身体的疲劳。如果腹肌力量较差,往往会导致驼背现象。需注意的是,不应在强调某一肌肉群发展的同时而忽视另一肌肉群的发展,否则会影响身体的结构和形态。肌肉力量在人体生命活动和体育锻炼过程中起着十分重要的作用。

(二)肌肉耐力

肌肉耐力是指人体长时间进行持续肌肉工作的能力,即对抗疲劳的能力。

二、发展肌肉力量、耐力的意义

大多数人认为,加强肌肉力量和耐力练习可增加肌肉体积和提高运动成绩,但他们并不真正知晓其健康价值,即减少脂肪和体重的重要意义。

增加肌肉的力量和耐力对人的一生都有益处。研究表明,随着年龄的增加,人的基础代谢率下降,能量消耗减少,体重和体脂会慢慢地增加。由于肌肉总量呈下降趋势,人的基础代谢率每10年下降3%。不喜好运动的成年人每年约减少0.25千克的肌肉,增加0.25千克的脂肪。60岁的人比20岁的人基础代谢率约下降12%,一位60岁的普通人比20岁的人处于休息时大约少消耗280千卡的热量,每12~13天少消耗约0.5千克脂肪的热量,每月近1.5千克,每年约15千克。基础代谢率下降虽少,但脂肪和体重的增加却很明显,比较两位体重相同、肌肉相差5千克的正常人,肌肉含量高的人基础代谢率也明显高。一些专家研究指出,增加0.5千克肌肉每天约多消耗30~40千卡的热量。换句话讲,增加0.5千克肌肉每年消耗掉的额外热量约相当于1.5~2千克脂肪的热量。

通过节食和服用减肥药能迅速减轻体重,这并不利于健康,并且皮肤会变得松弛。而力量练习不仅能达到减轻体重的目的,还可以使皮肤保持弹性,但这种锻炼效果并非一日之功,应根据自己的年龄和当前的身体状况,需12个月或更长时间有计划地进行有氧练习、肌肉力量和耐力练习以及合理的饮食,才会明显地减少体脂,皮肤才有足够的时间恢复弹性。所以,依靠有规律的锻炼和合理的饮食来减少体重比节食减肥更有利于健康。

当前的研究表明,有计划的力量练习可以改善骨骼的状况,对女子来说更是如此,因为女子骨骼无机盐含量较少,骨密质较薄,并且女子流失钙的速率比男子快,而力量练习可以防止钙的流失,推迟骨质疏松症的发生。

力量练习还可以加强关节周围肌肉的力量,防止肌肉、肌腱和韧带的损伤。许多中老年人的腰痛病,可以通过增加腰部和臀部伸肌的力量和柔韧性而得到缓解。

三、影响肌肉收缩力量的因素

1.肌肉体积

肌肉体积与肌肉力量有着密切的关系,肌肉体积的大小可用肌肉横断面积的大小来表示。肌肉横断面积越大,肌肉的体积就越大,肌肉力量也就越大,而且这种关系不受年龄、性别的影响。体育锻炼或体力劳动在提供肌肉力量的同时,总是伴随着肌肉体积的增加。肌肉生理横断面增大是由于肌纤维增粗造成的,而肌纤维的增粗则主要是收缩性蛋白质含量的增加,因而两种蛋白质微丝收缩滑行时产生的力量就增大。负重肌肉力量练习对增大肌肉生理横断面有良好效果。

影响肌肉体积的因素主要有两个:一是单个肌纤维的直径,二是肌肉中肌纤维的数量。体育锻炼,特别是有针对性的力量练习可以促进体内蛋白质的代谢,增加蛋白质的合成,提高肌肉蛋白质的含量,通过增加单个肌纤维的直径而使肌肉体积增加,也可以通过增加肌纤维的数量使肌肉体积增加。

2.肌群的协调能力

在现实生活中,常见到两个人肌肉发达程度相似,但力量并不相同,这是由肌肉中肌纤维的动员程度及各肌肉群之间的协调能力的差异造成的。一个不经常锻炼的人,最大用力时大约只能动员 60%的肌纤维参加活动,而经常训练的运动员,则可动员 90%的肌纤维参加活动,力量当然就大。

3.肌肉收缩前的初长度

肌肉收缩时的力量与收缩时肌肉的长度状态有关。如果肌肉收缩时已经处在缩短状态,则不能发挥最大力量。只有当肌肉收缩时肌肉处在适宜的预先拉长状态,才有利于最大力量的发挥。正确的运动技术大多包含这一因素,如投掷标枪前的引枪、踢球前腿的后摆等,都是为了取得最佳的初长度。因此,掌握正确规范的运动技术动作,也是发挥最大肌肉力量的重要条件。

4.肌肉收缩的代谢适应

肌肉的收缩放松有赖于能量的供应,经常进行力量锻炼,能使肌肉产生一系列代谢适应性变化。如肌肉中毛细血管网增加,保证氧及养料的供给,肌肉中能源物质含量增加,肌肉内各种酶活性提高等,都可以保证肌力的发挥。

5.肌纤维类型

骨骼肌的肌纤维可分为红肌纤维和白肌纤维两种类型,白肌纤维收缩产生的力量大,红肌纤维收缩产生的力量小。肌肉中肌纤维类型的比例受遗传因素的影响。肌肉中白肌纤维的比例越大,肌肉收缩力量也就越大,力量和速度练习可以增加肌肉中白肌纤维的比例。

6.神经调节

肌肉收缩力量,除取决于肌肉本身的形状、机能特点外,还与神经系统的调节机能有关。神经系统可以通过两种方式调节肌肉力量:一是通过发放强而集中的兴奋,动员尽量多的肌纤维参与收缩,以增大肌肉力量,有些人在肌肉最大收缩时也仅能动员 60%的肌纤维参与收缩,而有些人则可动员 80%以上的肌纤维参与收缩,显然在其他条件相同的情况下,后者的肌肉力量更大;二是通过增加神经中枢发放神经冲动的频率增加肌肉力量,神经冲动频率越高,肌肉力量越大。神经系统对肌肉力量的影响作用可以解释为什么有些人看上去虽然肌肉体积并不大,但肌肉力量却较大的现象。

四、肌肉力量、耐力练习的原则

1.渐增阻力原则

渐增阻力原则是超负荷原则在肌肉力量、耐力练习中的应用。尽管超负荷原则与渐增阻力原则可以相互替换,但在力量练习中,更常用渐增阻力原则。渐增阻力原则指肌肉力量、耐力因超负荷训练而增加,但由于力量、耐力的增长,原来的超负荷则变成了非超负荷或低负荷,此时如果不增加负荷,则力量、耐力就不能增长,因此,力量练习必须遵循渐增阻力原则。

2.专门性原则

力量、耐力练习中要充分考虑不同的运动项目对专项力量、耐力的需求程度。首先,得到锻炼的肌肉应该是在耐力和力量方面需要改善的肌肉,如腰痛,就应该增强腰部肌肉力量,若锻炼上肢力量则对腰痛的缓解没有多少益处；其次，提高肌肉的力量和耐力应采用不同的运动强度。高强度运动（举重物时仅能重复 4~6 次）能增加肌肉的力量和体积，但不能增加肌肉的耐力。采用低强度、重复次数多的练习（能举轻的负荷 15 次或者更多）可提高肌肉的耐力，而肌肉的力量增加不明显。

3.系统性原则

根据"用进废退"的原理，应全年系统地安排力量练习。研究表明，练习频率高、肌肉力量增长很快者，停止练习后消退也快；而练习频率较低、训练时间较长、肌肉力量缓慢增长者，力量保持的时间则相对较长。

许多研究结果显示，每周进行 3~4 次的力量练习，可使肌肉力量明显增长。

五、提高肌肉力量的方法

提高肌肉力量的方法有很多，不同的锻炼方法对提高肌肉力量的作用也不同，锻炼者可根据自己的实际情况选择力量练习方法。

1.动力性力量练习

肌肉收缩时肌纤维长度发生变化，同时产生张力克服外界阻力的力量练习，称为动力性练习。体育锻炼中所从事的力量练习多数属于动力性力量练习，如各种哑铃练习、举重等。进行动力性练习主要是通过不断增加运动负荷（阻力）达到提高肌肉力量的目的。进行动力性练习时，肌肉的收缩与放松交替进行，可促进体内蛋白质代谢，加强肌肉中蛋白质合成，提高肌肉的横断面积和毛细血管的数量，使肌肉体积增加。对一般体育锻炼者来说，体育锻炼时最好采用动力性肌肉练习方式发展肌肉力量。

在动力性力量练习中，采用的负荷不同，提高肌肉力量的效果也不同。一般来说，采用相当于本人最大力量 80% 的运动负荷（如最大肌肉力量为 50 千克，力量练习的负荷为 40 千克），主要作用是发展肌肉力量和速度，使肌肉体积增加，这种负荷适用于力量型运动员和青年健美爱好者；采用 60% 的最大负荷，主要是改善神经系统对肌肉收缩的协调作用，使肌肉力量和肌肉耐力增加，中年人可采用这种方法提高肌肉力量，效果较好；采用小负荷（相当于 40% 的最大负荷）练习虽对提高肌肉力量的作用不太明显，但却可以改善肌肉的血液循环，增加骨骼肌中毛细血管的数量，保持已经获得的肌肉力量，提高肌肉耐力，老年人在进行力量练习时可采用这种负荷。可见，负荷是影响力量练习效果的重要因素，锻炼者在进行力量练习时，要有针对性地选择运动负荷。

2.静力性力量练习

肌肉收缩时肌肉长度未发生变化，而是维持某一特定位置的肌肉力量练习，称为静力性练习。静力性练习主要是发展肌肉在特定位置的肌肉力量，如武术中的马步站桩等。静力性力量练习方法比较安全，一般不会出现急性肌肉拉伤等现象，因此常用于肌肉康复练习。由于进行静力性肌肉练习时，肌肉收缩挤压毛细血管，造成肌肉缺氧，而且在大强度静力性练习时往往伴随着憋气动作，所以，对体育锻炼者来说，除非特殊需要，一般不要采用静力性力量练习，老年人和少年儿童应尽量避免有负荷的静力性练习。

3.电刺激练习

电刺激增加肌肉力量是一种被动肌肉力量练习法,具体方法是将电极放置于要练习的肌肉群表面,通过电刺激使肌肉被动产生收缩。采用这种方法可以有效地增加肌肉力量,同时肌肉损伤的可能性也较小,除用于一般增加肌肉力量外,特别适用于肌肉损伤后的康复练习。电刺激增加肌肉力量需要有专门的电刺激器,用电刺激方法发展肌肉力量时,最好与动力性练习方法结合使用。

六、影响肌肉力量、耐力练习效果的若干因素

负重抗阻练习是增强肌肉力量的基本手段,而肌肉力量练习的效果又与训练中的多种因素有关。

(一) 每组练习的间隔时间

力量练习各组间的间隔时间,一般以肌肉能完全恢复为准。肌肉在练习后的 3~5 秒时已恢复 50%,2 分钟时完全恢复。如果练习的目的是增强肌肉的力量,练习的间隔时间不太重要,一般在 1 分钟左右;如果是为了增加肌肉的耐力,在 6~8 周训练中,练习的间隔时间应从 2 分钟逐渐减少到 30 秒。

(二) 每次练习的间隔时间

对于一般体育锻炼者来说,没有必要每天都进行力量训练,即使是为了专门发展肌肉力量,采用隔天力量练习,也足以取得理想效果。如果每天都进行力量练习,不仅提高肌肉力量的效果不明显,而且还会造成整体机能的不协调发展。如果是进行全身的肌肉练习,每隔一天进行练习会获得最佳的锻炼效果。倘若休息时间较短,身体不能完全恢复,锻炼效果也会较差。假如每天坚持力量练习,应每天训练不同的肌肉群。例如,星期一、三、五练习上肢力量,星期二、四、六练习下肢力量。但应注意恢复时间不能过长(4 天或 4 天以上),否则练习获得的力量和耐力便会消退。

(三) 负荷

在进行力量练习时,应根据自己的实际情况选择合适的负荷。但无论选用什么样的负荷,都要遵循由小至大的原则,切勿突然增加运动负荷,以免造成运动损伤。

(四) 动作速度

只要有机械能动力性肌肉力量练习,就存在动作速度问题。负荷和速度之间有着密切关系,负荷越大,速度就越小。锻炼者要根据练习的要求合理安排。对于青少年来说,爆发力是非常重要的,在力量练习时,选择适宜的负荷,尽量加快动作速度,对提高肌肉的爆发力十分有益。已经获得的肌肉力量,如果停止练习也会逐渐消失,肌肉力量消失的速度相当于肌肉力量

获得速度的 1/3。也就是说,力量获得得快,消退得也快,所以体育锻炼切勿忽练忽停。如果为了保持已经获得的肌肉力量,力量练习的间隔时间可更长一些,以便将体育活动时间用于发展其他方面的运动能力。每周进行一次力量训练,可保持已获得的力量水平。

七、发展肌肉力量与耐力的具体方法

1.杠铃与哑铃练习法

(1)卧推

器械:杠铃、卧推架或长凳。

练习方法:正握杠铃杆,将杠铃缓慢落到胸前,然后推起。

要点:屈膝 90°,双脚不接触地面和长凳。

发展的肌肉:胸大肌、肱三头肌、三角肌。

(2)挺举杠铃

器械:杠铃。

练习方法:正握杠铃杆,爆发用力,将杠铃举到胸前。翻腕、屈膝后用力将杠铃举过头顶,然后屈臂、屈髋、屈膝,将杠铃降至大腿部后缓慢放下。

要点:握距同肩宽,准备姿势成蹲姿,抬头,背部挺直。

发展的肌肉:斜方肌、竖脊肌、臀大肌、股四头肌。

(3)负重半蹲

器械:杠铃。

练习方法:正握杠铃杆,屈膝成 90°后还原。

要点:将脚跟垫起,下颌微朝前。

发展的肌肉:股四头肌、臀大肌。

(4)负重提踵

器械:杠铃,厚度 5 厘米左右的厚盘。

练习方法:正握杠铃于肩上。

要点:调整脚尖由朝前到向内或向外,保持身体正直。

(5)提杠铃

器械:杠铃。

练习方法:采用混合握法,屈膝使大腿与地面水平,然后用力将杠铃提起,身体保持直立,然后屈膝将杠铃缓慢落下。

要点:抬头、挺胸、握距同肩宽。

发展的肌肉:竖脊肌、臀大肌、股四头肌。

(6)提铃耸肩

器械:杠铃。

练习方法:正握,耸肩至最高点,然后回落。

要点:四肢充分伸展。

发展的肌肉:斜方肌。

(7)俯立飞鸟

器械:哑铃。

练习方法:弓身成水平状,两臂向后上振至哑铃与肩同高,后缓慢还原。

要点:膝与肘微屈。

发展的肌肉:三角肌后群、背阔肌、斜方肌。

(8)颈后臂屈伸

器械:杠铃。

练习方法:两手握住杠铃置于颈后,两肘夹紧并抬高,然后用力伸直两臂,使重物沿背部向上移动至最高位。

要点:肘高抬并内夹。

发展的肌肉:肱三头肌、三角肌。

(9)腕弯举

器械:杠铃。

练习方法:五指可稍微分开,握住(正握或反握)杠铃杆屈腕。

要点:以适宜的握距,将前臂固定好。

发展的肌肉:腕屈肌群。

(10)肱二头弯举

器械:杠铃。

目的:发展肱二头肌的力量。

练习方法:前臂弯举。

要点:弯举尽可能靠近肩部,动作应有控制地还原。

发展的肌肉:肱二头肌、肘部屈肌。

2.体操练习法

体操练习法也是一种行之有效的肌肉力量、耐力的训练方法。它可以借助自身重量并把四肢作为阻力来发展肌肉的力量和耐力。同样它还可以提高柔韧性,这是因为肢体本身的力量就可以使肌肉伸展到最长。如果练习者锻炼时有足够的强度和持续时间,心血管和呼吸系统的耐力也可以提高。下面介绍的体操练习法都是针对专门的肌肉群设计的。如果完成了所有这些练习,则身体绝大部分肌肉群在耐力、力量和柔韧性等各方面都可以得到锻炼和提高。

运动时练习者应根据自己的节奏进行练习,节奏越快,对心肺的压力也就越大。因此,练习者应尽快完成动作,并使两个练习方法之间的间隔时间缩短,这会收到满意的锻炼效果。如果喜欢的话,也可在练习过程中加入音乐,这样练习起来更轻松、更有力。

(1)仰卧起坐

目的:发展腹部肌肉。

发展的肌肉:腹直肌。

锻炼的关节:脊柱各关节。

练习方法:躯干蜷曲。

要点:仰卧,手置于胸前或头后,膝部弯曲成90°,脚不要离地,上体起至与地面成45°。

(2)俯卧撑

目的:发展手臂和胸部肌肉力量。

发展的肌肉:肱三头肌、胸大肌。

重复次数:初练者10次,中级水平者20次,有训练者30次。

要点:躯干与下肢保持在同一条直线上,下落时胸部不要触地。

(3)骑"自行车"

目的:加强髋部力量,使下背部肌肉得到伸展。

发展的肌肉:髂腰肌。

重复次数:初练者10次,中级水平者20次,有训练者30次。

要点:双腿交换弯曲、伸展,好像在骑自行车一样。

(4)侧卧举腿

目的:加强髋部外展肌的力量。

发展的肌肉:髋部外展肌群。

重复次数:初学者10次,中级水平者15次,有训练者20次。

要点:髋关节、膝关节、踝关节保持伸直,尽可能高举,缓慢地还原。

(5)举腿

目的:加强髋部的伸肌、屈肌、内收肌和外展肌。

发展的肌肉:髂腰肌、臀大肌、臀中肌、内收肌群。

重复次数:初练者10次,中级水平者15次,有训练者20次。

要点:每一动作应使腿尽量高举,为了防止损伤,避免发力过猛或过分伸展。

(6)挺髋

目的:加强臀部力量。

发展的肌肉:臀大肌和腘绳肌。

重复次数:初练者10次,中级水平者15次,有训练者20次。

要点:屈膝仰卧,骨盆尽力向上挺起。

八、力量练习的注意事项

1.力量练习的安全要诀

(1)当运用杠铃进行力量练习时,练习者必须有同伴帮助,以便在不能完成练习的情况下,同伴对练习者进行保护。

(2)固定住练习用的杠铃,以防其滑落砸伤身体。

(3)在进行负重练习之前,应充分做好准备活动,防止练习中遭受损伤。

(4)在进行负重练习时,如果感觉到任何尖锐的刺痛,应立即停止练习。

（5）在进行负重练习时,应尽量避免憋气,举起阶段呼气,放下时吸气,可采用口和鼻呼吸。

（6）在采取快速还是慢速举起重量能获得更大力量的问题上仍存在争议。但慢速举起重量可以减少受伤的可能性,而且慢速举起重量既可增加肌肉体积,也可增强其力量。

2.准备活动和放松活动

人体就像大多数机器一样,刚启动时无法达到最高的效率。要使肌肉充分发挥功能,并避免造成伤害,就需要热身。即使是体能状况良好的人,如果猛然迫使其肌肉拉伸或收缩,也有可能受伤,负重练习的准备活动一般包括4~5分钟的慢跑、6~8分钟的拉伸活动。如果练习者打算举最大重量,还应增加准备活动的组数。

放松活动常包括走动和伸展运动,旨在让身体在几分钟内逐渐冷却下来。适当的放松活动可以使血液持续地流经肌肉,并将肌肉细胞内堆积的乳酸通过血液循环带到肝脏后分解。如果突然中断运动,留在肌肉内的乳酸可能会引起身体肌肉痉挛,也可能会使肌肉在以后的几天中更加疼痛。放松活动一般持续4~5分钟即可。

3.完成动作的速度

在进行负重练习时,动作还原阶段的速度应比主动用力阶段慢一半。以卧推为例,如果举起的动作用1秒,放下还原阶段就要用2秒,这样可使一次负重练习得到两次（举起和放下）肌肉锻炼。如果还原阶段简单轻松地放下重量,肌肉就不能在还原阶段又一次得到有效的锻炼。

4.练习时的呼吸

在主动用力阶段呼气,在还原阶段吸气。如果练习时呼吸频率太快,就会破坏呼气、吸气的节奏。应避免在主动用力阶段屏住呼吸,屏气会导致回心血量和流入大脑的血流量减少,从而使人感觉头昏眼花。

5.安排练习顺序

合理安排练习的顺序可以防止疲劳的发生。应先安排大肌肉群的练习,再安排小肌肉群的练习,其原因是小肌群比大肌群较早产生疲劳。典型的力量练习顺序模式为:

（1）大腿、腰部肌肉;

（2）腿部（股四头肌、大腿后部肌群、小腿三头肌）;

（3）躯干部（背、肩、胸）;

（4）上臂（肱三头肌、肱二头肌、前臂肌肉）;

（5）腹部。

此外,还应注意不要在两个相继的练习中使用同一肌群,以保证肌肉在每次负荷后有足够的恢复时间。

6.了解你的极限

运动要安全,很重要的一点就是留意所出现的警告信号,因为这些信号往往是运动量过大或身体某部分受伤的反应。有些人急于看到锻炼的效果而竭尽全力,反而会遭受伤害。即使是运动员也会因过度训练而受到意外伤害。

力量练习的警告信号一般指：锻炼结束后，肌肉有酸痛僵硬感，且直到下次锻炼前这种感觉仍未消失。针对性的处理方法为：延长锻炼间隔时间，让肌肉充分恢复。此外，还要做好热身和练习后的放松活动。

第五节　柔韧性的锻炼方法

一、柔韧性概念

柔韧性是指身体各个关节的活动幅度或活动范围，以及跨过关节的肌肉、肌腱、韧带、皮肤和其他组织的弹性和伸展能力，可以通过经常性的身体练习而得到提高。柔韧性是绝大多数的锻炼项目所必需的体能成分之一，对于提高身体活动水平、预防肌肉紧张以及保持良好的体态等具有重要作用。健美操、武术等活动都要求机体具备一定的柔韧性，对于女性青少年来说，柔韧性就显得更为重要。

二、柔韧性的种类及特点

柔韧性和柔软性不能混为一谈，虽然两者都可用肢体活动幅度的大小来衡量，可它们实质上是有区别的。从字义上讲，柔韧是既柔又坚韧，即柔中有刚、刚柔相济；而柔软只是柔而不硬，即柔中无刚、刚柔不济。从性能上看，柔韧是在幅度中含有速度和力量的因素，即在做大幅度动作时，肌肉仍能快速有力地收缩；而柔软只是幅度大，却缺乏速度和力量，做动作时软绵绵的，打得开却收不拢。体育锻炼中需要的是柔韧性而不是柔软性。柔韧性的分类有如下几种：

（1）从其与专项的关系看，柔韧性可分为一般柔韧性和专项柔韧性。一般柔韧性是指为适应一般技能发展所需的柔韧性体能。专项柔韧性是指专项锻炼所需要的特殊柔韧性。由于专项柔韧性具有较强的选择性，因此，同一身体部位具有的柔韧性由于项目的需求不同，在幅度、方向等表现上也有所差异。

（2）柔韧性从其外部运动状态上看，可分为动力柔韧性和静力柔韧性。动力柔韧性是指肌肉、肌腱、韧带根据动力性动作需要，拉伸到解剖学允许的最大限度范围，随即利用强有力的弹性回缩力来完成所要完成的动作。所有的爆发力前的拉伸均属于动力柔韧性。静力柔韧性是指肌肉、肌腱、韧带根据静力性动作的需要，拉伸到动作所需要的位置角度，控制其停留一定时间所表现出来的能力。动力柔韧性建立在静力柔韧性的基础上，但必须要有力量素质的表现。静力柔韧性好，动力柔韧性不一定好。

（3）从完成柔韧性练习的表现上看，可分为主动柔韧性和被动柔韧性。主动柔韧性是人在主动运动中表现出来的柔韧水平。被动柔韧性则是在一定外力协助下完成或在外力作用下（如同伴协助做压腿练习）表现出来的柔韧水平。主动柔韧性不仅反映对抗肌的可伸展程度，而且也可反映主动肌的收缩力量。一般来说,主动柔韧性比被动柔韧性要差,这种差距越小,说明柔韧性的发展水平越均衡。

(4)从柔韧性在身体不同部位上看,可分为上肢柔韧性、下肢柔韧性和腰部柔韧性等。

三、柔韧性的意义

根据人体生理解剖结构,柔韧包括四肢和躯干各关节的柔韧。其主要关节有肩、肘、腕、髋、膝及脊柱等各关节。柔韧性的锻炼就是针对上述各关节灵活性的练习。

最初,柔韧性被认为是体能的一种组成成分而非健康因素,但对于一个健康的人而言,全身能够自由灵活地做出各种动作,必须要具备基本的柔韧性。如关节炎患者的一个关节失去了其正常的功能,一动就会疼痛并且活动受到限制,连正常行动也受到阻碍。这说明柔韧性也是一个健康因素。

在体育锻炼中,项目不同,对关节活动幅度要求的程度也就不同。但各关节柔韧性的全面发展是基础,只有在全面发展的基础上,才能突出某一项目需要的关节柔韧性的重要。如投掷、举重和游泳等项目需要肩关节柔韧性较好;篮球、排球和小球项目对腕部柔韧性要求较高;还有的项目,如体操、艺术体操、技巧和武术等,因技术动作的需要,对全身各关节的柔韧性要求都很高。对任何一个锻炼项目来说,全身各关节的柔韧性在每一个动作中都有其具体的作用,任何一个关节柔韧性差都会影响动作技能的掌握和发挥,因此,各关节柔韧性的发展是相互交替促进发展的。增强柔韧性对掌握动作技能、改善健康状况的具体作用归纳如下:

(1)柔韧性是体能的重要标志之一。

(2)加大一定的活动幅度,提高动作效果,有利于肌力和速度的发挥。

(3)提高关节的灵活性,使人的动作姿势优美。

(4)加速动作掌握进程,使动作学习轻巧自如,做动作也更加协调和准确。

(5)减少肌肉等软组织损伤,防止伤害事故发生。

(6)有助于肌肉轻松和情绪稳定。

四、影响柔韧性的生理因素

(一)两关节面积大小的差别

构成关节的两关节的面积相差越大,关节活动幅度就越大,表现为柔韧性越好,这一因素是限制柔韧性的先天因素,体育锻炼对该因素的影响不大。

(二)关节周围组织的体积

关节周围的组织越多,限制关节运动的因素就越多,虽然关节的稳固性因此增加,但身体的柔韧性却下降。

(三)关节周围的韧带、肌腱和肌肉的伸展性

关节周围韧带、肌肉、肌腱等组织的伸展性越好,关节运动幅度就越大,柔韧性就越好。体

育锻炼主要通过增加关节周围组织的伸展性来提高关节的柔韧性。

(四)对抗肌的协调能力

关节周围的肌肉可分为主动肌和与之作用相反的对抗肌。对抗肌的协调能力主要取决于神经系统对肌肉收缩和放松能力的调节,体育锻炼可以改善对抗肌之间的协调性,从而使柔韧性提高。

五、提高柔韧性的方法

提高关节柔韧性的主要方法是做牵拉练习。牵拉练习可分为两种,一种是动力性牵拉,另一种是静力性牵拉。动力性牵拉主要是进行节奏较快并多次重复同一动作的练习,如连续踢腿、摆腿等。动力性练习可以提高关节在运动中的活动幅度,以适应专项体育活动的需要。静力性牵拉主要是一些缓慢的牵拉练习,如静力压腿等。静力性牵拉比较安全,一般不容易出现运动损伤。在做提高柔韧性练习时,最好两种方法结合使用。

六、肌肉伸展的方法

发展柔韧性的目的是提高跨过关节的肌肉、肌腱、韧带等软组织的伸展性。伸展能力的提高主要是力的拉伸作用的结果,这种力表现在动作上可分为两种,即主动动作和被动动作。

肌肉伸展的方法有三种,即主动或被动的静态伸展法、主动或被动的弹性伸展法、本体感受神经肌肉伸展法(PNF伸展法)。

1.主动或被动的静态伸展法

主动或被动的静态伸展法是一种行之有效且比较流行的伸展肌肉方法,它是缓慢地将肌肉、肌腱、韧带拉伸到有一定酸、胀、痛的感觉位置,并维持此姿势一段时间。关于在酸、胀、痛的位置停留的最佳时间,目前的研究尚未定论,3~60秒不等。一般认为10~30秒应该是一个理想的时间,每块肌肉的伸展应连续重复4~6次为最好。

这种肌肉伸展方法可以较好地控制使用的力量,比较安全,尤其适合于活动少和未经训练的人。它可减少或消除超过关节伸展能力的危险性,避免拉伤,而且由于拉伸缓慢,不会引起牵张反射。

2.主动或被动的弹性伸展法

主动或被动的弹性伸展法是指有节奏的、速度较快的、幅度逐渐加大的多次重复一个动作的拉伸方法。主动的弹性伸展是靠自己的力量拉伸,并通过重复地收缩收缩肌来达到对抗肌的快速伸展效果;被动的弹性伸展是靠同伴的帮助或负重、借助外力的拉伸。

利用主动动作或被动动作所产生的动量来伸展肌肉,所用的力量应与被拉伸的关节的可能伸展能力相适应。如果大于肌肉组织的可伸展能力,肌肉就会拉伤。在运用该方法时用力不宜过猛,幅度一定要由小到大,先做几次小幅度的预备拉伸,再逐渐加大幅度,从而避免拉伤。

3.本体感受神经肌肉伸展法

本体感受神经肌肉伸展法原先被用于各种神经肌肉瘫痪病人的治疗,直到近年来才被当作正常人改善肌肉柔韧性的伸展方法来使用。现在流行许多不同的本体感受神经肌肉伸展法,包括慢速伸展—保持—放松法、收缩—放松法和保持—放松法等三种。所有这些方法都包含有收缩肌和对抗肌交替收缩和放松(一个10秒推的过程紧接着一个10秒放松的过程)。

以伸展股后肌群为例,慢速伸展—保持—放松法有以下几个步骤:首先仰卧、膝关节伸直,脚踝成90°,同伴帮助推一腿弯曲至膝关节有轻微酸痛感,此时开始收缩股后肌群以抵抗同伴的推力。持续10秒后,放松股后肌群而收缩股四头肌(收缩肌),同时同伴再加力帮助伸展股后肌群(对抗肌),放松过程持续10秒,此时再一次对抗同伴的推力,从这个关节新的角度开始,这样的过程至少重复三次。

这三种伸展方法都可有效地改善身体柔韧性,但弹性伸展法容易引起肌肉酸痛,也存在肌肉被拉伤的危险,所以很少被推荐。实际上我们在体育锻炼中都要做弹性伸展,并通过它来提高动作练习效果。弹性伸展法比较适合经常锻炼的人或运动员。静态伸展法是最为广泛使用的方法,简单、有效、安全,甚至不需要同伴的帮助,通过一段时间的锻炼可有效地改善关节柔韧性。PNF伸展法在一次伸展过程中可以大大提高关节活动幅度,比静态伸展法效果更加显著,不易导致肌肉酸痛或损伤。因此,越来越多的人选择此方法来改善肌肉、关节的柔韧性。PNF伸展法主要的缺点是使用时需要同伴的帮助。

七、发展柔韧性的锻炼方法

发展关节的柔韧性,应根据参加锻炼项目的特点,有目的、有选择地进行练习。柔韧性练习一般在适当的热身运动以后进行,也可安排在每次锻炼的结束部分进行。为了防止受伤,应先采用静态伸展肌肉法或PNF伸展法,然后才能进行弹性伸展法。下面介绍发展身体各关节柔韧性的一些常用的练习方法。

(一)肩关节柔韧性练习

1.压肩
(1)正压肩
伸展的肌肉:胸大肌、背阔肌。
方法:手扶一定高度的物体或两人手扶对方肩,体前屈直臂压肩。
(2)反压肩
伸展的肌肉:胸大肌、三角肌前束。
方法:反手扶一定高度的物体,下蹲直臂压肩。

2.吊肩
伸展的肌肉:胸大肌、背阔肌等肩带周围肌群方法;单杠各种握法(正、反、反正、翻等)的悬垂;或单杠悬垂后,两腿从两手间穿过下翻成反吊。

3.转肩

伸展的肌肉:肩带周围肌群。

方法:用木棍、绳、毛巾等做直臂或屈臂的向前、向后的转肩,握距应逐渐减小。

(二)下肢柔韧性练习

1.弓箭步压腿

伸展的肌肉:大腿屈肌、股四头肌。

方法:前跨一大步成弓箭步,后脚跟提起。膝关节略屈,向前顶髋。

2.后拉腿

伸展的肌肉:大腿屈肌、股四头肌。

方法:一只手扶一定高度的物体,另一只手抓异侧的脚背,向后拉腿。

3.正压腿

伸展的肌肉:股后肌群、小腿三头肌。

方法:单腿支撑,一腿搁于一定高度的物体上,两膝伸直,身体前倾下压。

4.侧压腿

伸展的肌肉:大腿内侧肌群,股后肌群、小腿三头肌。

方法:侧立单脚支撑,一腿搁于一定高度的物体上,两膝伸直,身体侧屈下压。

(三)踝关节柔韧性练习

1.跪压

伸展的肌肉:小腿前群肌、股四头肌。

方法:跪于平面上,脚背伸直,臀部坐在脚跟上。

2.倾压

伸展的肌肉:小腿后群肌。

方法:手扶墙面站于一定高度的物体上,先提踵,后脚跟下踩,身体略前倾。

(四)腰腹部柔韧性练习

1.体前屈

伸展的肌肉:腰背及股后肌群。

方法:两腿并步或开立,膝关节伸直,身体前倾下压。

2.体侧屈

伸展的肌肉:体侧肌群。

方法:两腿开立,一手臂上举,上臂贴耳,身体侧屈下压。

3.转体

伸展的肌肉:躯干和臀转肌。

方法:把一只脚放于另一腿的膝盖外侧,向弯曲腿的方向扭转身体。

八、柔韧性练习强度、时间和次数

柔韧性练习应采用缓慢、放松、有节制和无疼痛的练习,只有通过适当的努力才会提高。肌肉的伸展会有酸胀的感觉,但不应过分伸展而引起不适,拉伸的强度随关节的活动范围增加而改变。随着柔韧性在锻炼过程中的提高,练习强度应逐渐加大,做到"酸加、痛减、麻停"。

柔韧性练习的时间由采用的伸展方式决定,它主要取决于重复的次数和在伸展位置上停留的时间。每个姿势持续的时间和次数是逐渐增加的,应从最初的 10 秒,经过一段时间的练习增加至 30 秒,重复次数在 3 次以上。如果是平时体育锻炼时的柔韧性练习,5~10 分钟的时间就足够了;如果是专门为了提高柔韧性的练习或运动员的训练,则必须要有 15~30 分钟的时间安排。

九、柔韧性练习的注意事项

1.循序渐进,持之以恒

柔韧性的发展需要意志力。在进行这种体能练习时锻炼者易产生酸痛感,但若停止训练,柔韧性会有所消退。初次练习易见效,第二次再练习就有痛感,而且第一次练习获得的效果会全部消退并比第一次练习前的效果差,这是因为肌肉被拉长回缩力增加,应继续将其慢慢拉开,这样才能消除痛感。经过一个时期的练习,该长度的伸展已适应,应进一步拉长肌肉,牵拉肌腱,使柔韧性上升到一个新的水平。但是,如果柔韧性练习停止一段时期,已获得的效果就会有所消退。因此,柔韧性练习要持之以恒才能见效。

肌肉、肌腱和韧带等软组织的伸展性并不是通过一朝一夕的练习就能得到提高。急于求成,容易引起软组织损伤。练习时应逐步提高要求,做到循序渐进。

2.柔韧性练习要全面

无论是准备活动中的伸展练习,还是专门发展某些关节柔韧性的练习,都要兼顾到身体各关节柔韧性的全面发展。在身体活动中,完成动作不仅局限于一个关节或某个身体部位,而且要牵涉几个相互关联的部位,甚至全身。如果柔韧性练习只集中在部分关节而忽视其他部位,则完成动作会受阻甚至有受伤的可能。因此,如果发现某一关节柔韧性稍差,就应采取针对性措施使其得到改善。

3.柔韧性练习要因人因项而异

柔韧性练习必须根据所参加锻炼项目的特点和锻炼者的具体情况做出安排,在全面发展身体各部位柔韧性的基础上,要重点练习特定项目所需要的专门柔韧素质。例如,跳跃项目对腿部和髋部柔韧性要求较高,游泳项目要求肩关节和踝关节柔韧性要好等。另外,锻炼者应根据自己的情况,进行适合于自己的柔韧性练习。

4.柔韧性的发展应与力量发展相适应

力量练习是发展肌肉的收缩能力,柔韧性练习则是发展肌肉的伸展能力,因此,力量结合柔韧性的练习对提高肌肉质量最为有效,既能使力量增长,又能保证关节灵活性的提高。也就是说,肌力的增长决不能因体积的增加而影响关节活动幅度。

5.柔韧性练习要注意外界的温度和时间

外界温度过高或过低,都会影响到肌肉的状态和肌肉的伸展能力;外界温度高,轻微的热身运动后即可做伸展练习;外界温度低,则应做充分的热身运动至冒汗后方可进行柔韧性练习。一般来说,当外界温度在18℃时,有利于柔韧性发展,因为肌肉在这个温度下的伸展能力较好。

一天之内在任何时间都可进行柔韧性练习,只是效果不同而已。早晨人体柔韧性会明显降低,而10~18时之间人体关节能表现出良好的柔韧性,此时可进行一些强度较大的柔韧性练习。

6.柔韧性练习后应结合放松练习

当每次伸展练习之后,应做些相反方向的练习,使供血供能机能加强,这有助于伸展肌群的放松和恢复,如压腿后做几次屈膝下蹲动作,体前屈练习之后做几次挺腹挺髋动作等。

7.柔韧性要从小培养

武术、体操、舞蹈、技巧等项目对全身各关节的柔韧性要求都很高,应从小开始锻炼。由于柔韧性受年龄的影响,5~10岁是柔韧性发展的敏感期,在此时期内要抓紧练习,这样才能使柔韧性易于保持和巩固,不易消退。

第六章
运动损伤和防护

第一节　运动的应急预案和处理

一、急救

急救是对意外或突然发生的伤病事故进行紧急的、临时性的处理。其目的是保护患者的生命安全,避免再度伤害,减轻痛苦,预防并发症,并为伤病员的转运和进一步治疗创造条件。因此,无论何种急性损伤,做好现场急救都具有十分重要的意义。急救的原则是抓住主要矛盾。首先,救命为先。若发生休克,必须优先抢救休克;若有出血,先止血再处理伤口。其次,急救必须分秒必争,力求迅速、准确、有效,做到快救、快送医院处理。

常见的急重症运动损伤有出血、骨折、关节脱位、休克及心跳和呼吸停止等,这些种类的损伤多病情急、伤势重,如果急救和治疗不及时可能会导致生命危险,因此一定要进行急救处理。初步的急救处理,应根据运动损伤的种类、部位及场地条件进行。

二、出血的急救与处理

健康成年人全身血液总血量在 4 000~5 000 毫升,平均血液分配量为 75 毫升/千克(65~85 毫升/千克)。若急性大量出血达全身血液总量的 20% 左右,即可引发急性贫血症状;若出血量达全身血液总量的 30%,即引发休克,甚至危及生命。所以,对有出血的伤员,必须立即进行止血处理。常见的止血方法如下:

(一)冷敷止血法

此法多用于急性闭合性软组织损伤早期,有止血、止痛、防肿的作用,其也可与加压包扎和抬高伤肢同时应用。冷敷有收缩血管、减少充血、降低温度、抑制神经感觉的作用。可用冷水或冰袋敷于损伤部位。

(二)抬高伤肢止血法

四肢小静脉或毛细血管出血时,可使伤肢高于心脏15°~20°,使出血部位压力降低,常在绷带加压包扎后使用,是一种辅助方法。

(三)包扎止血法

此法适用于小静脉和毛细血管出血的止血。用消毒敷料覆盖创口后以绷带加压包扎。

(四)加垫屈肢止血法

远端肢体出血时,如无骨折和关节损伤,可将棉垫或绷带卷放在肘、膝、腋关节窝或腹股沟上,屈曲后用绷带或三角巾做"8"字形包扎。

(五)直接指压止血法

直接指压止血法是最有效、最简单的止血方法,即用手指腹直接压在伤口的出血点上,但不易持久。此法易引发感染,因此,除非万不得已,否则不采用此法。为避免感染的发生,可用消毒的敷料做衬垫。

(六)间接指压止血法

动脉出血时,在动脉近心端,用手指把身体浅部的动脉压在相应的骨面上,用于临时阻断动脉出血。

(七)止血带止血法

该方法适用于大动脉出血。用特殊的止血带或软布带、橡皮管、三角巾、扎带、手绢等代用品绑扎在伤口的近心端,对动脉的压力不应小于26.6千帕(200毫米汞柱)。

(八)充填止血法

多用于躯干的大伤口或不能用止血带的部位,运动损伤中很少使用,主要是用消毒纱布垫充填伤口压迫止血。

三、运动中休克的急救与处理

(一)运动中休克的急救

休克是指人体遭受体内外各种强烈刺激后所发生的严重全身性综合征。人发生休克后应积极予以抢救。运动损伤造成的休克,一般是失血性休克和损伤性休克,均属于低血容量性休克。引起休克的原因虽不同,但都存在有效循环血量不足、微循环障碍和不同程度的体液代谢改变。因此,休克的治疗原则是尽早去除引起休克的病因,尽快恢复有效循环血量,纠正微循环障碍,增进心脏功能和恢复人体的正常代谢。

(二)运动中休克的处理

人在运动中发生休克时,应立即启动紧急医疗系统,同时应快速正确地将伤者搬运至安全地带,使其保持平卧位,保持呼吸道通畅,保持伤者安静;头和躯干抬高 20°~30°,下肢抬高15°~20°,以增加回心血量和减轻呼吸负担;保暖,但不加温。针对引发休克的原因,如骨折、头颈部严重创伤、脊髓损伤等,应给予相应的处理。意识清醒者可口服补液;如遇心脏停搏状况,则应立即进行心肺复苏。

(三)心肺复苏术

心肺复苏术是针对呼吸、心跳停止所采用的抢救措施,即以人工呼吸方法代替病员的自主呼吸,以胸外心脏按压形成暂时的人工血液循环,并诱发心脏的自主搏动。因此,临床上将人工呼吸和胸外心脏按压合称为心肺复苏术。

在运动医学实践中,轻、中度损伤发病率较高,出现心跳、呼吸停止的情况较少,因此,心肺复苏的应用较少。但在体育运动中,却很难避免严重事故导致心跳、呼吸停止的发生。因此,体育锻炼参加者和教师应掌握一些心肺复苏知识。人工呼吸和胸外心脏按压是心肺复苏初期要采取的最主要措施。

心肺复苏术操作程序包括判断、启动紧急医疗系统(EMS)和心肺复苏(CPR)。心肺复苏有三个关键环节,即头后仰抬颌(A)、人工呼吸(B)、胸外心脏按压(C),称为复苏三部曲。其为大多数国家推广应用,收到了显著效果。最新的心肺复苏指南将传统的"A—B—C"改为"C—A—B",先做胸外心脏按压。在双人抢救时,"C—A—B"的优势更突出,在第一抢救者进行胸外按压的同时,第二抢救者施行开放气道。

1.胸外心脏按压

该方法简便、易行、有效,为抢救心跳停止的首选措施,具体操作如下:

(1)患者的体位

为了实施胸外心脏按压,判断复苏效果,伤员必须仰卧在坚固的平(地)面上。如果患者面部朝下,应把患者整体翻转,即头、肩、躯干同时转动,避免躯干扭曲,头、颈部应与躯干始终保持在同一个轴面上。伤员双上肢放置在身体两侧,下肢自然分开。

(2)急救者的位置

急救者应位于患者一侧或两人分别位于患者两侧,便于急救时人工呼吸和胸外按压的操作。

(3)技术要求

①按压部位为两乳连线中点,胸骨中下 1/3 交界处。将手掌贴在按压部位,另一手掌重叠,手掌根部长轴与胸骨长轴确保一致,保证手掌全力压在胸骨上,可避免发生肋骨骨折(不要按压剑突)。按压过程中手掌不要离开胸壁。

②有效按压方法。肘关节伸直,上肢呈一直线,掌根重叠交叉,垂直用力;成人的胸壁下陷幅度不少于 5 厘米;每次按压后放松,使胸骨恢复到按压前的位置,放松时双手不要离开胸壁;双手位置保持固定,减少直接对胸骨的冲击力,以免发生骨折;按压频率为成人每分钟 60~80 次,小儿用单手掌根挤压每分钟 80~100 次。

2.人工呼吸

呼吸停止后应立即开始有效的人工呼吸。口对口人工呼吸方法最简便有效。成人 16~18 次/分。施用人工呼吸时必须迅速检查并清除口腔内异物、黏液及呕吐物等,并松开裤带、衣领扣和衣服,以保持呼吸道的通畅。

(1)畅通气道

伤员体位同胸外心脏按压,如伤员口腔有异物,先把头偏向一侧,用手指清除口腔内异物,然后扶正头部,压额头抬下颌,开放气道,解除昏迷伤员舌后坠,确保人工呼吸有效。

(2)技术要求

人工呼吸时,要确保气道通畅。吹气时,捏住伤员的鼻孔,防止漏气,急救者用口唇把伤员的口全罩住,呈密封状,持续吹气 1 秒,保证有足够量的气体进入并使胸廓有明显抬高,以见到胸部起伏为标准。成人口对口呼吸频率为 16~18 次/分,儿童为 18~24 次/分,婴儿为30~40次/分。胸外按压与人工呼吸的比例为 30∶2。

四、骨折与关节脱位的急救与处理

骨折与关节脱位的急救原则为防治休克、保护伤口、固定伤处,除止血、包扎技术外,现场固定也是一种重要的急救技术。骨折、关节脱位都需要进行适当固定,固定的目的是避免增加伤害,防止骨折端在搬运过程中移位,损伤周围神经、血管等软组织和内脏,同时减轻疼痛,便于运送伤员。常见并需要在现场进行固定的骨折部位包括锁骨、上臂肱骨、前臂尺桡骨、大腿股骨、小腿胫腓骨、颈椎骨、腰椎骨和骨盆等。颅骨和手、足部位小骨的骨折,可以仅做临时包扎,不一定要现场固定。

在紧急情况下,现场固定材料一般遵循就地取材的原则,以身边随手可及的物品为主,如枕头、硬纸板、杂志、雨伞、笔、三角巾、浴巾、木板和木棒等,都可用于固定,起到医用夹板的作用。

(一)注意事项

(1)固定物(夹板)的长短、宽窄要适宜,能将骨折处上下两个关节都固定住。

(2)夹板的两端、骨突起部和空隙处要用棉花或软布填妥,防止引起压迫性损伤,当肢体出现明显畸形而影响固定时,可将伤肢沿纵轴稍加牵引后再固定。

(3)缚扎夹板的绷带或布条应缚在骨折处的上下端,固定要牢靠,松紧度适中,过松则失去固定的作用,过紧又会压迫神经和血管。

(4)固定时应露出指(趾)端,若发现指(趾)端出现苍白、发麻、发凉、疼痛或变紫时,须立即松解,重新固定。

（5）上肢骨折固定后,用悬臂带把患臂挂于胸前;下肢骨折固定后,可把患腿与健腿捆绑在一起。

（二）骨折的临时固定

1.上肢骨折

（1）锁骨骨折的固定

采用"双环包扎法"固定。取三条三角巾,将三角巾折成宽带,两条做成环,套于两肩,另一条在背部将两环拉紧打结。为避免腋下组织受压,应在两腋放置棉垫等松软物,最后以小悬臂带将伤肢挂起。

（2）肱骨骨折固定

取一合适夹板,置于伤肢外侧,用叠成带状的三角巾固定骨折上下两端,再用小悬臂带将前臂悬挂起,最后用带状三角巾把伤肢绑在躯干上加以固定。

（3）前臂骨折固定

伤员前臂的掌侧和背侧各放一块夹板,用宽带绑扎固定后,以大悬臂带将伤肢悬挂于胸前。

（4）手部骨折固定

让伤员手握纱布、棉花团或绷带卷,然后将夹板放在掌侧,用绷带固定手及前臂。

2.下肢骨折的固定

（1）股骨骨折固定

用三角巾5~8条,折叠成宽带,分段放好。取长夹板两块,分别置于伤肢的外侧和内侧。外侧夹板自腋下至足部,内侧夹板自大腿根部至足部,在腋部和大腿根部应置棉垫。放好后用上述宽带固定夹板,在外侧做结。如无夹板,可沿股骨纵轴制作牵引带。

（2）小腿骨折固定

取夹板两块,一块在外侧,自大腿中部至足部,另一块在内侧,自大腿根部至足部,然后用宽带4~5条分段固定。

（3）髌骨骨折固定

先缓慢将小腿伸直,在腿后放一夹板,其长度自大腿至足跟,用三条三角巾宽带分别于膝上、膝下和踝部固定,使膝关节呈伸直位。

（4）足踝部骨折固定

采用直角夹板固定。脱鞋,在小腿下放一块垫好棉花的直角夹板,再用三条宽带分别缚扎膝下、踝上和足跖部。

3.脊柱骨折固定

（1）胸腰椎骨折

病人疑有胸腰椎骨折时,千万不能让病人弯腰,以避免骨折处移动导致脊髓受压迫而发生损伤。将硬板或门板置于病人体侧,一人稳住头,再由两人将病人轻轻推滚到木板上,取仰卧位,用数条宽带缚扎。若为软质担架,令伤员采取俯卧位,使脊柱伸直,禁止屈曲。

（2）颈椎骨折固定

由专人牵拉头部固定，用颈托固定颈部或用厚衣服叠成卷，围绕颈部固定。其中一人专管头部的牵引固定，使头部与身体成直线且不摇动，将伤员仰放在硬板担架上。

（三）关节脱位的固定

关节脱位后应争取尽早进行手法复位，若不会复位，则立即用夹板和绷带在关节脱位所形成的姿势下固定伤肢，保持伤员安静，尽快送医院处理。大学生易发生的关节脱位以及固定方法如下：

1.肩关节脱位

可取三角巾或大悬臂带，一条将伤肢前臂悬挂于胸前，在健肩缚结；另一条绕臂于健肩下缚结。

2.肘关节脱位

将铁丝托板弯成合适的角度，置于肘后，用绷带缠稳，再用小悬臂带挂起前臂。若无铁丝托板，可直接用大悬臂带包扎固定。

第二节　运动安全防护

一、运动防护的概念

运动防护是指运动损伤的预防、急救、处置与康复训练的总称。在国际上有世界运动防护总会（World Federation of Athletic Training & Therapy），在中国内地设有中国体育科学学会运动医学分会运动防护专科委员会，中国台湾地区设有台湾运动防护学会。

运动防护师在中国习惯上被称为队医，不仅承担运动伤病预防、急救、康复等工作，还在队中扮演教练、运动员、医师等专业人员之间信息沟通的桥梁角色。运动防护师原来只服务于高水平运动员，随着全民健身的实施以及群众体育的发展，其在对百姓的健身锻炼提供科学的指导意见，在体育产业领域，也能起到拉动健身产业发展的作用。

运动防护师职业定义为"在体育活动中，从事运动伤病预防、评估、急救、处置及康复训练的专业人员"。中国体育科学学会运动医学分会运动防护专科委员会在申报运动防护师为体育行业特有工种时，为了避免与教练混淆，选择与加拿大一样将"athletic therapist"作为运动防护师的英文翻译。如果用运动康复直译英文来找国际上相关的专业，英国的运动康复师（sports rehabilitator）与德国的运动理疗师（sports physio）最为接近，而具体看其工作内容可发现不限于伤后的康复与体能训练，还包括运动伤害预防、急救，与美国的 athletic trainer 或加拿大的 athletic therapist 一样，都是世界运动防护总会的成员，英文名称不同，但中文都是"运动防护师"。

我国目前对康复与运动康复的概念界定不清，集中体现在医学院康复专业与体育学院运动康复专业都考"康复治疗师"职业资格。目前，国内的运动康复专业，一个是直接变成了康复治疗专业，脑瘫、中风的康复成为主要学习内容；另一个是康复加上体能训练，就成了体能康复。美国的康复师或物理治疗师（physical therapist，PT），基本要求学历为物理治疗硕士学位（MPT），近来有讨论升级为物理治疗博士学位（DPT）方能报考。其内容至少涵盖骨科、神经、心肺、小儿等物理治疗大类。运动物理治疗师是类似专科医师的制度，是在取得 PT 资格的基础上，侧重运动相关物理治疗的分科。

二、运动防护的主要工作

一般人受伤后，多数医生会告知病人注意事项，如受伤的组织、是否要动手术、康复的建议等，一般会让病人多休息，不要有太多的活动，但运动员受伤后，不能像一般人一样停止训练与休息。对于运动员来说，要达到更高层次的竞技水平需要进行长时间的科学训练，如果不保持一定的训练，现有的身体机能、运动能力就会相应下降。特别是大赛后或者运动损伤后，终止运动训练会引起训练诱导的骨骼肌结构和机能的适应性完全或部分逆转，从而导致运动成绩下降。在比赛时间与成绩的压力下，运动员的运动伤害康复必须采取较积极的动态休息原则，也就是在不影响受伤部位愈合的情况下，仍然保持其他部位的训练。除了动态休息外，因运动员必须在最短时间内恢复到受伤前的体能状况与运动表现，协助伤后或术后康复的运动防护师需要具备医学、解剖学、运动生理学等专业知识与训练，才能协助运动员在最短时间内恢复到伤前状态。

随着现代竞技体育水平的飞速发展，世界纪录不断被刷新，人的潜能不断被发掘，越来越多的运动项目成绩已接近人体生理极限。而运动员要想提高运动成绩，赶上和超过世界先进水平，就必须承受日益增大的训练运动量，高强度训练以及极限强度训练已成为一种趋势。在这种形势下，训练科学化的要求就越来越高。目前，美国运动防护师协会将运动防护师的工作分为五大领域：预防运动损伤，运动损伤的辨别、评估与紧急处理，运动损伤后的治疗、康复与体能调整，健康管理，专业发展与责任。

（一）预防运动损伤

预防胜于治疗。预防运动损伤涵盖运动防护过程模式的"早期诊断"与"特殊防护"部分。运动防护师针对运动员在从事特殊的活动时，身体和环境与该项活动可能衍生的危险因子进行监控，以降低运动损伤发生的概率与严重程度。具体包括：运动前健康检查、运动机能评估、气温等环境监测、应用贴扎或护具、体能调整等。

各个运动项目有其运动特点，每个项目常见的运动损伤也不一样，运动防护师除了需要了解自身服务的运动项目特点和常见损伤的病理机制、症状诊断和防治措施以外，还需要从运动生理学、运动力学、训练法等分析可能威胁运动员身体健康的风险因子，进而调整这些因子以达到预防的功效，包含训练前的健康检查与疾病筛检、提供个别化的运动护具与贴扎、运动环境安全性检查、运动员体能训练等。

训练前的健康检查与疾病筛检是为了确定运动员的全身健康状况。判定运动员的身体发育和成熟程度、确定其能否参加体育锻炼及选择合适的运动项目。对运动员参加何种竞技运动进行分级,对如何提高他们的健康水平和今后锻炼的注意事项提出忠告和建议。了解被检者的身体特点,有利于运动员选材。通过对体检材料的前后对比,为评价教学和训练水平提供客观的依据。一般人常认为:有哮喘病、心脏病或糖尿病等就不适合从事剧烈运动。其实在良好的监控下,患有这些疾病的人仍有机会在运动场上展现自己。遇到这种情形,训练时运动防护师便需要特别留心这些选手,若发现运动员出现不适等征兆时,就要立即停止训练,必要时协助他们找专科医师做进一步的检查。

在协助运动员选择个别化的运动护具与贴扎方面,运动防护师可以在训练或比赛前为运动员选择适合的护具,也可以针对运动员的需求与旧伤的情形,实施个别化的运动贴扎,尽可能把受伤的风险降到最低。

运动环境安全性也是预防损伤的重要环节,因此运动防护师必须在训练与赛前检查环境有无威胁运动员健康的因子。例如,足球场的草地有无容易造成脚踝扭伤的坑洞,运动员身上的装备如鞋子的大小、弹性与球具等是否符合人体工学或已老旧需要更换,温湿度过高可能产生的热疾病,水分的补充方式等,都是运动防护师需要为教练及选手安全把关的事项。

对运动员体能状况如心肺功能、肌肉适能和柔软度等,是否有能力应付训练及比赛需求来说,运动防护师要具备分析运动专项需求的能力。例如,柔道运动是两方对抗的运动项目,若某位选手的肌力与同量级对手的肌力有落差,较弱一方的受伤机会就可能提升。因此,运动防护师可与运动科学人员合作,为选手设计体能检测方法,提早发现不足之处,一则可以提供给教练作为加强训练的参考,二则可作为运动防护师针对个别选手设计补充训练课表的依据。

(二)运动损伤的辨别、评估与紧急处理

纵使有完善的预防措施,也无法完全杜绝运动损伤的发生,在以挑战极限为目标的竞技运动中更是如此。运动损伤的辨别、评估与紧急处理主要集中在运动防护过程模式的"降低损害"部分。运动防护师需要熟悉问诊、理学检查、功能测试与病历记录,分辨可能的伤害,评估其影响,做出适当的处置。这部分工作与医师的工作类似,但运动防护师仅做急救处理,而非医师权责的诊断与开处方。

平时训练或比赛时,现场未必有医师或其他会急救的医疗专业人员,运动防护师必须担任第一线处理受伤运动员或运动参与者的角色,这也是《全民健身条例》对运动防护师专业救助能力的基本要求。当接触受伤的选手时,运动防护师必须有伤害评估,如病史询问、视诊、触诊、关节活动度检查、神经学检查、循环系统检查、功能性活动测试的基本能力。若需要紧急处理或转诊,运动防护师也必须当机立断,减少可能的疼痛、肿胀或出血,并防止二次伤害或恶化。

在剧烈身体碰撞的运动中,肢体损伤或骨折,甚至心脏停止跳动都可能发生,因此,对运动防护师在运动场上急救能力的严格要求是必要的条件。运动场上的急救,在基本技术要求上不低于一般的急救,甚至可能使用较一般急救更先进、便捷的器材。以心肺复苏术(CPR)为例,一般的体育专业人员只需要有红十字会救护技术合格的水平,而运动防护师就应该合乎美

国心脏医学会(AHA)对专业知识的要求,因为运动防护师是以此为业,而不只是顺手施救的善心人士。美国与我国台湾地区逐步要求运动防护师也需要先取得医疗救护员(EMT)的资格后,才能参加运动防护师资格考试。

在体育运动场域,运动防护师往往会是体育医务的主要决策核心,任何一个不当的判断都可能造成永久的遗憾,无论是同意上场而造成的终身残疾甚至死亡,还是不同意上场而导致失去一生仅有的一次机会。所以不能不要求运动防护师自身的评估水平与处理技术必须到位。

(三)运动损伤后的治疗、康复与体能调整

运动损伤后的治疗、康复与体能调整是运动防护过程模式的"治疗康复"部分。要求运动员每日到医院进行康复治疗在实施中也存在困难,运动员伤后到回场训练、比赛前的体能调整,也是理疗师与教练不好掌握的部分。运动防护师可依医师要求对运动员进行仪器治疗与运动治疗,加速运动员康复,并将运动员调整至可接受教练指导的状态。

运动员受伤后不论是否经过手术,都需要康复与体能训练协助他们恢复受伤前的运动能力。运动防护师与康复师工作领域不同,在专业应用上也有相当程度的差异,一个是回归常人的日常生活,一个是回到运动场参与竞技。

运动医疗团队中的各个专业人员彼此分工合作,医生诊断并提供后续治疗的建议,康复师负责术后或康复运动与仪器治疗,协助受伤运动员的身体状况恢复到可以应付日常活动的强度和机能。但不同的运动员因专项的特殊性,必须再经过针对个别需求设计的运动治疗、运动处方、功能性训练、甚至体能训练,以协助他们重获本体感觉、肌力、肌耐力、爆发力、心肺耐力、敏捷性、协调性等,并调整受伤后的心理状况,才能重拾运动场上的能力,也才能安全地把运动员交回教练的手中接受常规训练。

运动防护师对人体的了解、专项需求及训练的知识,是运动员康复计划中不可或缺的一部分。在国际上,运动防护师取得美国体能协会体能训练师资格几乎已是常态。然而由于运动防护师要求必须经过完整的大学专业训练,所以能考体能训练师的,未必能考运动防护师。只有运动防护师兼具体能训练师资格,而没有体能训练师兼具运动防护师资格。

(四)健康管理

现代的医疗服务已经由医师独大转为链状结构,甚至是网状结构。运动防护师正是运动员与运动队联系整张医疗网的关键。透过运动防护师,运动员可以有效地使用医疗资源,降低信息不对称带来的不良影响。另外,导入公共卫生的知识,确保相关人员的健康,建立紧急应变计划,预防传染病等都是此领域的要点。

运动防护师可根据教练员每个阶段、每个周期训练要实现的目标,进行科学的研究与探索,充实和发展相关的医学措施,以保障运动员系统训练的进程顺利进行,使比赛赛出好成绩。如:怎样提高运动员机体的承受能力,突破生理极限,使运动成绩上一个台阶;怎样使赛前需要快速减体重的运动员,既降下体重又不影响体能等。这些都需要队医深思熟虑去研究、探索、实施。

当运动防护师所照顾的运动员出现生理或心理的不正常征兆时,运动防护师就需要为他

们找寻合适的专业人员,如专科医师、心理咨询师、运动科学人员、体能训练师、营养师等,协助后续的检查、治疗与咨询。运动防护师平时也要提供最新医疗资讯给运动员及教练,让运动团队的成员了解运动防护处理与保健的观念,还要推广与宣传这些信息给喜爱运动的一般人群,宣传运动健康、健康运动的理念。运动防护师每日也要做详细的伤害记录并向教练报告,以及负责运动防护及训练器材的预算管理和购买等行政工作。

(五)专业发展与责任

一个专业的发展是所有专业人员共同的责任。运动防护师自 1881 年开始在美国发展,至今发展 130 多年,形成今天这样的规模与专业地位就是一代代运动防护师辛苦付出的成果。运动防护专业的发展离不开运动防护师,这就要求运动防护师必须不停充实新的专业知识来提高自己的业务水平,掌握本学科最前沿的研究成果,提高专业建设能力;不能满足现状,而要勇于探索、勇于创新、勇于在教学过程中实践,以适应时代发展的需要。此外,其要遵守法律与道德规范,确保专业性与精熟度,以保护运动员、运动参与者和公众的权益。由于运动防护仍为新兴的专业,要加强运动防护知识的宣传,让更多的人了解与学习运动防护知识。

三、体育锻炼中的饮食问题

(一)体育运动过程中不能摄入太多的糖分

如果在赛前半小时或十几分钟内大量饮用糖水,不仅不能提高机体的工作能力,还会造成大量的糖水积累在肝脏和胃内,增加运动的负担,甚至引起腹痛,影响健康。另外,过多的补充糖,使肌肉中糖原和水的储量增多,容易使身体发胖,体重上升,肌肉沉重发硬,使肌肉的伸展性和弹性变差,身体灵活性下降,从而影响身体的运动能力和健康。

补充糖不仅要适量,而且还要注意运动的间隔,一般是在运动前两小时补充糖。

(二)体育锻炼间歇和运动后不能大量饮水

体育锻炼间歇和运动后大量饮水,会造成活动时呼吸困难,增加运动后心脏和肾脏的负担,破坏体内水盐代谢。正确的饮水方法应该遵循以下原则:

(1)坚持少量多次的原则,不能一次暴饮;

(2)水温要适当,稍高于或等于体温;

(3)在水里放点盐,以弥补体内盐分的损失。

(三)运动前后饮酒有害人体健康

运动前饮酒,由于酒精对中枢神经有麻痹作用,在运动中会造成各器官系统机能失调,轻则影响运动成绩,重则会导致胃出血、呕吐、头晕、发冷、痉挛和休克等现象,特别是诸如游泳、体操等项目,更容易直接导致伤害事故。

运动后饮酒,会刺激心脏加速跳动,造成心脏负担加重,大量损耗肝脏功能,破坏胃肠等消化液的分泌,不仅不利于疲劳的恢复,而且有害身体健康。

(四)进餐与运动的合理间隔

一般来讲,进餐后最好休息 1.5~2 小时再进行剧烈运动。饭后过早地参加运动会造成食物滞留于胃部,不能被消化、吸收,出现吐酸水、呕吐、胃痛等症状。由于大量食物在胃内振动,还会造成心脏被动挤压、肠系膜牵扯、胃体的被动扩张和下垂,严重时会出现胃出血等后果。如果运动前大量吃冷食,则会产生更严重的后果,导致难以治疗的肠胃疾病。

运动结束后应先休息 30~45 分钟再进餐,这样既有利于营养的补充,又有利于健康。运动后不宜立即进食,因为运动结束后的一段时间内,运动中枢和交感神经仍处于兴奋状态,消化腺的分泌仍受到一定程度的影响,消化和吸收处于低潮,致使食欲不振,进食量减少,保证不了营养供给。久而久之,还会引起胃肠疾病。如果运动后间隔时间过长,会引起机体过度饥饿,胃肠反射性收缩、痉挛,从而影响健康。再者,由于过度饥饿容易暴饮暴食,也不利于健康。

(五)运动后要少食脂肪

有些人以为运动后体能消耗过大,需要加强脂肪的补充,这种认识是错误的。如果在运动后过多补充脂肪,等到下次运动时,体内储存的脂肪就会立即进行能量代谢,运动时间越长,脂肪参加代谢的比例越大,大量的脂肪在肝脏氧化,对肝功能造成不良影响。另外,在运动结束后,由于产生超量恢复,如果造成肝脏脂肪堆积过多,更不利于肝脏的健康。长期如此,将会损害肝功能。

四、体育锻炼中的运动安全

(一)运动前准备活动要充分

准备活动因地、因时、因人而异,不可千篇一律。
(1)时间:一般需要 20 分钟左右,冬季约 25 分钟,夏季约 15 分钟。
(2)强度:以身体发暖、微微出汗为准,不宜过大,以防过早消耗体能。
(3)性质:一般性与专门性准备活动相结合。
(4)间隔:准备活动与开始运动或比赛的间隔不宜太长。
(5)自我感觉:身体轻松、协调有力、兴奋性适宜、情绪饱满。

(二)运动结束时要做好整理活动

在剧烈的运动结束后,机体必须经过整理活动逐步松弛下来。如果突然终止运动,大量静脉血会集中停留在下肢肌肉中,使返回心脏的血量减少,从而导致脑部贫血和严重缺氧,血压下降,呼吸短促,产生恶心、呕吐、面色苍白、心慌等症状,严重者甚至会有休克和死亡的危险。因此,运动结束后要进行整理活动,使机体逐渐松弛下来,不能立即终止运动,如下蹲或睡在地上等。

整理活动一般需要 5 分钟左右,其要求如下。
(1)逐步缓和:在几分钟内做一些慢跑和放松动作,松弛肌肉。

（2）调整呼吸：配合放松动作做些深呼吸。

（3）稳定环境：运动刚结束，不要立即进入较冷或者温暖房间，不要立即洗温水或冷水浴，最好是身上的汗已经干了，身体恢复安静后再进行。

（三）睡前不宜做剧烈的身体运动

睡前进行剧烈的身体运动，首先会使中枢神经高度紧张，运动结束后神经冲动会持续很长一段时间才能逐渐恢复，所以容易引起失眠、心情烦躁。此外，剧烈运动后，肌肉的紧张难以松弛，没有更多的时间进行整理放松，从而影响睡眠。如果为了调节学习和工作的紧张情绪，在睡前宜进行负荷较小的身体活动，如散步、慢跑、做操等，是有利于健康的。

（四）起床后不能立即进行剧烈的身体运动

睡觉醒后，中枢神经系统还没有真正从抑制过程转入兴奋状态。内脏器官的机能没有得到充分调动，全身的肌肉还处于松弛状态，全身无力、精神不振，整个机体几乎没有适应剧烈运动的能力，因此，不能立即进行剧烈运动。正确的方法是：醒来后在床上坐一会儿，然后在室内走一走，洗脸清醒大脑后，再到室外去，从准备活动开始进行运动。

（五）人体运动过程中要有良好的心理状态

运动前心情不好、注意力不集中或者过于高兴，大脑过度兴奋，都容易影响运动成绩，甚至造成伤害事故。

运动中如果心情不舒畅，情绪不稳定，经常与同伴或对手赌气斗狠，或者自己生闷气，都容易造成自己、同伴和对手的伤害事故。

运动后如果因为胜负、成绩、个人得失引起情绪不好，大脑皮层得不到放松和调整，将影响食欲，影响肌肉的放松，不利于疲劳的消除，这样不仅达不到锻炼的效果，反而会影响健康。运动后应该正确面对胜负、成绩、个人得失，注意积极主动地休息和调节自己的情绪，如听一听轻音乐、与朋友交谈等，保持心情愉快。

五、季节与运动安全

（一）春季运动与安全

春季，微风和畅，天气宜人，是个锻炼的好季节，能够使人体运动进入最佳状态，但春季也是旺盛细菌繁殖的季节，因此，在春季参加运动时也要注意运动安全。

1.要注意克服"春困"

在春天，人们常常感到精神不振、四肢无力，很困倦，总觉得没有睡好觉，即"春困"。在这种情况下，参加体育活动不能一下子进入活动高潮，一定要做充分的准备活动，循序渐进，不能因为气温合适而使运动时间不规律和运动时间过长。

2.身体运动时要防止疾病的传播

春季比较暖和，是细菌繁殖的高峰季节，疾病的传播也很常见。所以，在运动过程中要更加重视个人的卫生,及时洗澡,勤洗衣服;运动中或运动后不能立即吹风或冲凉,防止感冒等疾病危害健康,不要暴饮暴食。

(二)夏季运动与安全

1.夏季运动时要防止中暑

在酷热的夏天,进行体育锻炼要特别注意防暑。但在夏天也不能不进行体育活动,因为越是恶劣的条件,越能锻炼人的机体适应能力,提高人的心理素质。在夏季锻炼必须注意以下几点:

(1)中午(即11~16时)不要安排体育活动,但可以参加游泳运动。

(2)不要在太阳下进行锻炼,要寻找阴凉处和通风的场所进行体育锻炼。

(3)有些运动项目,如长跑、划船等,如果要在日光下运动,必须注意防晒。如戴太阳帽和穿浅色、宽大、透气的运动服等。

(4)注意运动负荷不宜过大,增加间歇时间和次数,并且多在阴凉通风处休息。

(5)夏季人体运动时出汗多,要注意加强水分和盐分的补充,以保证正常的机体代谢平衡,避免中暑。

(6)夏天运动后要洗温水澡,一方面可以放松机体,另一方面可以防止中暑。

(7)夏天要保证夜晚睡眠休息,在中午要睡午觉,人体睡眠不好,疲劳得不到消除,在运动过程中更易造成中暑。

2.夏天运动要防止日光晒伤

强烈的日光照射机体时间过长,会损害身体,即引发日射病。日光中有红外线,在夏季时更为强烈。日光长时间照射机体,光线透过毛发、皮肤、头骨等射到脑细胞,会引起大脑发生病变,同时造成机体各器官发生机能性和结构性病变。日光对皮肤的长时间暴晒,会引发皮肤发红、瘙痒、刺痛、起皮、水泡、水肿、烧灼感等症状。当然,经常参加体育锻炼的人,机体抵抗日光照射的能力便强一些,但必须注意以下几个方面:

(1)刚开始在日光下进行身体运动的时间不能太长,要逐步延长时间,使机体逐渐适应。皮肤由白转黑是机体产生的一种保护性适应,属于正常现象。

(2)夏天在日光下运动,可以涂些氧化锌软膏或护肤油等,以便保护皮肤免遭晒伤。

(3)夏季,运动时间安排在早晚为好。

(4)如果皮肤被晒伤,可用复方醋酸铝液作湿敷或涂以冷膏;若水泡破溃,可涂硼酸软膏(5%)、氧化锌软膏、龙胆紫液和正红花油等。

(三)秋季运动与安全

秋季气温变化较大,空气也很干燥。在秋季进行体育锻炼时,如果忽视了季节特点,有时也会影响健康,特别是容易引发伤风感冒、关节炎、嘴唇干裂、呼吸道发炎肿胀、咳嗽、头痛等疾病。所以,在体育活动中必须注意以下几个方面:

(1)运动开始时要多穿些衣服,待到身体发热开始出汗时,便可逐步脱去一些衣服,特别是早晨气温较低时,更不能先穿单衣运动。

(2)运动后及时将汗擦干,不要让身体裸露吹风,这样容易伤风或得关节炎,所以运动后要注意保暖。

(3)运动时不要或少用口吸气,多用鼻子呼吸,以免冷气刺激咽喉,防止灰沙进入口腔和呼吸道。

(4)运动前后注意补充水分,多吃水果和蔬菜,以防止皮肤和嘴唇干裂。

(四)冬季运动与安全

俗话说"冬练三九",冬季是体育运动者十分珍惜的时机。因为在寒冷的冬季参加体育锻炼,一方面可以更好地提高人体机能和运动水平,另一方面可以更好地提高人体抵抗疾病和御寒的能力,达到增进健康的目的。但冬季的身体锻炼必须要注意机体的卫生与保健,否则会适得其反。

(1)冬季人体运动要做好充分的准备活动,以免造成机体各部位的伤病。

(2)冬季户外运动要注意保护眼睛。因为冬季十分寒冷的气温和冷风对眼睛的刺激较大,可能出现流泪、红肿、角膜受损等症状,所以运动时有条件者可戴防护镜等进行锻炼。不要用手乱揉眼睛。

(3)冬季运动要注意保护皮肤。皮肤承受寒冷刺激是有限度的。所以运动时可以戴手套和帽子,不要在风大的地方运动,避免皮肤潮湿,出汗时注意及时擦干,服装要柔软保暖。可在皮肤上涂些防冻防裂膏,运动后勤洗澡、勤更衣等。

(4)体弱多病者要不断适应冬季锻炼,这样有利于提高机体的抵抗和免疫能力,增进健康。

(5)参加冬泳活动,机体要有一段时间的寒冷适应过程,不科学的盲从行为会损害身体健康。

(6)运动后必须加强保暖和补充能量。

六、女子身体运动与安全

(一)女子参加的运动项目与男子有所差别

女子在青春发育期以前,与男子的机体能力差异不大,所从事的体育锻炼项目也可以没有差别。但是到了青春发育期,特别是开始有月经来潮,机体发生了一系列的变化之后,女子参与的运动负荷与男生应该有所不同。根据女子的生理特点,女子不宜参与举重、散打、足球、撑竿跳高、三级跳远、链球、高单杠、鞍马等项目;女子适合参与体操、健美操、舞蹈、形体操、羽毛球、乒乓球、网球、跑步和游泳等项目。

(二)女子月经期的身体运动安全

1.月经周期

健康女子月经周期为 28~32 天,流血时间为 3~7 天,月经期总的出血量为 50~100 毫升。

2.月经期的运动安全

女子在月经期参与运动,必须注意如下的事项:

(1)月经期应安排较轻的运动量,避免因运动量过大,造成大脑皮层兴奋与抑制过程的平衡失调。

(2)若身体弱,经期腰酸背痛、全身不适、恶心、口渴、头痛、头晕,下腹有痉挛性疼痛等不良反应,应停止锻炼。

(3)月经期如果自我感觉正常,可以进行一般的身体锻炼,如跳舞、健美操、乒乓球等项目,但不要进行长跑、跳远、跳高、足球和篮球等剧烈震动身体的运动。

(4)月经期不能参加游泳运动,因为子宫内膜脱落、流血,形成了创面。一旦冷水和细菌进入子宫,一方面造成被排出的血液和分泌物遇冷凝固不能排出,引起痛经等不良反应;另一方面细菌随水侵入,会引起发炎,危害健康。

(5)运动水平较高又有经期训练和比赛习惯的运动员,要根据身体情况,适当地安排运动训练和比赛。

(6)月经期无论是参加运动或不参加运动,都不要生气、着急,应保持心情愉快。因为一旦神经受到刺激,激素分泌不正常,便会造成月经不调,出现经血过多、流血不止或停经等反常现象。

(7)月经期要勤换卫生巾,运动后更要注意清洗,保持经期的卫生,但不能用过热或过冷的水洗。

(8)月经期不要喝冰凉饮料和酒,不要过多吃酸、辣、冷食物。可以喝红糖水,或用红糖、生姜与茶煎汤喝,这有利于温热养身和缓解疼痛。

(9)月经期间要注意休息与睡眠,学习、工作、锻炼等不要占时间过多,以防止过度疲劳。

第三节　不同运动项目的常见损伤

运动可以促进健康,但运动损伤也不可避免。掌握常见运动项目的损伤以及预防措施,可以更好地享受运动,促进健康。本节主要介绍了马拉松、羽毛球、游泳、足球、篮球运动中的常见损伤以及预防措施。

一、常见马拉松运动项目的损伤及其预防措施

马拉松(marathon)是国际上非常普及的长跑比赛项目,全程距离 26 英里 385 码,折合为

42.195 千米。马拉松分全程马拉松(full marathon)、半程马拉松(half marathon)和四分马拉松(quarter marathon)三种。马拉松是当下最受欢迎的运动项目之一,因不受场地限制,还可以跟专业选手同场竞技,被接受程度比其他运动项目更高。然而,这几年的马拉松赛事中,参与者受伤甚至猝死事件时有发生。马拉松项目常见损伤有运动性腹痛、小腿抽筋、踝关节扭伤、肌肉拉伤、运动性猝死以及昏厥。

(一)马拉松项目常见的损伤

1.运动性腹痛

运动性腹痛是指由体育运动而引起或诱发的腹部疼痛。运动时腹痛的原因比较复杂,马拉松运动出现腹痛的一般原因是准备活动做得不充分,运动前饮食过饱,呼吸节律紊乱,加上天气比较冷,开始跑时吸入了大量的冷空气或起跑速度过快等出现的"岔气"现象。出现腹痛时不要紧张,应降低运动强度,如减慢速度、加深呼吸,并用手按压疼痛的部位并弯腰跑一段距离,做几次深呼吸,疼痛会减轻或者消失。如果经上述处理仍然无法缓解,应退出比赛并进入救护站处理。为了预防比赛中出现腹痛,在赛前做好充分的准备活动是非常重要的。如运动前不宜过饱、过饥,饭后休息后才能运动;运动前应进食易消化及含糖高的食物,不宜吃油炸、油腻、易产气、难消化的食物;夏季补充盐分,冬季注意腹部保暖;做好准备活动和整理活动,动作不要太猛,呼吸节奏与运动节奏相一致;不要突然加速或变速跑;及时治疗腹部脏器炎症;女性在月经期间的运动量应该减少,并注意保暖;运动过程中注意保护自己,尽量减少身体上的碰撞。

2.小腿抽筋

在马拉松比赛中有时会出现小腿抽筋或小腿肌肉长时间不由自主收缩的现象。原因是准备活动做得不充分,比赛时肌肉从静止状态突然进入比较剧烈的运动状态,小腿肌肉不能马上适应,尤其在气温比较低的情况下,腿部肌肉突然受到寒冷刺激或由于身体大量出汗,体内液体和电解质大量丢失而引起小腿抽筋。比赛中若出现小腿抽筋,应该马上减慢速度逐渐停下来,可以在地上坐平,双手伸直触摸脚趾,用手紧紧地抓牢发作腿的大脚趾,向上反掰,并且保持膝盖紧贴地面伸直,稍许便可恢复正常。可以按摩小腿痉挛处,如果不能缓解,应进入救护站处理。

此外,赛前准备活动一定要做得充分,要达到身体发热的效果,天气冷时要适当延长准备时间,注意小腿保暖,要加强体育锻炼,必要时补充一些维生素 E 并适当补钙。

3.踝关节扭伤

踝关节扭伤俗称"崴脚",是比赛中经常遇到的一种运动损伤,踝关节扭伤会造成踝关节周围的肌肉、韧带等软组织撕裂,出现瘀血、肿胀、疼痛等症状。其发生原因是准备活动不充分、跑步技术不正确、注意力不集中、路面不平等。预防踝关节扭伤的关键是做好充分的准备活动,提高运动技能;在比赛中提高安全意识,集中注意力以及平时加强对踝关节的锻炼。比赛中一旦出现踝关节扭伤,一般应退出比赛,进入救护站进行治疗。

4.肌肉拉伤

肌肉拉伤是肌肉在运动中急剧收缩或过度牵拉引起的损伤。肌肉拉伤后,拉伤部位剧痛,用手可摸到肌肉紧张形成的条索状硬块,触痛明显,局部肿胀或皮下出血,活动明显受到限制。准备活动不当、训练水平不够、疲劳、错误的技术动作或运动时注意力不集中、动作过猛或粗暴、气温过低、湿度太大、场地或器械的质量不良等都可以引起肌肉拉伤。比赛中如果出现肌肉拉伤,一般应退出比赛,进入救护站进行治疗。为了防止比赛中出现肌肉拉伤,在赛前要做好充分的准备活动,尤其要活动开下肢。体质较弱、训练水平不高的在比赛中要量力而行,不要速度过快,注意使用正确的技术动作。

5.运动性猝死

运动性猝死是指有或无症状的运动员和进行体育锻炼的人在运动中或运动后 24 小时内意外死亡。运动性猝死不是由运动这个单一因素导致的,而是由运动和潜在的心脏病共同引起的致死性心律失常所致。

运动性猝死发作突然,病程急,病情严重,难以救治。运动猝死尽管发生概率很小,但却是运动医学领域所面临的最严重的问题之一,对体育运动的发展有着重要的负面影响。对于参赛者来说,要重视和加强健康检查,特别是对心血管系统的严格监测检查。对运动员进行定期健康检查,包括常规体检和赛前体检,以及心电图检查等。在运动中若出现胸闷、胸痛、胸部压迫感、头痛、极度疲劳和不适等先兆症状,应引起足够的重视。

6.昏厥

昏厥是指因短暂的全脑血流量突然减少,一过性大脑供血或供氧不足,以致网状结构功能受抑制而引起意识丧失。其历时数秒至数分钟,发作时不能保持姿势张力,故不能站立而晕倒,但恢复较快。常见面色苍白、四肢湿冷、出冷汗、头晕、恶心、心跳急速、脉搏细弱、呼吸表浅甚至昏迷不醒等症状,这些症状可能发生在昏厥之前或当中。处理方法是将病人置于头低足高位,保证脑组织有尽可能多的血液供应量,维持气道畅通和松开衣物,尤其是颈部衣物,如果患者呕吐,应使其侧卧以防止堵塞呼吸道。经过上述处理,病人清醒后应送救护站治疗。

(二)马拉松比赛的注意事项

1.赛前准备

马拉松这项运动很耗费体力,所以在比赛前后需要做好充分的准备。

(1)赛前准备活动一定要做充分。马拉松运动是长距离有氧运动,赛前必须刺激运动中枢神经的兴奋灶,使体温升高,提高肌肉协调性、伸展性和弹性,降低肌肉黏滞性。

(2)注意赛前饮食。赛前多吃果蔬、保证睡眠;多吃单糖类食品,不吃垃圾食品,如油炸食品;不要食用太多主食,赛前要排空大小便,做到"轻装上阵"。

(3)一定要消除紧张情绪,保证充足睡眠,避免体力能量消耗。

2.赛中及时补充生理盐水

比赛时的水最好含有少量盐分、糖分,以及时补充大量流失的盐分和各种微量元素,保持充沛的体力。

3.赛后放松

比赛结束后不要突然停止,应变为小步慢跑,逐步停止,然后全身放松活动。

二、常见羽毛球项目的损伤及其预防

羽毛球是一项室内、室外兼顾的运动。依据参与的人数,可以分为单打与双打。羽毛球运动对选手的体格要求并不是很高,却比较注重耐力。由于要不停地进行脚步移动、跳跃、转体、挥拍,合理地运用各种击球技术和步法将球在场上往返对击,因而羽毛球运动中常见的运动损伤包括肘关节内外侧软组织损伤、三角纤维软骨盘损伤、肩部损伤、腰部损伤以及髌骨劳损。

(一)肘关节内外侧软组织损伤

1.病因与病理

在羽毛球运动中,其发生率约占总损伤的6%左右(内侧高于外侧)。

肘关节内侧软组织损伤的原因主要有:(1)羽毛球正手扣杀或击球过程中出现错误的技术动作,特别是在上臂外展,肘关节屈曲90°,肘部低于肩部时进行羽毛球的扣杀动作。(2)突然或是猛烈做前臂旋前和屈腕的主动收缩或肘关节爆发或过伸,肌肉和韧带不能适应动作的冲击力。(3)局部负荷过度、肌肉疲劳、准备活动不充分,如正手回击和扣杀时,羽毛球拍的反作用力或进行鞭打击球时所致的肘关节爆发或过伸,或者抽球、扣杀时的屈腕动作。

肘关节外侧软组织损伤的原因主要是反拍扣杀,抽打训练过多,肌肉性能差,准备活动不充分,局部存有滑囊等因素所致。损伤原理为伸肌群突然收缩,使肌肉或关节囊韧带受到剧烈牵拉或因经常做前臂的旋后或伸腕动作,深层组织反复摩擦,挤压造成局部劳损性病变,滑囊的过分刺激而引起。

2.症状与诊断

羽毛球运动的急性损伤者,伤后即觉手肘内、外侧剧烈疼痛,局部出现水肿,甚至出现皮下瘀血的症状,肘关节活动受到限制,做伸肘或屈肘运动时疼痛加剧。慢性损伤者,肘部无明显的外在症状,压迫损伤部位疼痛明显,做肘关节被动外展、外旋或曲肘、屈腕、前臂旋前抗阻力收缩活动时,或做腕关节背伸前臂旋后抗阻力活动和肘关节稍弯曲,腕关节尽量掌屈,然后前臂旋前并逐渐伸直时,均可出现疼痛明显加重。检查发现肘关节有松动,侧扳肘关节间隙加宽或外内翻角度增加,或出现肌肉上端有凹陷或裂隙等现象,则可诊断为肌肉韧带完全断裂的可能。

3.防治措施

运动前要做好准备活动,合理安排运动量,避免肘部过度运动。比赛和练习后,要加强肘部按摩,消除疲劳,提高肘部运动能力。

损伤的治疗分为急性损伤期的治疗和损伤后的治疗。急性损伤期应立即限制肘关节运动,损伤早期可采取局部冷敷、加压包扎、外敷伤药的措施。损伤后的24~48小时内,可根据损伤状况采取理疗、按摩、外敷中药的治疗措施。对慢性伤者,应以理疗、按摩、针灸治疗为主,对有肌肉韧带断裂或伴有撕脱、骨折者,宜进行手术缝合术等。在伤后练习与康复安排时,急性期要停止进行容易再伤或加重损伤的一些动作的活动,如正反手的扣杀、抽球等,要等到损伤部位已基本没有疼痛后,才可进行运动量和强度逐渐增加动作的练习,一般需2~3周的时间。在伤后练习与康复时,应戴保护装置,如护肘、弹力绷带等,要加强前臂肌肉群的力量练习和伸展性练习。

对肘内侧软组织损伤者,特别是肘关节有一定松弛者,进入正式练习的时间应适当延长,否则很容易造成再度损伤,甚至骨关节病。

(二)三角纤维软骨盘损伤

三角纤维软骨盘连接桡骨和尺骨远端的主要结构,在羽毛球运动的腕部损伤中,其损伤发生率占整个羽毛球运动损伤的3%左右。

1.病因与病理

羽毛球运动中,腕部三角纤维软骨盘损伤的发生,绝大多数是由于慢性损伤或运动劳损所致。主要是因练习中前臂和腕部反复地旋转,负荷过度,使软骨盘长期受到摩擦以及桡尺远侧关节受到过度的牵拉。而准备活动不充分、握拍或击球动作不规范、前臂与腕关节柔韧素质较差等也是造成损伤的原因。三角纤维软骨盘急性损伤大多是因运动不慎导致摔倒,手掌应急撑地而致。该损伤的原理是由于前臂极度旋转时,尤其是在腕背伸下的旋前时,会使桡骨的远端趋向分离,三角纤维软骨盘会被拉紧、扭动,如果旋转力或剪力作用过大,就会使三角纤维软骨盘的附着处撕断或分离甚至使软骨盘撕裂,而桡尺远侧关节间亦可产生不同程度的扭伤、分离或脱位,在羽毛球运动的过程中,握拍手的前臂与腕部,在完成各种击球技术动作时,往往需要处在上述力学作用的状态下,因此三角纤维软骨和桡尺远侧关节的受损概率很大。

2.症状与诊断

运动损伤者往往会感到腕关节尺侧或腕关节内疼痛,腕部感到软弱无力,当前臂或腕部做旋转活动时,疼痛会加重。对其进行检查时腕部无肿胀,压痛点多局限于尺骨茎突远方的关节间隙处和桡尺远侧关节背侧间隙部,做腕关节背伸时,尺侧倾斜受压即可出现疼痛,如有桡尺远侧关节松弛或半脱位、脱位,则可发现尺骨小头明显地在腕背部隆起,推之活动范围明显增加,按之可见平、松手又再见隆起,握力检查有减退。可通腕软骨旋转挤压试验进行诊断,即将患者腕关节极度掌屈,并旋前尺侧偏,然后旋转挤压,不断顶撞尺骨小头。患者尺骨小头远端出现疼痛或响声为阳性,提示腕三角纤维软骨盘损伤。

3.防治措施

要及时暂停或控制腕部运动,将前臂用绷带固定于中立位,并限制腕与前臂的旋转活动,局部外敷消肿止痛药,关节内注射肾上腺皮质激素类药物,如有尺骨小头向背侧隆起者,则须用压垫加压全扎固定。

急性伤者应暂停腕部活动,特别是腕部旋转活动,损伤组织修复、愈合后才可进行腕部正常练习活动,一般约需3~4周。在腕关节屈伸和支撑动作无疼痛后,可逐渐加入腕与前臂的旋转动作,练习时必须戴保护支持带。慢性伤者进行练习时,所戴的保护带应对腕关节背伸和旋转活动有较大限制,如戴上护腕或在护腕外加弹力绷带加以包扎,以防止训练再受伤。

运动者在运动时应合理安排腕部的局部负荷,加强前臂与手腕的力量练习和柔韧性练习,佩戴护腕,做好局部准备活动,改进和提高握拍和击球技术等。

(三)肩部损伤

羽毛球运动中极易发生肩部软组织损伤,其中又以肩袖损伤最为常见,约占肩部损伤的80%,肩袖损伤约占整个羽毛球运动损伤的14%左右。

1.病因与病理

肩袖损伤可由一次急性损伤而引起,又未及时彻底治疗而继续受损,以致逐渐转变为慢性损伤。一些伤者因肩关节长期反复地旋转或超常范围地活动,引起肩部肌腱受到肱骨头与肩峰或喙肩韧带的不断挤压、摩擦,使其微细损伤,逐渐劳损和退行性变而引起。另外,技术动作错误或准备活动不充分、肩部肌肉力量差、肩关节柔韧性不佳等因素也是促进肩袖损伤的一些因素。

2.症状与诊断

多数病例有一次或多次伤史,部分患者无明显伤史,症状渐起:肩痛,多在肩外侧痛,可向三角肌上部或颈部放射,在肩关节外展或同时伴有内外旋时往往出现疼痛;压痛,在肩峰下肱骨大结节处有压痛;肿胀,急性患者可有局部肿胀,痛弧实验呈阳性,外展和外旋抗阻力试验呈阳性。

3.防治措施

理疗、针灸、按摩、外敷伤膏药或局部药物封闭注射等,都可取得较好的效果。

急性伤者应将上臂外展30°固定休息。急性损伤或慢性损伤急性发作的伤者应适当休息,避免肩部超范围急剧转动活动或专项技术练习。急性期后应尽早开始肩关节的绕环及旋转活动,但锻炼应循序渐进。慢性病者可从事肩部的各方活动,但应避免引起疼痛或加重损伤的动作。为加强肩部肌肉力量,可采用上肢外展80°~90°的屈肘负重静力练习,负荷重量因人而异,逐渐递增,时间以30秒到1分钟或以不能坚持为止。

此外,要充分做好准备活动;及时纠正错误动作;注意发展肩部肌肉力量和肩关节的柔韧性,特别要加强肩部小肌肉群的练习;合理安排局部负担量等。

(四)腰部损伤

腰部损伤指腰臀肌肉、筋膜、韧带或椎间关节等软组织损伤,俗称"腰肌劳损"。在羽毛球运动中,患有慢性腰痛者的60%属于此病症,占整个羽毛球运动损伤的11%左右。

1.病因与病理

腰部损伤大多是由于局部劳损或慢性细微损伤逐渐积累而形成的。而腰部活动过于频繁,腰部负荷量过大,动作爆发用力超越腰部所能承受的能力,动作超越了脊柱的功能范围,再加上肌肉力量差,便容易造成急性损伤。而腰部损伤后未及时、彻底治愈,训练时又不注意自我保护,则容易使急性损伤逐渐转化成慢性损伤。

2.症状与诊断

腰部损伤的诊断症状有疼痛,轻伤时常无疼痛,过后或次日晨起时觉腰痛,重伤后立即感觉疼痛,甚至在发生扭伤一瞬间,疼痛较剧烈;腰间盘髓核突出症,若腰痛伴有小腿或足部放射痛,在胸腹内压力改变(如咳嗽、打喷嚏、大便)时窜痛,麻木加重,则有可能是腰间盘髓核突出症;脊柱生理弯曲改变,可出现侧弯、腰曲减小或消失;腰部活动障碍和肌肉痉挛,如腰背肌拉伤,在弯腰和侧屈时疼痛,并在抗阻伸脊柱活动时出现伤处疼痛;椎间关节扭伤或错位、椎间盘髓核突出症的患者,常伴有患部棘突偏离正中线。

3.防治措施

腰部劳损的物理疗法有针灸、按摩、外敷新伤药、内服跌打伤药,必要时可采用痛定封闭等。急性疼痛期,要及时治疗,卧床休息,避免重复受伤,防止劳损症状的形成。腰部损伤康复练习,要在护腰带的保护下进行,练后腰疼加重者,应暂行专项练习,练后疼痛无明显加重者,可按原计划进行练习。康复练习时以加强躯干肌的力量和柔韧性为主,同时也要重视相关肌肉的锻炼(如腹肌、两侧躯干肌等)。另外,练习前要做好局部准备活动,练习后做好放松与恢复,如热敷、按摩、伸展动作等。

腰肌劳损的防护措施主要有以下几点:做好充分的准备活动,使腰部肌肉的力量和协调性得到提高;运动时要集中注意力,做羽毛球扣杀动作时肌肉不要完全放松,应保持一定的紧张度;掌握正确的羽毛球技术动作;加强腰部肌肉力量和伸展性的锻炼,同时还要加强腹肌练习,避免脊柱及韧带的损伤。

(五)髌骨劳损

髌骨劳损在羽毛球运动中的发生率很高,是膝关节部位常见的一种运动损伤,约占整个羽毛球运动损伤的13%左右,约占羽毛球膝关节损伤的3/4。髌骨劳损会给羽毛球参与者带来较大的影响。

1.病因与病理

髌骨劳损的发生,少数病例是由于一次性的膝关节损伤,如受到猛烈撞击(摔倒、膝跪地等)或膝关节扭伤引起,绝大多数是由于膝关节在半蹲位状态下活动频繁,负荷过大,使髌骨关节软骨面受到反复摩擦、超量负荷或细微损伤而造成,从而引起一系列的病理变化。另外,准备活动不充分,膝关节周围肌肉力量不足,平时不注意保护膝关节,则更易诱发髌骨劳损。

2.症状与诊断

膝关节无力、发软、疼痛,髌骨边缘有指压痛,髌骨压迫痛,伸膝抗阻痛,部分伤者可有髌骨摩擦实验阳性。

3.防治措施

应采取积极的练治结合康复措施。常用的治疗手段有物理疗法(红外线照射、超短波等)、中草药外敷、针灸与按摩下肢和膝关节周围,必要时可在关节腔内或痛点处注射肾上腺皮质激素类药物。

羽毛球运动员髌骨劳损后,应根据损伤的程度合理安排伤后练习,要治练结合。对有膝无力、酸痛、活动后症状消失的轻度伤者,可加强膝功能锻炼,适量调整膝关节负荷较大的专项练习。对半蹲时疼,活动后症状减轻,锻炼后加重,休息后又减轻的中等程度伤者,在不加重髌骨损伤的前提下,增加中等强度的膝部功能练习,尽量不做膝关节负荷较大的练习。对膝关节疼痛明显,甚至走路都痛的重度伤者,应停止膝部专项练习,不能进行半蹲位的发力动作,可以进行静力半蹲或"站桩"等膝关节功能练习。膝关节的准备活动要充分。练习内容要多样化,不使膝关节过度疲劳。锻炼后应充分放松并自我按摩,加强自我保护并加强膝关节周围肌肉的锻炼。

三、常见游泳项目的损伤及其预防

游泳运动包括自由泳、蝶泳、仰泳和蛙泳四种泳式,也是四大基本项目。泳式不同,技术要求不同,运动时发生的损伤也不同。游泳的运动损伤多为劳损性损伤,损伤部位以腰、肩、膝、踝、颈、腕为主,故有"游泳肩""蛙泳膝""游泳踝"等损伤症状。由于水的浮力作用,游泳运动损伤的发病率比其他项目少。损伤部位依次为腰背、四肢、肩颈、骨盆,且多为慢性或急性转慢性。

(一)损伤特点

游泳的任何姿势都需要腰部肌肉维持身体平衡、控制方向,故游泳运动腰部损伤较为常见,游泳运动需要大腿带动膝部运动打水,膝部容易发生滑囊炎。在游泳动作中,踝关节常会处在极度背屈或跖屈位,很易发生腱鞘炎。各种游泳姿势除了游泳通病,还有各自特有的损伤:仰泳、蝶泳等对肩的要求高,肩的反复旋转、摩擦容易导致肩袖肌、肱二头肌与喙肩韧带损伤,引起肩撞击综合征等疾病;蛙泳的蹬夹水动作中,膝外翻、小腿外展伴外旋情况下突然发力,容易造成膝关节内侧副韧带与半月板损伤,甚至可引起交叉韧带损伤。

(二)损伤原因

1.准备活动不足
在游泳正式训练前,忽视全身关节的准备活动,因而在训练中动作僵硬、不协调而致伤。

2.技术动作不规范
错误的划水、蹬夹水、打水或移臂技术动作,会违反机体形态结构特点和生物力学原理而导致损伤。

3.负荷过重
长时间采用单一的蹬腿或划水练习的局部负担以及有时动作速度过快、用力过猛均能导致损伤。

4.缺乏放松练习

训练时关节肌群负荷过重,训练后缺乏放松练习和牵引练习,往往造成肌肉疲劳积累,肌肉僵硬,在连续训练时受伤。

(三)预防方法

(1)游泳运动中一旦发生损伤,必须减小运动负荷或停止训练,采取积极的治疗措施,处理好治疗和训练的关系,避免同一部位反复损伤造成劳损。

(2)教练员应结合理论知识,根据运动员身心特点,科学合理地安排运动负荷和运动强度,采取手腿交替泳式穿插进行训练,避免局部负担过重而引起肩、膝关节损伤。

(3)训练和比赛前应加强易受伤部位的准备活动,以适应训练和比赛的需要。

(4)提高运动员自我控制和调整运动负荷的能力,及时了解运动员伤情,做到早诊断、早治疗。

(5)定期对运动员进行体检,做好医疗保健和医务监督工作,并将所得信息及时反馈给教练员,供其调整和修改训练计划时参考。

(6)教练员与科研工作者应密切合作,共同制定预防肩、膝关节损伤的有效措施,科学掌握游泳运动训练中负荷量和负荷强度,加强对受伤运动员的跟踪监测工作。

四、常见足球项目的损伤及其预防

足球运动(除守门员外),是使用下肢运动的特殊运动项目,故足球运动造成的损伤多集中在下肢。国外有资料显示,足球运动是急性创伤发生率最高的项目,其中轻者可为皮肤擦伤,重者可为骨折、关节脱位及内脏破裂。在足球运动中,急性创伤除一般的擦伤和挫伤外,最为常见的是踝关节扭伤,其次是大腿前后肌肉拉伤、挫伤,再次是膝关节的创伤。随着足球运动的不断发展,膝关节联合损伤(胫侧副韧带、半月板及交叉韧带同时损伤)的发生率有上升的趋势。

足球运动中慢性创伤中发生率最高的是"足球踝"(踝撞击性骨折,亦称骨关节炎),主要是由踝关节局部劳损所致,X 光片显示踝关节前后骨质增生。其次耻骨炎和髌骨软骨病亦很常见。

(一)足球运动损伤的原因

1.对手犯规和不慎造成损伤

由于足球运动的特点,部分足球运动员将动作粗野当成勇敢顽强,把犯规动作当成合理踢球,于是乱冲乱撞,踢、拉、绊、背后铲人和铲球并用,由此造成损伤。值得注意的是,出于竞技赛事的需要,更增加了运动员犯规和不慎造成对手损伤的可能。

2.足球技术动作不正确造成损伤

在足球训练或比赛中,经常可以看到由于基本技术掌握得不牢固,如运控球时因踩球而摔倒,踢球时脚踢到地面等,及各种踢球的动作和发力、头顶球的部位、胸腹停球的动作、抢截球的基本概念以及守门员的扑、接球姿势不正确而造成创伤。

3.自我保护意识不强造成损伤

由于自我保护的意识及能力不足,在对方出脚或动作已发生时,不知道或做不到及时收脚或制动闪避而发生碰撞,造成损伤的现象也较为常见。

4.身体素质不足造成损伤

足球技术动作较复杂,需要运动者经常改变体位,在非正常状态下完成动作。足球技术、战术练习及比赛中,由于各类因素的影响,运动员下肢各关节、肌肉的力量和柔韧性较差,急停、急起、突然变向时,由于膝、踝等关节受到运动方向和力的变化,使下肢关节的负荷加重,时间一长,就会导致交叉韧带或侧副韧带等撕裂。

(二)常见足球项目的运动损伤

1.擦伤和挫伤

运动员在进行激烈比赛时,出于对比赛的重视,经常不得已采取犯规的动作,如拉人、绊人等。在对方铲球时,由于自身速度过快也经常会造成损伤。一般发生的部位是四肢、面部等。

2.拉伤

肌肉拉伤往往是在外力直接或间接作用下,肌肉过度收缩或被动拉长而导致肌纤维断裂。发生的主要部位通常是在腿前、后肌群和小腿三头肌。多见于起动冲刺、射门、长传、急停变向等动作之中。造成拉伤的原因多是准备活动不充分,肌肉的生理机能尚未达到适应高强度活动的需求状态;身体训练水平不够,肌肉的弹性、伸展性、肌力差;疲劳状态下肌肉机能下降等。

3.扭伤

扭伤通常发生在关节韧带处,在外力作用下使关节发生超常范围活动而造成关节内外侧韧带的闭合性损伤。这一类伤最容易出现的部位通常是踝关节外侧韧带、膝关节内侧韧带等处。发生扭伤的原因主要是场地不平,技术动作错误,踩脚,遇到突然情况时的急停、急跳,对方冲撞等。

4.抽筋

人们常说的抽筋,又称肌肉痉挛,是由于肌肉失去正常调节功能后不由自主地强直性收缩的一种反应。在足球运动中,这种抽筋现象更多地出现在小腿腓肠肌处。造成抽筋的原因可能是因奔跑过多,肌肉过于疲劳;或因出汗过多,盐分损失超量;或因天冷肌肉发僵,受突然动作的强刺激等。

5.骨折

骨的完整性遭到破坏(骨断或骨裂)称为骨折。骨折是足球运动中较为严重的损伤,骨折可分为闭合性骨折(即骨折断端与外界不相通)和开放性骨折(骨端与外界相通),其发生率较低。主要发生部位在小腿腓骨、膝前髌骨、足外踝、肩锁骨以及肘部鹰嘴等部位。如拿球突破切入时被绊倒跪地引起髌骨骨折,守门员扑球时摔倒造成锁骨骨折,或者是"对脚"引起腓骨骨折等。

(三)常见运动损伤的处理

运动损伤发生后,现场的紧急处理非常重要,处理得当可减少伤后的并发症,加快损伤的康复。在治疗过程中,排除骨裂、骨折、肿瘤等情况后,对软组织损伤者施以推拿治疗。一般的处理原则是急性损伤者48小时内采取冷敷、制动、加压包扎等措施;48小时后施以力量适中的点和面的摩、揉、搓、按、滚、叩、抓提、弹拨等手法治疗,以消肿散瘀、舒筋活血、镇静止痛、恢复功能。对慢性劳损性病者,以痛点为中心,大面积地施以适中或重力量的摩、推、抹、按、滚、牵拉、抖等手法治疗,目的是直接松筋解挛、剥离粘连、开塞通窍、镇静止痛、恢复功能。按摩时间为每天1次,每次30~40分钟。

(四)运动损伤的预防

(1)根据足球运动的特点,以及运动损伤发生的原因,只要采取针对性的措施加以预防,就能够避免和减少运动损伤的发生。

(2)加强足球运动员的体育道德教育,树立正确的运动动机,使运动员分清勇敢与粗野的区别,杜绝故意犯规的行为。

(3)重视运动员的身体素质,尤其是下肢各关节、肌肉的力量和柔韧性,并利用一些足球专项身体素质的练习方法,加强对易伤部位的练习。

(4)有效改善足球场地设施,加强对场地的管理和维护。

(5)加强对运动员体育健康知识的教育,提高运动员的自我保护意识及能力,养成良好的体育卫生习惯。

五、常见篮球项目的损伤及其预防

(一)篮球项目介绍

篮球运动是对抗性很强的集体球类运动项目,在比赛进行中需要进攻和防守瞬间交替,突然起动和停止、跳跃和下蹲、体位改变等动作较为频繁,因此,篮球运动过程中,非常容易出现各种运动损伤。据统计,篮球运动最易发生运动损伤的部位依次是膝关节、足踝部、腰部、手部、头面部等。运动损伤的性质多数为关节囊损伤、韧带扭伤、髌骨劳损和软组织挫伤等。

(二)篮球项目的常见损伤原因及其预防措施

1.缺乏合理的准备活动

科学充分的准备活动可以迅速提高机体性能,防止运动损伤的发生。不做准备活动或准备活动不充分,准备活动内容与正式运动内容不符、缺乏专项准备活动,准备活动的量和强度安排不当,准备活动距正式运动的时间过长,这些不当的准备活动是篮球运动损伤发生的重要原因。

2.技术上的错误

篮球技术不正确除不能获得较好的比赛成绩外,还会造成身体的运动损伤,如接球动作手形错误易造成手指挫伤、迅速变向技术不正确易造成膝关节和踝关节扭伤。

3.练习安排不合理

篮球运动练习安排不合理,没有充分考虑锻炼者的生理特点,使局部负担过大,引起微细损伤的积累而发生劳损;或者在教学训练中,不遵守循序渐进、系统性和个别对待的原则。

4.身体功能和心理状态不良

在休息不好、患病受伤或伤病初愈阶段,肌肉力量、动作的准确性和身体的协调性显著下降,警觉性和注意力减退,反应较迟钝。此时参加剧烈运动或练习较难的动作,就可能发生损伤。

5.动作粗野或违反规则

任何违反规则的粗暴行为都会增加损伤发生的概率。

6.场地设备的缺点

场地不平整、过滑和过硬,或运动时的服装和鞋袜不符合运动卫生要求等,都是损伤的诱因。

7.不良气象的影响

如气温过高易引起疲劳和中暑,气温过低易发生冻伤,或因肌肉僵硬、身体协调性降低而引起肌肉韧带损伤;潮湿高热易引发大量出汗,发生肌肉痉挛或虚脱;光线不足、能见度差会影响视力,使兴奋性降低和反应迟钝而导致受伤。

(三)常见的篮球运动损伤

1.踝关节扭伤

(1)损伤原因

在运动中,由于场地不平,以及跳起落地时身体失去平衡或过度疲劳等原因,使踝关节发生过度内翻(旋后),引起外侧韧带的过度牵扯、部分断裂或完全断裂。

(2)症状与诊断

①有踝跖屈内翻的外伤史。

②踝部关节外侧、踝尖前下方疼痛,走路和活动关节时最明显。

③局部肿痛。肿痛迅速出现,皮下可见瘀血。

④功能障碍。因组织断裂,关节积血或撕裂的韧带嵌入关节内,使行走疼痛,出现跛行。

⑤局部明显压痛。压痛多在外踝前下方,则是单纯韧带损伤;压痛多在外踝或踝尖部,则可诊断是否有撕脱、骨折。

⑥内翻痛。即握住患肢前足,使足被动内翻,在踝关节外侧的损伤部位出现疼痛,即为内翻痛,如内翻运动超出正常范围,外侧关节间隙增宽,距骨在两踝之间旋转角度增大,表示外侧韧带完全断裂。

(3)处理方法

①在现场急救时,立即用拇指压迫痛点止血,同时做强迫内翻试验,检查韧带是否完全断裂,并立即给予冷敷、局部加压包扎,休息时应抬高患肢。

②较轻的韧带拉伤以粘膏支持带固定,并以弹力绷带包扎后,应立即敦促其活动,必要时可于第二日外敷止血、活血化瘀的药物,但一般认为用支持带及早期活动是最好的方法。

③较重的外侧韧带拉伤、肿胀及肌肉痉挛较明显。消除肿胀是首先应考虑的问题,且压迫包扎非常重要。24小时以后,根据伤情可选用新伤药外敷、理疗、针灸、按摩、药物痛点注射及支持带固定等,并应及早锻炼踝关节。

④对严重的韧带撕裂伤,应及时将病人送医院治疗。

2.膝半月板损伤

(1)损伤原因

在篮球运动中,由于落地不稳、转身跳起、跨步移动、进攻受阻等技术方面的问题,膝部负荷过大、过于集中或膝关节周围各肌肉群力量发展不均衡、膝关节稳定性差等原因易造成膝半月板损伤,这是膝关节较多见的运动损伤之一。其急性伤多为间接外力引起。半月板损伤多有并发损伤,如内侧副韧带断裂、十字韧带断裂、滑膜和关节囊损伤等。

(2)症状与诊断

①伤后剧痛,呈牵扯样、撕裂样持续痛。其疼痛特点是早期范围大,随病情发展而缩小并逐渐集中在局部,因而临床上表现为疼痛剧烈、痛点集中。

②半月板损伤后的异常活动刺激滑膜,久之,出现无菌性炎症反应,使分泌增多,渗出增加,造成关节内积液、积血,出现瘀血和肿胀。

③出现伤后膝关节屈伸活动严重受限的功能障碍。

④膝伤后,出现做膝屈伸活动时突觉有异物"卡"住而不能活动的绞锁现象。多数人经主动或被动活动后可自行"解锁"。

⑤膝关节活动时有关节响声。这是由于半月板破裂后,膝关节活动时股骨与距骨彼此间摩擦、弹动而产生的,可发生在一定角度上。

(3)处理方法

①对急性损伤者,早期处理应局部冷敷,用厚棉花垫于膝部做加压包扎固定和抬高伤肢。
②24小时后,若出血停止,则可进行热敷、理疗、按摩等,或外敷消肿、散瘀的中药。
③若关节肿胀剧烈(尤其是关节积血),应及早去医院做关节穿刺,抽取积血和积液。
④如确诊有半月板撕裂,尤其是经常发生关节交锁现象的患者还是以手术切除为好。

3.膝内侧副韧带损伤

(1)损伤原因

在篮球运动中,由于场地、技术(如跳起投篮、抢篮板球后落地姿势不正确,或在运球突破时,遭防守队员阻挡,使膝关节出现强迫外翻,造成膝内侧副韧带损伤)、关节稳定性、身体机能状况不佳、准备活动不足、对抗能力与自我保护能力差等原因,会导致小腿突然内收内旋,或小腿与足固定、大腿突然外展外旋,造成膝关节内翻,引起外侧副韧带损伤。

(2)症状与诊断

伤后出现痉挛性疼痛,膝内侧压痛、肿胀,皮下瘀血,小腿外展或膝伸时疼痛与功能障碍。关节内积血是严重的联合损伤的信号,意味着关节内韧带损伤、半月板可能撕裂。侧扳试验呈阳性。

(3)处理方法

①现场立即冷敷、加压包扎、制动,减少出血、止痛,以避免并发症。

②伤后24小时左右可视伤情采取中药外敷或内服、按摩、理疗、康复训练等手段,促进淋巴和血液循环,加速渗出液和积血的吸收。

③膝内侧副韧带不完全断裂的早期治疗,主要是防止创伤部位继续出血,并适当固定。

④膝内侧副韧带完全断裂最好的治疗方法是手术缝合。

4.大腿后部屈肌拉伤

(1)损伤原因

在跳起上篮、跳起拦截或蹬跨移动等动作中,当肌肉主动收缩或被动拉长而超出其所能承担的能力时,可引起大腿部肌肉的急性拉伤。准备活动不充分、不当地使用暴力、疲劳或负荷过度、技术动作有缺点、气温过低、场地不良是常见的致伤原因。该肌群训练不足,肌肉弹性、伸展性差,肌力弱是发生损伤的内在因素。肌肉拉伤轻者,可仅有少许肌纤维撕裂或肌膜破裂;重者,可造成肌肉大部分断裂或完全断裂。

(2)症状与诊断

有明显受伤动作和受伤过程。局部疼痛,伴有肌肉紧张、僵硬,肿胀处可伴有瘀血。令患者做肌肉主动收缩被动牵伸动作时,局部明显压痛,受伤肢体功能障碍。发生肌肉断裂者,在肌肉断裂部可触摸到凹陷或出现一端异常膨大,或呈"双峰"畸形。

(3)处理方法

①肌肉微细损伤或伴有少量肌纤维撕裂者,伤后应立即给予冷敷,局部加压包扎,休息时应抬高患肢。

②24~48小时后可开始理疗和按摩,按摩时手法宜轻柔,伤部仅能做些轻推摩,伤部周围可做揉、捏、搓等,同时配合点压穴位(宜取伤周穴位)。

③对肌肉大部分断裂或完全断裂者,在局部加压包扎并适当固定患肢后,应立即将其送往医院诊治。

5.股四头肌损伤

(1)损伤原因

股四头肌是全身最大的肌肉,位于大腿的前面和外侧的皮下。在篮球运动中,在攻守双方队员对抗、身体相互碰撞或运动员奔跑中与场地周围障碍物碰撞时常会导致股四头肌挫伤。股四头肌挫伤是由外力冲撞所致,属于直接暴力作用于人体所造成的肌肉组织挫伤,往往伤后第二天早晨才发现明显肿胀,约 48 小时后症状才趋稳定。严重的股四头肌挫伤常可继发骨化性肌炎。

（2）症状与诊断

股四头肌挫伤后,出现不同程度的红、肿、热、痛与功能障碍。轻度挫伤时,压痛较明显,活动受局限,膝关节可以屈至 90°位,出现轻度跛行。中度挫伤时,局部明显肿胀,可以触到肿块,膝关节不能屈至 90°位,患者跛行,上楼或起立时都疼痛。重度挫伤时,广泛肿胀,摸不出股四头肌的轮廓,膝关节不能屈至 135°位,患者明显跛行,只有使用拐杖才能走路,有时膝关节有积液。

（3）处理方法

①伤后立即冷敷,加压包扎,抬高伤肢,令患者休息,以减少出血和肿胀,切忌按摩、热疗和膝关节的屈伸活动。

②症状较轻的伤员在 24 小时后或症状较重的伤员在 48 小时后,可做股四头肌的“抽动”活动,也可以外敷清热、消炎止痛的中草药。

6.腰部肌肉筋膜炎（腰肌劳损）

（1）损伤原因

腰肌筋膜炎,其病理改变是多种多样的,包括神经、筋膜、肌肉、血管、脂肪及肌腱的附着区等不同组织的变化。一般多系急性扭伤腰部后,治疗不彻底就参加运动,逐渐劳损所致。另外,锻炼中出汗受凉也是重要成因之一。

（2）症状与诊断

有局部酸疼、发沉等自发性疼痛,最常见的疼痛部位是腰椎 3、4、5 两侧骶棘肌鞘部,不少患者同时感觉有疼麻放射到臀部或大腿外侧。疼痛于坐站较久或走路多时加重,更换体位、按摩或扣打可减轻症状。大部分伤者尚能坚持中小运动量的锻炼,往往表现为练习前后疼痛。在脊柱活动中,特别是前屈时常在某一角度内出现腰痛。腰背痛的局部可有硬结,或骶棘肌痉挛。一般患者腰背部均可触到明显的压痛点,有的还有放射痛。

（3）处理方法

可采用理疗、按摩、针灸、封闭、口服药物、用保护带（围腰）及加强背肌练习等非手术治疗手段;对顽固病例可手术治疗。

7.手指挫伤

（1）损伤原因

在篮球运动中,由于准备活动不足或自我保护能力差等原因,手指向侧方偏曲或过伸性扭伤时常常引起韧带损伤、关节囊撕裂,严重者可产生关节脱位。手指挫伤是篮球运动常见的损伤。

（2）症状与诊断

手指关节肿胀明显,且经久不易消失。若韧带撕裂,则其撕裂处必定疼痛及肿胀严重。关节囊前壁或腱板断裂者,关节背伸范围加大。如有撕脱骨片,活动时常有轻的骨摩擦音。

（3）处理方法

①单纯关节扭挫伤,可用粘膏支持带保护固定,48小时后开始屈伸活动。

②指间关节稍有肿胀及侧方活动时,宜采用铝制夹板将指屈固定3周,然后练习活动。

③陈旧性侧副韧带撕裂损伤并有关节松弛不稳时,采用手术治疗。

8.面部损伤

(1)损伤原因

篮球比赛中,在争球、上篮、抢篮板球等情况时,常易因被他人头、肘顶撞而挫伤,甚至造成眉区裂伤等面部损伤。

(2)症状与诊断

临床上都有急性外伤史。凡挫伤,局部有轻度肿胀,且逐渐加重;若眼眶挫伤、眉区裂伤,伤后2~3天肿胀明显,眼裂变小,甚至闭目不易睁开。

(3)处理方法

①挫伤24小时内局部冷敷,24小时后热敷,促进消肿和皮下瘀斑的吸收。

②裂伤后6小时内清创缝合,伤后24小时内用破伤风抗生素,预防破伤风杆菌感染。

③骨折、牙齿断裂者,需要去专科医院诊治。

第四节　运动损伤的预防

一、加强思想教育

加强思想教育,要加强体育运动的目的性教育。在教学训练中,贯彻预防为主的方针,把安全教育作为课上的一项内容。

二、认真做好准备工作

设计准备活动时应注意准备活动的内容与负荷、个人的身体功能状况和当时的气象三个方面。准备活动分为一般性准备活动和专项准备活动,一般性准备活动要充分,专项准备活动要有针对性。易伤部位的准备活动要加强,有伤部位的准备活动要谨慎,注意时间间隔。同时,要加入一些力量练习和一些伸展性练习对于提高肌肉温度、预防肌肉拉伤有积极的效果。

三、合理安排运动负荷

运动负荷安排不足,不能达到促进人体运动能力提高的目的;运动负荷安排过大,不仅使运动系统的局部负荷过重,还会导致中枢神经系统疲劳,致使全身功能下降,协调能力降低,注意力、警觉反应都减弱,从而容易发生损伤。为了减少损伤,教师、参加体育锻炼者应严格按照运动训练的原则,根据年龄、性别、健康状况、训练水平和各项运动损伤的特点,区别对待、循序渐进、合理安排运动负荷。

四、合理安排教学、训练和比赛

教师要认真钻研教材、充分备课,应对教学和训练中的重点、难点及对易发生损伤的部位做到心中有数。体育课上的一些事故,不少是因组织工作不当造成的,因此必须从安全角度出发,做好体育课教学的组织工作。

五、加强保护和帮助

体育锻炼中发生意外事故是难以避免的,所以体育教师要加倍小心,加强保护,确保安全。尽量让事故发生率减少到零,在教学科目中,要针对教学内容重点加强保护。

六、加强医务监督,提高自我保健意识

医务监督在教学中尤为重要。在教学中教师要善于观察学生的身体情况、面部表情,如学生面红耳赤、大口喘气、满头大汗,说明运动负荷大了,应立即调节,采取减少练习次数、降低练习强度、缩短练习时间和距离等措施。

第七章
体育社团组织与竞赛编排

第一节　体育社团概述

一、体育社团的概念

社会团体简称社团,是具有某些共同特征的人相聚而成的互益组织。

体育社团是社会团体的重要类别,也是体育活动的重要组织形式之一。体育文化的群体性、社会性和多数人参与的非职业性等特征,决定了体育社团存在和发展的必然性。

体育社团的意义和价值在于一个良性运行的社会需要与其相一致的组织结构,其中包括无数亚社会系统的相互协调;有效的体育社团可以承接中观和微观的体育社会服务与管理职能;自主管理的体育社团可以形成善治体制;各种类型的体育社团可以满足社会对体育多元化的需求;体育社团力量壮大后,还可以形成对体育政府部门的权力监督和制约力量。

体育社团在世界绝大多数国家都是进行体育管理不可缺少的一部分,体育俱乐部、体育协会、单项联合会、体育总会、体育产业商会等遍布世界各地,就连国际奥委会,以及各国际体育单项体育组织都是注册登记的民间体育社团。

二、体育社团的性质

(一)民间性

社会团体无论在学理上和法理上都被确定为民间组织。当代社团研究和法令由于此类组织发育之迟缓而显得不成熟,但对社团的民间性却从无含糊。根据中华人民共和国民政部《社会团体登记管理条例》,体育协会从属于社团管理范畴,体育社团也应具有民间性。它是民间自治体育活动的组织形式,这是体育社团的基本社会定位。比如,我国《基层厂矿、企业、事业、机关体育协会章程(试行)》明确规定基层体协"是群众自愿组织的业余群众体育团体"。

(二)非营利性

体育社团不能以营利为目的,有关法令规定"社会团体不得从事以营利为目的的经营性活动"。当前,一些体育社团虽然在从事某些经营活动,但最终目的仍然必须是为了提高体育的社会效益。

(三)互益性

体育社团的成员要在所组织的活动中取长补短、互利互惠。

(四)同类相聚性

体育社团是一种围绕体育的某种性质的人们的集合。在体育社团中,人们或者是搭配某一种共同的功法、体操、舞蹈,或者是相聚在一起开展同种游戏、比赛、娱乐活动,或者是共同从事某一类体育文化活动的联谊交流,如科研、新闻、教学等。

三、体育社团的分类

(一)竞技运动类社团

竞技运动类社团是为了提高运动技术水平而成立的体育组织,单项运动协会、运动俱乐部属于这一类。当前,我国竞技运动类社团有行政部门直接管理型、事业性协会实体管理型和纯社团性协会实体管理型三种。我国目前开展的 83 个运动项目,从属于 63 个单项运动协会,其中行政型协会 21 个,涉及 26 个运动项目;事业型协会 39 个,涉及 54 个运动项目;纯社团性协会 3 个,涉及 3 个运动项目。纯社团性协会虽然比例很低,但建立纯社团型协会管理体制,是建立社会主义市场体制和我国体育事业改革、发展的历史必然要求,且具有政治、经济、技术等可行性,是真正实现自我管理、自我发展、自我约束的单项运动协会管理体制的理想模式。

(二)社会体育类社团

社会体育类社团是为了开展社会体育活动,满足群众健身、健美、健心、社交要求设立的体育组织,如老年人体协、钓鱼协会、冬泳协会、健美俱乐部、桥牌协会、太极拳协会等。这类体育社团有的在单位内部,有的挂靠在某一单位,有的独立存在于社会。就资金来源而言,有的靠政府资助,有的靠企业赞助,有的靠自己经营。我国的社会体育类社团发育不够完善,学生群众性体育团体涵盖率很低。大学生的体育社团大多处在自发的状态中,中小学生的体育社团与国外相比,数量与质量都相差极大。社区体育社团中老年人体育社团相对较好,在其他人群中的涵盖率较低。

（三）体育科学学术社团

体育科学学术社团是为了开展体育科学研究的学术活动而建立的社会团体。在我国以体育科学学会及其分会的形式出现。与这类社团相似的还有体育发展战略研究会。这类组织的成员主要是教师、科研工作者、新闻记者等知识分子群体。

（四）体育观众社团

体育观众社团是为了组织观众,管理球迷成立的体育组织。20 世纪 80 年代以后,我国各主要开展足球运动的城市都相继成立了球迷协会,对组织观众队伍、防止球迷骚乱起了很好的作用。"建立球迷协会是中国社会对球迷进行管理和控制的最佳手段,也是球迷发挥社会作用、寻求社会认可的良好方式。"目前,一些球迷协会正在与运动俱乐部相结合,试图发展成为某一俱乐部的外设组织。

（五）体育娱乐享受型社团

体育娱乐享受型社团是一种以社团名义出现的高级消费俱乐部,会员要高价购买会员证,享受俱乐部提供的各种待遇。这些俱乐部局限于网球、台球、马术、赛车、高尔夫球等耗费资源较多的、贵族化的项目。这类社团封闭性较强,仅限于较小的社交范围。

（六）体育经济型社团

体育经济型社团是一种由体育产业、体育市场整合而成的同行业协会,如体育经纪人协会、体育健身器材协会、体育场馆协会等。这些社团的目的是制定行业规则,保护共同的经济利益,互通商业信息,培养专业人才等。

第二节　体育社团的组建和发展

一、大学生体育社团的特点

大学生体育社团是学生根据自己的兴趣、爱好、特长,自愿结成的有规范、章程的组织机构。大学生通过体育社团活动的形式进行课程学习。与课堂教学相比,它有以下三个特点:

（一）自愿性

体育课堂教育对学生有一定的强制性,这虽为实现全面发展的培养目标所必需,但同时不免忽略了学生对某些兴趣、爱好、特长的发展。学生体育社团活动则是学生自愿选择、自愿参加的活动。教师在指导体育社团活动时,不能强迫、命令学生,要充分尊重学生的个性,对学生的兴趣、爱好、特长积极加以引导。

（二）自主性

体育课堂教育的组织和实施是在以教师为主导的前提下完成的,即使在启发式教学法逐步替代填充式教学法的今天,学生还是处在一种被引导的地位上。体育社团活动则要求教师以辅导员的身份出现,让学生独立自主地进行活动,成为活动的主人,充分锻炼学生独立活动的能力,做到自主、自治、自理。

（三）灵活性

灵活性是社团活动的一个显著特征。就体育社团活动的内容而言,它不受体育教学大纲和教材的限制,可依场地设备和参加者的需求而定,活动计划可以伸缩;就其组织形式和活动方法而言,可以因地制宜、灵活多样,时间可长可短,规模可大可小。

二、大学生体育社团活动的目的和意义

（一）建立大学生体育社团的目的

1.丰富大学生文化

体育社团活动是超文本学习的一种形式,是对现有的大量的文本学习的补充,有助于改变学生的学习行为和方式、开发学生的学习潜能、激发学习兴趣。

2.拓展教师文化

体育社团活动打破了学科界限,是对原有教育观念和教育教学行为的冲击和碰撞,需要为学生的发展提供非学科课程文化,这对教师资源的开发提出了新的更高的要求。同时,需要积极探索校本培训的新内容和新形式。

3.形成新的学校管理文化

随着学生体育社团的发展,新的管理体制与机制必将建立起来。应积极稳妥地改革学校教育管理体制和机制,形成新的学校管理文化。

（二）建立大学生体育社团的意义

1.校园文化建设中的重要环节

校园文化是学校的整体文化,是学校特定的精神环境和价值氛围。从系统的角度分析,可以把它划分为五种形态,即知识形态、观念形态、制度形态、物化形态和活动形态。活动形态就是我们通常所说的课外活动,包括社团活动以及满足师生不同需要的文化娱乐、体育活动。这是校园文化中具有一定综合性的主要内容。它既是校园文化的动态表现,又是校园文化的实态反映,尤其对学生而言,活动形态的校园文化是学生课外生活的主要方式。可以认为,学生社团活动的丰富程度和质量水平的高低是衡量校园文化是否先进、科学、开放的一个重要标志。因此,学生体育社团活动是校园文化的一个有机组成部分,对校园文化的构建和发展起着

举足轻重的作用。

2.促进学生全面发展的有效途径

(1)学生体育社团活动可以使体育课堂教育全方位延伸,扩大学生视野、增长知识、发展个性。在体育社团活动中,学生可以根据自己的兴趣爱好,把视野拓展到课堂以外,接受更为广泛的体育知识和信息,为适应社会的发展奠定坚实的基础。

(2)体育社团活动也是陶冶学生情操,对学生进行德育教育的一条重要途径。学校德育是一项长期艰巨的工作,充分发挥体育教育的育人功能固然十分重要,但我们也应看到,大学生都处于青春期,他们的生理、心理特点决定了他们更喜欢从事各方面的活动,更易受到生动活泼并富有创新性活动的感染。如果能让大学生在活动中接受生动、形象的思想品德教育,往往更易在他们的心灵中留下深刻的印象,起到潜移默化的作用,收到课堂教育所不能企及的良好效果。因此,学校要善于运用体育社团活动这块阵地,寓德育于体育社团活动中,使之生动活泼、更具效果。

(3)体育社团活动还能全面锻炼学生的能力,激发学生的创造精神。课堂教育由于倾向全体学生,因此在照顾学生的个性方面存在着局限。体育社团活动则根据学生兴趣爱好自愿参加,强调自主、自治、自理,强调发挥学生个性和专长。这样,可以使学生有更多的机会经受锻炼,培养其独立活动的能力和创造精神。

三、大学生体育社团的组建原则

(一)坚持党、团领导的原则

大学生体育社团必须坚持坚定正确的政治方向,以马列主义、毛泽东思想、邓小平理论为指导,立足校园生活,反映大学生的特点。社团必须有明确的宗旨和活动内容,严格禁止与党和国家的方针政策相抵触以及不利于学校和社会稳定的一切活动、刊物和言论。

大学生体育社团是高等学校学生的群众性组织,接受校团委具体指导并接受学生会的管理、监督。日常工作和社团内部组织工作由社团负责,在学生会社团部组织下开展活动,与其他社团之间的工作关系由校团委委托学生会予以协调管理。

大学生体育社团的成立必须到校团委申请,经同意登记后方可开展活动。社团原则上在校一级设立,各二级学院如需设立社团,必须报校团委批准。成立后的学生社团每新学年开始,必须到团委重新审核、登记,否则将失去社团资格。如社团中途解散,社团组织者必须上报校团委,经批准后注销。社团的活动与学校、团委、学生会统一活动有冲突时,应服从学校活动。

如社团宗旨有悖于党和国家的方针政策及校规校纪,破坏学校、社会稳定,从事邪教活动,出版不健康刊物,或未经团委批准私自成立社团,团委有权予以相应处理,停止其活动,直至取缔该社团。

凡学生体育社团组织出版的刊物,须经过校团委批准,方可印刷发行。刊物应以反映团委工作和活动、体育新闻、学生健身情况、校园体育比赛、学生动态以及学生的学习、娱乐和习作等为主要内容,形式多样、健康活泼。每期出刊前,责任编辑应将清样送至校团委,审查合格后,方可印刷、装订、发行,并用于院校间交流。此类刊物所需经费一般由学生会、团委协商解决,如急需且数额较大时,则通过正当手续向学校有关部门提出申请,共同解决。

(二)以人为本、自愿参加的原则

大学生体育社团的组建要以大学生的兴趣、爱好、特长为本,以学生自愿为主、教师引导为辅。组建大学生体育社团时,可以向大学生宣传,动员其加入社团,但绝不可强制其参加。

(三)严明章程、严格纪律的原则

体育社团必须有严格的组织纪律,必须严格执行国家的政策、法令,遵守学校的有关规定。凡是违法和严重违反学校规定、制度的同学不得参加学生社团。凡被学校给予行政严重警告以上处分的社团成员,必须从社团组织中除名。

学生在一般情况下,只可参加 1 个体育社团。原则上,每名社团成员必须保证每周 1 个单元的活动时间。社团的主要干部应由社团推荐,经学生会、团委考察,由德才兼备且愿热心为社团工作的同学担任。

大学生体育社团一般不得跨院校成立。若组织跨院校联合的活动,须经过团委批准后方可进行。兄弟院校组织的跨院校的文体活动,也要经团委批准后方可参加,事后要向学生会主管部门汇报,以利经验积累和信息交流。

(四)以学为主、社团为辅的原则

"学生以学为主,兼学别样",体育社团必须坚持以学为主、社团为辅的原则,只有在较好地完成学习任务的前提下,方可加入学生社团。在校期间,累计两门以上课程不及格者,不得加入或继续留在社团;期末考试补考后仍有一门不及格者,应暂停其社团活动,使其专心学习,一旦成绩合格便可重新申请加入社团。社团干部要经常督促成员搞好学习和其他社会工作。

(五)经费自筹、自主管理的原则

学校鼓励社团面向社会及通过有偿服务自筹经费,除团委批准的会员费外,原则上不得在活动中向学生或会员、班级另外收取费用,重大活动可向团委申请经费。社团的任何公物,无论大小,都必须建立登记制度,登记记录一式两份,一份留在社团,另一份留在团委以备检查。各社团应设有实物保管员,使用经费应有计划,账目清楚。社团负责人直接对社团所有财物负责。

社团积累资金的保管使用,应有专人负责,设立账目;社团的有偿服务活动所得报酬,须按照有关政策规定,一部分作为学生个人劳动所得或作为社团积累资金,另一部分上交学生会统筹使用。

四、大学生体育社团的组建程序

为了更好地发挥体育社团的积极作用,克服其消极因素,必须对其加强管理。对学生社团管理的第一步就是对其申请、成立和解散的管理。

(一)大学生体育社团申请的基本条件

兴趣、爱好、志向等相近的大学生或单位可向学校申请成立学生体育社团,但必须具备以下条件:

1.完备的社团章程

社团章程应包括以下内容:社团的名称、宗旨,社团的组织机构,社团负责人产生的程序和职权范围,接纳、开除会员的程序,章程修改的程序,社团终止程序以及其他有关事项。任何社团的宗旨不能与学校的教育目标相悖。社团的组织机构不宜烦琐和庞大,以便于开展活动为原则。社团负责人的产生及社团内的重大事宜的决定应实行民主集中制,社团章程必须经社团成员讨论通过。

社团负责人一般要具备以下条件:

(1)思想品德好,遵纪守法。

(2)努力学习,成绩优良。

(3)熟悉本社团的业务,有一定的组织能力并热心社团工作。

(4)具有民主作风。

2.切实可行的社团活动内容

大学生体育社团的活动内容,除必须与社团宗旨相符合外,还必须切实可行。那些不切实际和流于形式的活动不宜提倡,活动时间应安排在课外,以不干扰正常教学秩序和影响社团成员正常学习为原则。

3.有可靠的经济来源

大学生体育社团可在社团成员同意的前提下,规定会员定期交纳一定的会费,也可以向有关部门申请一部分经费,还可以以其他方式筹措部分经费,如有偿服务、赞助等。无论以何种方式取得的经费,必须有专门的管理制度,派专人进行管理,在社团内公布收支情况,并提交有关部门备案。

4.有政治过硬、业务能力强的指导教师

为便于社团的管理和引导社团活动的健康开展,社团在筹备过程中还应推荐一位思想品德好、相关业务强并自愿担任指导的教师。指导教师可在校内外聘请,其工作性质是业余的。聘请指导教师必须与社团管理部门协商,并颁发聘书。

(二)大学生体育社团的建立

1.申请成立社团的程序

大学生体育社团在筹备过程中,如果具备了上述的四个条件,可向学校团委提出书面申请。申请书内容包括:社团章程、社团规模、活动的内容及方式、经费来源及管理方法、指导教师及临时负责人的基本状况等。正式申请经集体讨论后由临时负责人送交学校团委,临时负

责人可做必要的补充说明。

2.体育社团的批准

学校团委在接到申请后,应尽快会同有关业务部门进行研究和答复。在答复之前,要对申请内容做实际的调查和核实。对不能批准的社团,要及时做好解释、说服工作。如果申请手续不完备,则应尽快督促其补办好手续。

3.体育社团的登记

大学生体育社团在批准成立后,还应到社团管理部门办理登记手续,具体内容有社团成员及指导教师的基本状况,包括姓名、籍贯、年龄、性别、政治面貌、班级、地址等,一一登记造册,连同社团章程一起存档备案。社团管理部门还要印制统一的社团会员证发给会员,作为其会员身份的证明,社团成员退出社团应收回会员证。社团登记后,标志着社团正式成立;经社团管理部门核定、审核后,可刊出广告和出版社团会刊。

(三)大学生体育社团的解散

学生社团的解散有自行解散和强制解散两种。

1.自行解散

由于学生流动性大,社团成员的素质也不尽相同,容易导致社团活动的自动停止。当社团无力履行章程、无法正常开展活动时,可向社团管理部门书面说明原因,申请解散。经批准解散的社团要张榜公布,收回会员证,并妥善处理遗留的经费和物资,除属个人的东西归还个人外,其他剩余部分应上缴学校。

2.强制解散

社团活动应在国家法令、法规和校纪、校规范围内进行。如发现有违反宪法、法律的情况,体育社团管理部门应责令其停止活动,强行解散,根据情节轻重给直接责任者以相应的处理。

五、大学生社团的管理

(一)大学生体育社团管理体系

大学生体育社团的管理机构是社团活动得以健康发展、实现预定目标的组织保障。社团活动内容丰富,涉及学校多个部门,在建立社团活动管理体系时,应注意协调各方面的力量,密切配合,齐抓共管。学生工作部门如学生工作处、共青团组织和学生会等应担当重任。依据有关管理理论和社团活动的管理经验,社团的管理体系一般由决策机构、管理机构和执行机构三部分组成。

1.决策机构

决策机构是指学生工作领导小组或学生工作指导委员会,由学校党政分管学生工作的校长、书记和学生工作部门的负责人组成。该机构的主要职责是研究确定社团活动的发展方向、组织领导、管理体制、经费场所配置,帮助学生解决社团活动中遇到的困难和问题。

2.管理机构

管理机构是指社团活动中心,由各有关业务部门和学生工作部门负责人组成,必要时可吸收学生会负责人参加。它根据决策机构的方针,统一对学生社团活动进行行政管理和业务指导。其主要任务有:对各类社团活动计划进行修改和审订;为各社团配置指导教师、经费和场地等。

3.执行机构

社团管理的执行机构也可以是社团管理小组。它隶属于校学生工作指导委员会,其主要职责是:

(1)向校学生工作指导委员会反馈社团活动情况,做出活动规划,制定规章制度。

(2)负责学生社团的申请、成立和解散。

(3)协同有关业务部门为学生社团物色指导教师。

(4)统一安排学生社团的活动经费和活动场地。

(5)审定社团每学期的活动计划和总结。

(6)培训社团活动骨干,协助校学生工作指导委员会审定社团出版刊物。

(二)社团活动的管理

社团活动是以大学生为主导的活动,社团管理应以宏观为主,主要从以下几个方面着手管理:

1.加强对大学生体育社团发展方向的引导

把握体育社团的发展方向,应着眼于政治和业务两方面。大学生是现代社会高知识人群的集合体,是我国未来经济建设和社会发展最具活力的生力军,因此在大学生体育社团的发展方向上,必须以正确的思想引导、以科学的理论武装。

把握社团活动的方向可以从帮助社团审订活动计划开始。对社团每个学期提交的活动计划,社团管理小组在研究后应会同指导教师和社团负责人进行修改,并对活动的可行性、有效性进行评估。期末在检查的基础上进行评价,提出不足及改进建议,评选出优秀学生社团,给予其一定的物质和精神奖励。

2.体育社团宣传与出版物的管理

大学生体育社团根据需要可以出版面向校内的各种刊物,其内容必须是健康的,在思想上与党中央保持高度一致。在创刊之前,要向校社团管理部门提出申请,说明办刊宗旨、登载内容、出版周期、经费来源及编辑人员的基本状况。未经社团管理部门批准,任何社团不得出版刊物。批准出刊的刊物在刊印前必须经社团管理部门审核。大学生体育社团张贴广告和发放宣传单也必须经社团管理部门审核后才能张贴。批准社团刊物应充分考虑到出刊的必要性和社团出刊的能力,因为学生的主要任务是学习,而办刊是要花费大量时间和精力的。面向校外的刊物还应向政府文化管理部门提交申请。

3.大学生体育社团对外交流的管理

大学生体育社团为丰富社团活动内容与形式,提高社团成员水平,邀请校外有关专家、学者、知名人士等到校举办讲座、座谈等活动,无疑具有积极的意义。但校外专家的聘请及讲座的内容必须经社团管理部门审核批准,不得随意邀请校外人士参加社团活动。组织者应在活动前3~5天向社团管理部门提出申请,说明活动内容、被邀者的基本情况。社团管理小组提前1天予以答复。讲座、座谈的内容不得违背四项基本原则,不得从事宗教活动,不得干扰学校正常教学秩序。即使在批准后,社团管理部门也要派专人参加旁听,发现意外情况应立即责令其停止和纠正。大学生体育社团外出活动,既要征得社团管理部门的同意,还要征得所在单位的同意。

4.大学生体育社团骨干的培训

作为具有正式群体和非正式群体双重特性的大学生体育社团,社团负责人往往具有较高的威信,其一言一行、一举一动都对社团成员产生较大的影响,他们的素质高低直接关系到社团能否健康发展。因此,社团管理部门应把负责人列为重点培养对象,推荐他们到业余党校、党章学习小组或业余团校学习,提高其政治素质和理论水平。每学期还应专门组织两三次的负责人培训,对他们进行组织能力方面的训练,帮助他们了解学校社团管理的规章制度。平时,要多与他们交流,了解社团活动的情况,帮助他们解决社团活动中出现的困难。

5.学生体育社团突发问题的管理

大学生体育社团通过开展丰富多彩的体育活动,可形成一定的文化环境,倡导一定的文化理念,营造特定的校园精神氛围,在校园文化建设和学生全面成长中扮演着非常重要的角色。其积极意义是主要的,但往往也存在着一些问题。

从学校方面看,许多高等学校尚未把学生体育社团纳入学校管理范围之中,仅在组织活动时才想到社团,疏于管理,使之游离于学校管理之外,变成了纯粹的非正式小群体,使社团活动既得不到政治上的监督,也得不到业务上的指导。这样不仅难以发挥学生社团应有的作用,反而使一些消极因素得以抬头。另外,学生体育社团因在场地、经费等方面得不到学校支持,其运行也显得困难重重。

从学生体育社团自身来说,由于组织松散,有些社团仅凭一时兴趣,成立后活动一两次便名存实亡;有些社团因骨干毕业导致青黄不接而解体;还有些社团内部宗派林立、四分五裂,严重破坏了社团的凝聚力。当今大学校园内不同程度地存在着娱乐型、服务型社团过多而专业学术社团不景气的现象。

针对大学生体育社团的突出问题,我们认为,应着重做好以下几点工作:

(1)加强指导,切实关心。学校除健全相应的管理体系外,还应深入社团,从旁观者变成参与者,了解社团活动的基本状况,帮助他们解决从经费到场地的具体困难,尤其对专业学术型社团应大力扶持。

(2)健全规章,奖罚分明。在调查研究的基础上,制定出一整套管理规章列入校规中,通过奖惩,对学生体育社团加以引导。

(3)强化教育、任务引导。把社团建设纳入校园文化建设中,明确社团的短、中、长期目标,使之承担学校一定的任务,以任务来促进社团的建设与管理。

(三)大学生体育社团的考核

1.考核方式

大学生体育社团活动考核的方式可以是:

(1)现场参与,实地了解;

(2)接受投诉,多方调研。

2.考核内容

考核内容主要有:社团组织大、中型体育活动的策划和活动后的书面总结报告,学期期末社团形成的活动总结材料,大学生体育社团管理部门受理社团会员的投诉。

学校学生工作部门将不定期对社团加以考核,并及时发布公告。对于活动组织有序、收效良好的社团,则给予一定的鼓励。

第三节 体育竞赛的组织工作

一、体能赛的组织

体能赛的成功举办离不开前期的筹备工作。筹备阶段的核心内容是科学制定体能赛的组织方案、竞赛规程和编制竞赛秩序册。

(一)体能赛的组织方案

按照竞赛计划,一项竞赛活动要有步骤地展开,必须首先进行总体设计构思并提出组织方案。竞赛组织方案大体包括以下内容:

1.比赛名称和目的、任务

根据比赛的内容、性质、赛制、时间和规模等因素确定比赛名称,名称要用全称;根据比赛性质、项目特点和本地区、本部门的具体要求等,确定比赛的目的、任务。

2.比赛的主办与承办单位

在方案中应注明主办单位、承办单位,部分比赛还有协办单位。如:"名乐杯"2008 全国女子举重锦标赛暨奥运会选拔赛;主办单位:国家体育总局举摔柔运动管理中心;承办单位:安徽省体育局;协办单位:安徽体育运动职业技术学院、安徽省重竞技运动中心、名乐公司。

3.比赛时间与地点

竞赛时间要明确,从比赛开始至比赛结束的年、月、日。写明举办竞赛的具体地点。

4.比赛规模

比赛规模包括规定参赛者范围、比赛等级、比赛设备器材的档次要求与数量等。

5.比赛的组织机构

比赛的组织机构包括竞赛组织管理各职能机构设置和工作岗位安排和人员配备的数量等。

6.经费预算

经费预算包括竞赛经费来源与筹资计划、经费使用原则与使用范围、收支计划与增收节支措施等。

7.工作步骤

确定竞赛整体工作的阶段划分和各阶段的工作重点与具体步骤。

(二)制定竞赛规程

竞赛规程是组织实施某一项(届)运动竞赛的主要政策与规定,对该项竞赛活动的组织管理具有高度的权威性和指导性,是竞赛组织者和参加者都必须遵守的法规。竞赛规程由主管竞赛的部门制定。单项竞赛活动需制定单项竞赛规程,综合性运动会则需同时制定竞赛规程总则(即总规程)和单项竞赛规程。

1.竞赛规程的主要内容

竞赛规程的主要内容包括竞赛名称、竞赛时间和地点、竞赛项目及组别、参加单位、运动员资格、参加办法、竞赛办法(采用的竞赛规则和所采取的赛制、团体分的设置办法、决定名次和记分的办法等)、仲裁委员会的组成等一切有关竞赛的规定。

(1)竞赛名称。如:中华人民共和国第十一届运动会。在竞赛的文件、会标及宣传材料等方面,名称要统一。需要注意的是,近年来随着体育赞助的日益兴起,为比赛冠名的情况日趋增多,为充分考虑赞助商利益,应在各类文件、新闻报道中提及冠名品牌,如:"好视力"杯全国跳水冠军赛。

(2)竞赛时间和地点。

(3)竞赛项目及组别。要明确竞赛设置的项目,如跆拳道比赛男子组、女子组共设哪些公斤级别,个人赛和团体赛。

(4)参加单位。明确哪些单位可以参加比赛,规定各单位计划内人数(领队、教练、队医和运动员人数)。

(5)运动员资格。对运动员的资格加以严格审查,防止以假替真、以大打小、以男打女等现象发生,维护竞赛秩序。一般要求参加人员为系统内注册的运动员。

(6)参加办法。对报名人数(单位)、上交报名表的时间、地点、方法一一介绍。

(7)竞赛办法。确定比赛采用的规则。可以根据竞赛的不同性质对现行的规则进行一定的修改和补充,但必须在竞赛规程中写明。确定竞赛采用的竞赛制度,如:淘汰赛、循环赛、复活赛等。

(8)仲裁委员会的组成。

2.制发竞赛规程的注意事项

制发竞赛规程是一项非常严肃、细致和慎重的工作,必须做到:

（1）竞赛规程的制定要以竞赛的目的任务和竞赛计划为依据。

（2）竞赛规程要与国家颁布的有关方针、政策、法规相适应，并与体育竞赛制度、计划和国际组织的有关规定及国内竞赛的有关规定协调配套。

（3）竞赛规程的制定要符合客观实际。既要符合国家、地区的情况和体育项目的实际，又要反映国际、国内体育运动发展的水平和趋势，一线运动员对竞赛的需求状况等。

（4）竞赛规程应充分体现公平竞争精神。

（5）竞赛规程应提前制发。竞赛规程下发的时间应视情况而定，一般应提前半年到一年。比赛的规模越大，层次级别越高，其制发时间提前应越早，以便参赛单位和运动员有充分准备。

（6）单项规程要与总规程吻合。综合性大型运动会各单项竞赛规程的制定要以总规程为依据，口径一致，不允许有矛盾现象。

（7）竞赛规程应具有稳定性。竞赛规程一经审定颁发必须严格执行，不能朝令夕改、变化无常，并尽可能少发补充通知或修改规定。

（三）编制竞赛秩序册

竞赛编排工作是保证竞赛秩序、实施竞赛计划的重要环节之一，而竞赛秩序册是正式竞赛编排工作的文字体现。综合性运动会在各单项竞赛秩序册的编制基础上汇编总秩序册，单项赛事则只需编制单项竞赛秩序册。竞赛秩序册一般由竞赛承办单位的竞赛部门负责编制，由主办单位进行审定。

竞赛秩序册的主要内容一般包括（但不限于以下内容）：

（1）比赛名称；

（2）比赛日期和地点；

（3）主办单位；

（4）承办单位；

（5）竞赛组织结构图；

（6）竞赛规程和补充规定；

（7）组委会，各部、室人员名单；

（8）各场馆、项目竞赛委员会和仲裁委员会主任和裁判长名单；

（9）参赛单位名单；

（10）竞赛总日程表；

（11）单项竞赛日程表；

（12）竞赛相关活动日程表；

（13）竞赛分组；

（14）竞赛场馆分布示意图；

（15）世界、亚洲、全国及地区记录表等。

此外，基层运动竞赛根据需要，也可将运动员、教练员、裁判员守则及各种评优条例等内容附在竞赛秩序册后。

二、运动竞赛的管理

对运动竞赛进行管理,可分为三大阶段,即赛前、赛中和赛后。赛前管理主要针对组织方案、制定竞赛规程、编制秩序册等筹备工作。赛中管理主要是对整个比赛流程进行管理,突出对工作程序的管理和对职能机构的管理。而赛后管理则重点表现在对运动竞赛的总结上。

(一)赛前管理工作

在前文中已经提到研究确定组织方案、制定竞赛规程和编制秩序册等内容,这里重点谈建立竞赛组织机构。

建立竞赛组织机构是运动竞赛组织管理工作的关键环节。各种竞赛的组织机构一般采用委员会制。运动竞赛的组织委员会,是全面领导整个竞赛组织工作的最高机构,其机构编制、人数等没有具体限额,应视比赛性质和规模而定。大型运动会组委会一般由政府一级行政领导担任组委会主任,主办单位的有关领导为副主任,并吸收有关体育部门的各职能机构领导,协作单位职能机构的领导,各单项竞赛委员会主任,与本次比赛有关的新闻、服务、公安等单位负责人,以及部分有代表性的参赛单位负责人为委员,使运动会能在各方面的积极支持下顺利进行。竞赛组委会一般设主任一名,副主任和委员若干名。地方或基层小规模比赛的组织领导小组,其成员人数相应减少。

竞赛组织委员会直属职能部门应根据竞赛需要完成的各项任务来设置,并与竞赛规模相适应。一般包括办公室、竞赛、宣传(新闻)、保卫、行政、后勤等主要工作机构。另可根据竞赛需要,设外事接待、大型活动、工程、科研、集资等部门。

组织机构成立后,应根据精简高效的原则,视实际需要分批借调工作人员,以节约人力、财力。应根据竞赛规程、组织方案和责任分工,拟定各职能部门的具体工作计划和有关行为规范,如竞赛工作计划、宣传工作计划、大型活动计划、安全保卫工作计划和财务计划,以及工作人员守则、作息制度等,经组委会讨论审定后执行。目前,在运动竞赛的组织过程中,常采用编制计划网络图和工作流程图的方法来制定运动竞赛总体规划和各职能部门计划。

(二)赛中管理工作

赛中管理工作始于开幕式,直至闭幕式结束。主要的管理活动包括:

1.开幕式的管理

开幕式的程序一般应包括:宣布开幕式开始;裁判员、运动员入场;奏乐(国歌、会歌)、升旗;领导人致开幕词;裁判员、运动员代表宣誓;裁判员、运动员退场;开幕式文艺表演;宣布开幕式结束。

为了保障开幕式既庄严隆重、热烈欢快,又紧凑精练、圆满完全,一般应成立开幕式临时指挥系统,负责控制、指挥开幕式各项活动准确、顺利地进行。小型运动会,由于规模小、人数少,开幕式的组织工作相对简单,可由组委会授命3~5人,分工合作,组成临时指挥小组具体负责。全国性大型综合性运动会,开幕式现场临时指挥机构一般由大型活动部牵头,组委会及其他部门临时选派有关人员配合组成。根据需要,可以在总指挥部下设置负责开幕式各项具体工作的分指挥部,比如入场式分指挥部,负责开幕式仪仗队、各代表团队伍、裁判员队伍的组织以及与入场式相配合的奏乐、鲜花和升旗仪式等组织工作;背景台表演分指挥部,负责背景台表演人员的组织及现场指挥等项工作;大会宣传分指挥部,负责开幕式大会现场宣传、新闻发布、记者组织、观众教育及会场环境布置等项工作;嘉宾区分指挥部,负责主席台及嘉宾区的各项组织接待工作;大会服务分指挥部,负责会场所需水电、音响设备、电信、医疗急救以及各类服务保障工作;安全警卫分指挥部,负责开幕式场内外安全保卫、警卫人员配备及交通管理等项组织指挥工作。

2.赛事活动的管理

比赛正式开始以后,运动会的主要指挥管理人员要深入赛场第一线,对赛事活动实行全面、具体的组织领导。要以果断、及时、准确为原则,严格掌握比赛进程,加强各职能部门之间的相互协调配合,防止比赛出现脱节、漏洞和误差。遇到困难或问题要及时召开现场办公会、仲裁委员会或组委会会议,特别注意研究和及时解决比赛中出现的弃权、争议、罢赛、弄虚作假、赛风等方面的问题和各种突发事件,确保赛事活动顺利进行。

3.人员管理

竞赛期间的人员管理,主要包括对裁判员、参赛运动队(员)及观众的教育和管理工作。

(1)裁判员的管理。运动竞赛能否顺利进行,与裁判员队伍的水平高低密切相关。当裁判水平低下,出现明显的错判、漏判、反判、执法不公,甚至有意偏袒一方时,往往会挫伤运动员的积极性,引起竞赛纠纷,甚至会导致比赛秩序混乱、竞赛管理失控的不良局面。因此,应特别加强对裁判员的管理。要抓好裁判员的职业道德教育,把"公正、准确、严肃、认真"八字方针贯彻到裁判员工作的始终,杜绝"私下交易"、本位主义等不良裁判作风;要在赛前组织裁判员认真学习竞赛规程、规则和裁判法,统一认识,统一尺度,周密研究可能出现的问题和处理办法;重要岗位的裁判员要反复训练,辅助性裁判岗位也要细致、准确、精益求精,并组织必要的考核;要开好赛前裁判员准备会,合理分工,重要场次比赛要提前认真研究,慎重安排水平较高的裁判员担任临场工作;对抗性强的项目和评分项目,要尽量安排与参赛队无关的裁判员,确保万无一失,公正准确;要及时认真地组织每一场比赛的赛后裁判总结与讲评,做好裁判工作天天有小结,阶段有总结,全过程有评比,教育和引导裁判员虚心听取运动队意见,及时改进工作,不断提高裁判工作质量。

(2)参赛运动员(队)的管理。较正规的运动竞赛应事先拟制运动员(队)的管理教育计划,采用分级管理办法,即大会抓各队,提出统一要求和具体规定,并做好各队之间的协调工作,定期召开联席会议,听取意见,处理问题,改进工作;领队、教练抓队员,负责全队运动员的管理。竞赛期间,应着重抓好运动员的思想教育、临场与场下的业余管理、生活纪律管理三个方面。运动竞赛的全过程,要始终坚持以奥林匹克精神教育和激励运动员与教练员,以《运动员守则》《教练员守则》、运动竞赛道德风尚、"精神文明条例"和其他各种有关的纪律、法规来要求与约束运动员和教练员。还可以运用广播宣传、会刊、简报、黑板报、专栏和组织精神文明评比等多种形式,及时反馈观众、裁判、工作人员对参赛队各方面表现的评价意见。通过严格、切实有效的管理,使各队自觉做到公正竞赛、团结拼搏、文明礼貌、互相尊重,保持良好的竞技状态,创造优异成绩,圆满完成比赛任务,不断提高运动竞赛的综合效益。

(3)观众的管理。观众是体育比赛的重要参与者,特别是当比赛处于紧张激烈的竞争之时,若对观众的组织管理不当,很可能影响比赛的顺利进行,甚至破坏赛场的安定。因此,加强对观众的组织管理,既是保证比赛顺利进行的必要措施,又是充分发挥竞赛积极功能的客观要求。为此,竞赛组织者应该从人们的社会心理承受能力和赛场的特殊氛围出发,寻求防患于未然的系统的预防治理方法,应注意做到:

①提前制定并公布赛场管理规定。

②赛场的舆论导向要正确,宣传要客观、真实。

③恰当选定与布置赛场。场内观众疏散口和通道的设置及消防安全器材的安放应科学合理,符合安全要求,应确保紧急情况下观众能在较短时间内迅速、安全地疏散。

④落实防范措施,强化预防职能。对竞赛期间的安全保卫工作,一定要做到组织、人员和责任三落实,将安全责任区明确分派到人,严格值班检查制度,做到点面结合、形成网络,疏而不漏。

⑤根据赛场的观众承受量,拟订票务计划,有效地控制门票的销售与分发。严格控制场地证的发放数量和范围,并严格检验票证。

⑥科学组织进、退场工作,以便有效防止由于场外交通堵塞和出入口处高密度拥挤、人流不能及时疏导等原因诱发的开场和终场后的观众骚乱。

⑦严格入场前后的安全检查,禁止观众携带和在场内销售不利安全的物品等。

⑧依靠多种社会力量,包括公安、交通、宣传、教育、行政等部门联合防范治理。

⑨注意加强每日安全工作小结和阶段总结,在实践中锻炼提高保安人员的素质,力争优质管理和优质服务。

4.后勤管理

竞赛期间的后勤管理工作包括认真检查比赛场地、设备和器材的布置与使用管理情况,落实运动员、裁判员的住宿、用餐、沐浴、交通和安全保卫工作,监督运动竞赛的各项预算执行情况,以及医务方面的伤病预防和临场应急准备等具体工作。

5.闭幕式的组织

在各项竞赛活动结束后,根据事先确定的闭幕式组织方案,闭幕式的各项组织工作必须提前准备完毕。闭幕式的基本程序是:宣布运动竞赛闭幕式开始;裁判员、运动员入场(也可不入场);宣布比赛成绩和获奖者名单;发奖;致闭幕词;宣布大会闭幕;闭幕式表演开始;宣布闭幕式全部结束等。

(三)赛后管理工作

竞赛闭幕后的管理工作主要包括以下内容:

(1)办理各队离赛的各种手续,确保及时安全离会。

(2)借调的有关人员返回原单位。

（3）用于比赛的场地、器材、服装、用具等物资设备的及时归还、转让、出售和处理工作。

（4）竞赛财务决算。

（5）汇编、寄发比赛成绩册和其他技术资料。

应根据各项竞赛规程中有关录取名次和记分方法的规定来编制比赛成绩册。成绩册的主要内容依次为：破纪录情况、各单项名次情况、获其他奖励名单及各项目比赛成绩表。

（6）填报等级运动员和破纪录成绩。

（7）移交、整理有关文档资料。

（8）向新闻单位发布运动竞赛的有关情况。

（9）将竞赛工作总结上报当地党政机关和上级体育部门。属于承办全国竞赛的赛区，还需填报赛区情况统计表。

（10）评比表彰工作。

对于参与大会工作的单位和个人、支持与协助大会的单位和个人，以及竞赛的各级组织者、指挥者和工作人员进行表彰，表示感谢。

第四节　体育竞赛的编排方法

在组织竞赛时，组织者应根据比赛的目的和任务，以及参赛者数目、时间长短、场地条件及训练水平等实际情况来考虑选用哪一种赛制，以便使比赛顺利进行和圆满结束。下面分别介绍几种比较常用的体育竞赛编排方法。

一、淘汰赛的编排方法

淘汰赛是指所有参赛者按照排定的顺序进行比赛，胜者进入下一轮，负者退出比赛，直至产生最后一名获胜者（冠军）的竞赛办法。淘汰赛包括单淘汰赛、双淘汰赛和交叉淘汰赛等。

（一）淘汰赛的适用范围和特点

1.淘汰赛的适用范围

（1）参赛者严格按照比赛秩序表的顺序一对一进行比赛，胜者进入下一轮，负者退出比赛，直至最后产生冠军。这种形式多在球类、摔跤、拳击等对抗类竞赛项目的竞赛中采用。

（2）按一定的顺序，让参赛者逐个逐批进行比赛，可以在不同时间、不同地点用及格赛、预赛、复赛、决赛来淘汰差的，决出优胜名次。这种形式多在田径、游泳、举重等竞争类竞赛项目的竞赛中采用。

2.淘汰赛的特点

（1）在比赛时间短、场地不足的条件下，可以安排大量的参赛者进行比赛。

（2）失败者即被淘汰，使比赛具有强烈的竞争性，激烈、精彩。

（3）不足之处：参赛者学习、交流、锻炼的机会少；排定的名次有限；比赛的偶然性较大。

（二）单淘汰赛

参赛者失败一次即退出比赛，直至产生最后获胜者的竞赛方法，称作单淘汰赛（又称单败淘汰赛）。

1.场数和轮数的计算

单淘汰比赛场数＝参赛者数-1。

例如：有 32 人参加单淘汰赛，共要比赛 31 场。单淘汰的比赛轮数＝所选择的作为号码位置数的 2 的乘方数的指数。

单淘汰比赛的轮数与比赛中为参赛者选择的号码位置数有直接的关系。不论参赛者有多少，其选择的号码位置数必须是 2 的乘方数，所选定的号码位置数是 2 的几次方，比赛轮数就是几轮。例如：有 16 人参加比赛，选择的号码位置数是 16,16 是 2 的 4 次方，那么就有 4 轮比赛；有 32 人参加比赛，选择的号码位置数是 32,32 是 2 的 5 次方，那么就需要进行 5 轮比赛。

2.选择号码位置数

进行单淘汰比赛时，要给每个参赛者编上一个号码，安排一个比赛位置。单淘汰赛参赛者的号码位置数，必须是 2 的乘方数。常用的号码位置数是：$2^3 = 8, 2^4 = 16, 2^5 = 32, 2^6 = 64, 2^7 = 128$。例如：8 人参赛，8 恰好是 2 的乘方数，则选择 8 为号码位置数，每人 1 个号码，1 个位置，比赛 3 轮结束。（见图 7-1）

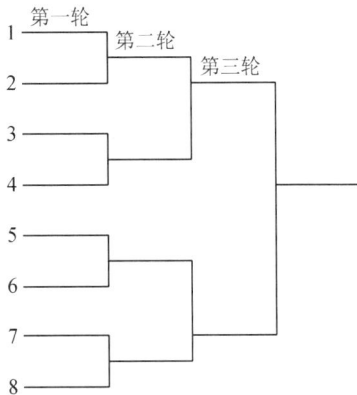

图 7-1　8 人淘汰赛秩序表

若参赛者的人数不是 2 的乘方数，则选择最接近参赛者数的 2 的乘方数为号码位置数。例如：13 人参加比赛，则选择 16 为号码位置数，比赛 4 轮结束；28 人参赛，则选择 32 为号码位置数，比赛 5 轮结束。

单淘汰赛时要把号码位置分成几个相等的部分，成为"分区"。（见图 7-2）把全部号码位置分成两半，每半区称作 1/2 区，又称作上半区、下半区；再把上半区和下半区各分成两半，每个区称作 1/4；再把每个 1/4 区分成两半，每个区称作 1/8，以此类推。

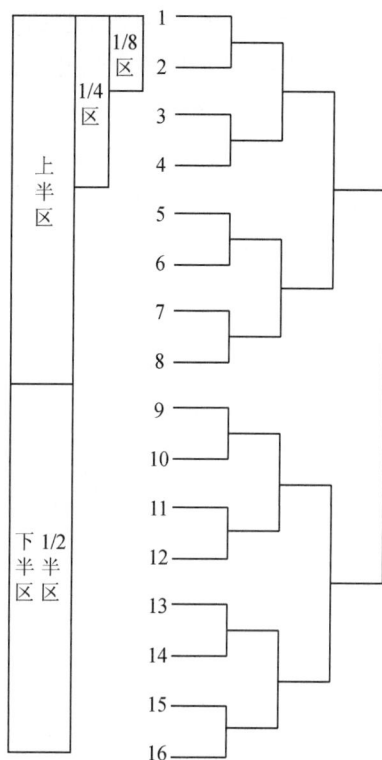

图 7-2　单淘汰赛分区表

3.种子定位

（1）查表定位

单淘汰比赛时，如果参赛者数恰好是 2 的乘方数，那就可以选择与参赛者数相同的数为号码位置数，使每个参赛者都有一个号码位置，两两相对进行比赛。但为了避免水平高的参赛者过早相遇、过早淘汰的不合理现象，在比赛前就必须设立"种子"，种子资格可依据上届比赛的成绩或实际的运动水平确定；种子的数目应根据参赛者数目的多少来确定，一般也是 2 的乘方数；种子要公平、合理地分布到比赛的各个区中去，种子的号码位置，可以查"种子位置表"（见表 7-1）确定。

表 7-1　种子位置表

1	256	129	128	65	192	193	64
33	224	161	96	97	160	225	32
17	240	145	112	81	176	209	48
49	208	177	80	113	144	241	16
9	248	137	120	73	184	201	56
41	216	169	88	105	152	233	24
25	232	153	104	89	168	217	40
57	200	185	72	121	136	249	8

"种子位置表"的查法：按比赛所设种子数目，从表中依次逐行由左向右取出小于或等于

比赛号码位置数的号码,这些号码就是种子定位的号码。例如:有 120 人进行单淘汰赛,必须选用 128 个号码位置。若设 8 名种子,则可从表中依次取出小于或等于 128 的 8 个号码位置:1、128、65、64、33、96、97、32,这些就是种子所在位置的号码。

（2）"跟种子"定位

除了查表给种子定位外,还可按照种子排位的高低,采用"跟种子"的方法将全部种子定位,（见图 7-3）其结果与查"种子位置表"的种子定位是一致的。

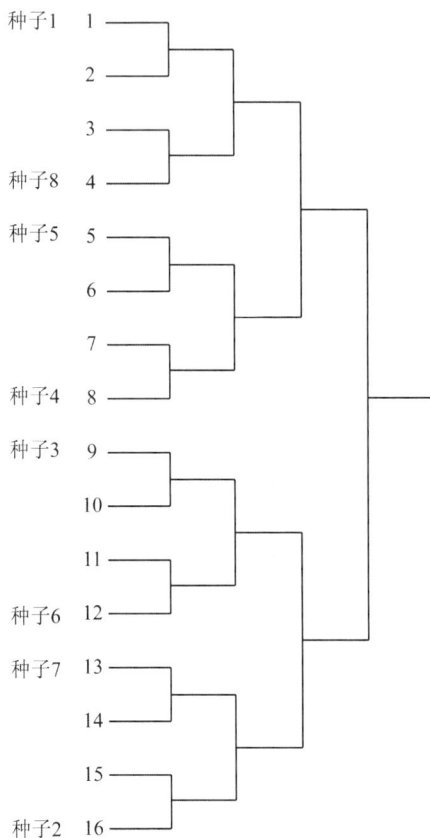

图 7-3 "跟种子"定位表

如果设立 4 名种子,"跟种子"定位方法首先将 1 号种子定位在上半区的顶部 1 号位置。其次是将 3 号种子"跟"2 号种子定位在下半区的顶部 9 号位置,将 4 号种子"跟"1 号种子定位在上半区的底部 8 号位置。如果设立 8 名种子,那就再将 5 号种子"跟"4 号种子定位在同一 1/4 区的顶部 5 号位置,将 6 号种子"跟"3 号种子定位在同一 1/4 区的底部 12 号位置,将 7 号种子"跟"2 号种子定位在同一 1/4 区的底部 13 号位置,将 8 号种子"跟"1 号种子定位在同一 1/4 区的底部 4 号位置。若选择的号码位置数是 64、128、256,种子的数目再多一些,也可以按照"跟种子"的规律进行种子定位。

（3）"种子分级分批"定位

在实际运用中,"跟种子"定位方法有一定的局限,一是种子的排序比较复杂,再是种子的定位过于死板。目前在实际运用中普遍采用在"跟种子"定位方法基础上发展起来的"种子分级分批"定位的方法。

"种子分级分批"定位时,1 号种子和 2 号种子的号码位置不变,3 号种子和 4 号种子则随机抽签定位在 8 号和 9 号位置上,5 号、6 号、7 号、8 号种子也是各自随机抽签定位在 4 号、5 号、12 号、13 号位置上。这使得种子的定位更加合理、方便。

4.轮空和抢号

（1）轮空

当选择的号码位置数大于实际参赛者数目时,就会多出一些号码,空着没有参赛者进入。这就出现了"轮空"。轮空就是指在第一轮的比赛中有的参赛者没有对手,休息一轮。例如:13 人参加比赛,选择 16 为号码位置数,就会有 3 名参赛者轮空,在第一轮没有比赛（见图7-4）。轮空号码的位置,可以查"轮空位置表"（见表 7-2）确定。

表 7-2　轮空位置表

2	255	130	127	66	191	194	63
34	223	162	95	98	159	226	31
18	239	146	111	82	175	210	47
50	207	178	79	114	143	242	15
10	247	138	119	74	183	202	55
42	215	170	87	106	151	234	23
26	231	154	103	90	167	218	39
58	199	186	71	122	135	250	7
6	251	134	123	70	187	198	59
38	219	166	91	102	155	230	27
22	235	150	107	86	171	214	43
54	203	182	75	118	139	246	11
14	243	142	115	78	179	206	51
46	211	174	83	110	147	238	19
30	227	158	99	94	163	222	35
62	195	190	67	126	131	254	3

轮空数＝号码位置数－参赛者数。

"轮空位置表"的查法:选择最接近参赛者数的、较大的 2 的乘方数为号码位置数,并用该数减去参赛者数,得出的就是轮空数。然后按轮空数目,依次逐行由左向右取出小于比赛号码位置数的号码,这些号码就是轮空的号码。例如:有 120 人进行单淘汰赛,必须选用（轮空号码）128 个号码位置,128－120＝8,即有 8 个位置没有参赛者。从表中依次取出小于 128 的 8 个号码位置:2、127、66、63、34、95、98、31,这一轮比赛这些号码位置是空的,与之相邻的参赛者则第一轮轮空。

（2）抢号

当选择的号码位置数小于实际参赛者数目时,就出现了参赛者多、号码位置不够的情况,

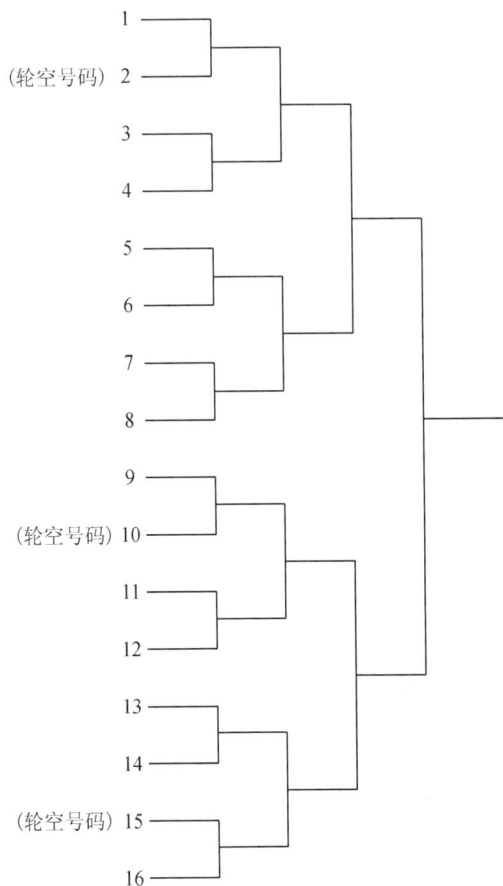

图7-4 13人单淘汰赛轮空号码位置表

这样就需要在第一轮比赛前,安排一定场次的预选赛,将多出的参赛者淘汰,使实际参赛的人数与号码位置数相符,使每人都有一个号码位置,这就是抢号。

例如:19名参赛者选择16为号码位置数,有3名参赛者没有比赛的号码位置,就必须有6名参赛者先进行3场预选赛,争夺3个号码位置,负者淘汰,胜者"抢"得号码位置,进入正式比赛。"抢号"比赛不计入比赛轮次。

抢号场数=参赛者数−号码位置数。

抢号的位置就是轮空的位置,也可以查轮空表获得。

例如:上例中的3个抢号位置数查表可得2、15、10。实际上,抢号=轮空。

(3)"种子优先、序号在前的种子优先"轮空

采用"种子优先、序号在前的种子优先"轮空的方法,其轮空的位置与查"轮空位置表"是一致的。例如:有4个轮空位置(图7-3"跟种子"定位表),那么第1个轮空位置应在上半区顶部1号种子旁边的2号位置,第2个轮空位置应在下半区底部2号种子旁边的15号位置,第3个轮空位置应在下半区顶部3号种子旁边的10号位置,第4个轮空位置应在上半区底部4号种子旁边的7号位置。如有更多的轮空,则按"跟种子定位"的种子顺序在相应的种子旁边确定轮空的位置。

5.抽签的方法

抽签是确定参赛者在淘汰赛中各自号码位置的一种方法。抽签的原则:把种子与种子合理分开;把同一单位的种子合理分开;把同一单位的参赛者均匀分布在各个区。抽签是组织编排工作中的重要环节之一,在可能的情况下,参赛者自己参加抽签。一般比赛的抽签,通常由技术代表、竞赛部门代抽。

在体育竞赛中,采用不同的竞赛方法,一级竞赛的规模和规格的不同,抽签的具体实施方法也有很大区别。尤其是个人项目竞赛的抽签,不仅在理论上较复杂,而且在实践中也是一项难度很大的工作。要做好淘汰赛个人竞赛项目的抽签工作,不但要熟悉抽签的理论,还要通盘熟知抽签的各项准备工作和具体实施方法。

(1)拟定抽签方案

竞赛规程中对竞赛办法的规定和各参赛单位的报名情况是研究抽签方案的两个重要依据。因此,在接收报名和审核报名单的基础上,开始进行以下的工作:

①在对参赛者进行资格审查后,统计出各个比赛项目的参赛者有多少,以供确定具体的抽签方法和编排方案。

②确定比赛的号码位置数和"轮空"或"抢号"的位置。

③确定种子数量和名单。

④研究分区方案和抽签顺序及方法。根据参加者数目情况,制定出相应的分区控制表。然后可依据各参赛单位的竞赛规程中的排列顺序、报名时间的先后、种子数目的多少、参赛者的多少或单位字头的笔画数等方法来确定抽签的顺序。

(2)准备抽签所需的用具

①抽签用的"签卡":包括"号签",上面书写位置号或组号;"名签"上面书写参赛者姓名、单位及在队内的技术序号;"区签",包括上半区、下半区、1/4区和1/8区,该签在抽区时可反复使用。但"号签"和"名签",应每位选手一张。

②抽签记录表:种子抽签和非种子抽签定位时,应将抽签结果当场记录在抽签记录表上,它是进行编排赛序的依据,也是核对抽签结果的唯一凭证。

③分区控制表:每个项目都有其单独使用的分区控制表,正式抽签前应将分区控制表填好,便于根据表上人数依次抽签。

④其他:存放签卡的小盒子和盘子等。

(3)抽签人员分工

①主签员:抽签的主要负责人,负责实施抽签,一般由裁判长担任。

②号签员:与主签员配合进行具体抽签,掌握各种区签、名签与号签。

③复核员:掌握抽签控制表,记录种子抽签进位和非种子进区情况,负责向主签员提示对一些选手需要进行的不同控制。

④记录员:记录各项抽签结果。

⑤公告员:负责当场的宣告和公告工作。

上述抽签工作人员,可根据竞赛规模大小而定。

（4）抽签和实施方法

①种子的抽签与进位：按种子的号码位置抽签进入，也可以按种子实力水平排列顺序，直接将全部种子定位。

②非种子的抽签与定位：按抽签方案确定的顺序，将各单位参赛者先分区，后定位。各单位的参赛者要分批进行抽签：如先抽该单位 1、2 号运动员，分别进入上半区、下半区的一个1/4 区；再抽该单位的 3、4 号运动员，分别进入没有 1、2 号运动员的另外两个 1/4 区；再将 5~8 号运动员分别抽入没有 1~4 号运动员的另外四个 1/8 区，以此类推。

③控制平衡与复核检查：为使各单位的运动员都能合理分开，抽签时需要进行必要的控制来保持平衡；抽签后要检查种子是否合理分开，同单位运动员是否合理分开。

6.附加赛

单淘汰赛最后的胜者为冠军，负者为亚军，两场半决赛的负者为并列第三名，四场 1/4 决赛的负者为并列第五名。当有的比赛需要决出第三名，有的比赛甚至要决出 1~8 名时，就需要进行附加赛。附加赛是单淘汰赛的延伸，以便扩大录取优胜名次的范围。

增加附加赛时，并不增加比赛的轮数。采用单淘汰赛增加附加赛时，比赛场数的计算是：

比赛场数 = 轮数×参赛者数÷2 = 轮数×首轮场数。例如：8 人进行比赛，决出 1~8 名。比赛场数 = 3×8÷2 = 3×4 = 12 场。

（三）双淘汰赛

参赛者失败两次，即退出比赛，直至产生最后获胜者的竞赛方法，称作双淘汰赛（又称双败淘汰赛）。双淘汰赛有多种形式，常用的有冠亚军淘汰赛、两败淘汰赛。

1.场数和轮数的计算

双淘汰赛的场数是：2×参赛者数-3。

双淘汰比赛的轮数是：胜方轮次与单淘汰相同，即比赛所选择的号码位置数 2 的乘方数的指数；负方轮次是：2 的乘方数的指数×2-2。

例如：8 个人进行双淘汰赛时，胜方需比赛 3 轮，负方需比赛 4 轮，共比赛 13 轮。（见图 7-5）

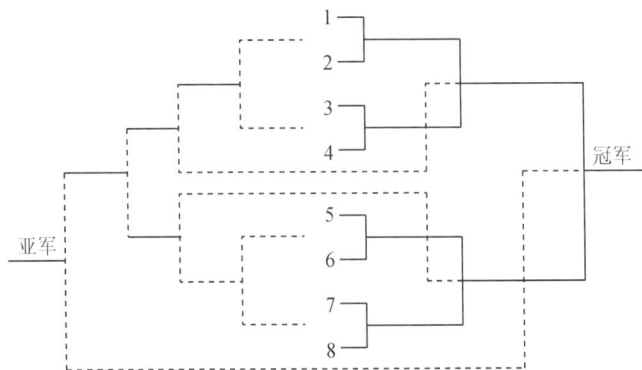

图 7-5　双淘汰赛秩序表

2.冠亚军淘汰赛

冠亚军淘汰赛,即比赛的全胜者为冠军,负一场者为亚军。

3.两败淘汰赛

两败淘汰赛是在冠亚军淘汰赛的基础上,安排全胜者与负一场者再比赛一场,如全胜者获胜,则比赛结束,若负一场者获胜,则还需要再加赛一场,直至其中一人两败被淘汰。

以上双淘汰的比赛秩序表采用不交叉排列法,是为了遵循上下半区的运动员不跨区比赛、直到决赛才相遇的原则和解决同单位运动员过早相遇的问题。

(四)交叉淘汰赛

将上一阶段比赛中不同名次的选手相交叉进行比赛,胜者继续比赛,负者即被淘汰,称作交叉淘汰赛。

常见于第一阶段比赛将参赛者分成 A、B 组进行单循环赛,决出小组全部名次;第二阶段 A、B 组的前两名进行交叉比赛,即 A 组第一对 B 组第二,B 组第一对 A 组第二进行交叉比赛,两场比赛的胜者决出冠、亚军,负者被淘汰(或决出 3、4 名)。

二、复活赛的编排方法

目前,在柔道、跆拳道、摔跤等项目的国际比赛中,经常采用败者复活赛制。败者复活赛制实质上是淘汰赛和败者复活赛的结合,即参加比赛的运动员先进行单淘汰赛,在此基础上再进行第二阶段的复活赛。败者复活赛又分为单败复活赛、双败复活赛两种。

(一)单败复活赛

单败复活赛是所有参加比赛的运动员首先进行单淘汰赛,除争夺冠亚军者,其余有资格复活的运动员再进行复活赛,争夺其余的名次。

参加比赛的运动员先分为 A、B 两区进行单淘汰赛以后,A 区的第一名和 B 区的第一名即争夺该级别的冠军。和 A 区、B 区的第一名进行过比赛而又输掉的运动员,有资格再进行复活赛。复活赛按分区、按轮次、以阶梯形式的方法进行排列,确定 3 名以后的名次。(见图 7-6)

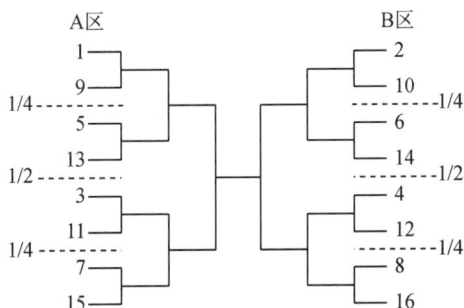

图 7-6 16 人单淘汰比赛秩序表

在该级别比赛中,只要输掉一场比赛即失去争夺冠军的机会,所以竞争紧张、激烈。输给

A 区和 B 区第一名的运动员可以获得复活继续比赛的机会,使比赛结果合理。复活者分布区域不均衡,所以最后的名次具有一定的偶然性。

(二)双败复活赛

双败复活赛是在单败复活赛的基础上发展起来的一种竞赛办法,其单淘汰赛的排列方法和单败复活赛中的单淘汰赛的排列方法完全相同。不同的地方在于复活赛。

1.复活赛编排

(1)在淘汰赛中,被 A、B 区的第一名 1、4 号和第二名 11、14 号在第一轮和第二轮分别淘汰的运动员 9、5、3、15 号和 6、10、12、8 号,分别自上而下依次排列,在复活赛第一轮的位置上,进行首轮比赛。(见图 7-7)

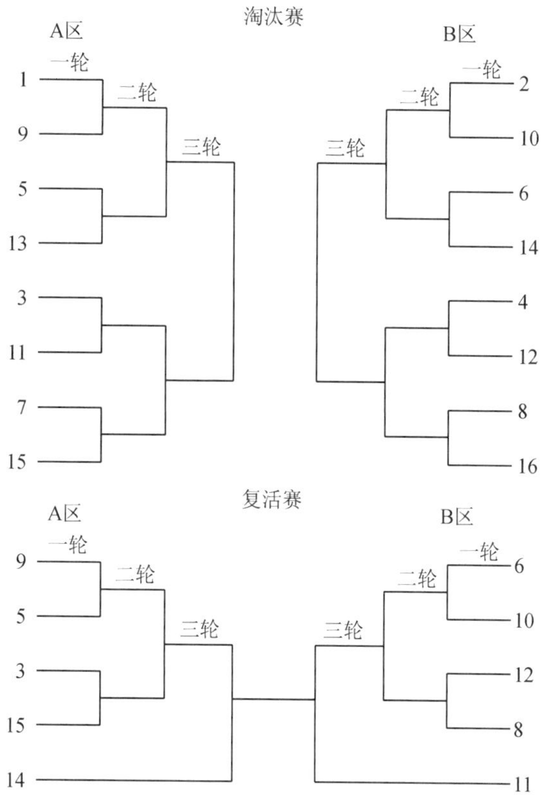

图 7-7　16 人单淘汰赛及复活赛秩序

(2)在淘汰赛中第三轮被淘汰的运动员 11、14 号,A、B 两区左右交换位置,进行复活赛第三轮的比赛。

2.录取名次

(1)淘汰赛中 A 区的第一名 1 号和 B 区的第一名 4 号决出冠亚军。

(2)复活赛中 A 区的 14 号和 B 区的 6 号并列第三名或决出第三名和第四名;A 区的 3 号和 B 区的 11 号并列第五名或决出第五名和第六名;A 区的 5 号和 B 区的 8 号并列第七名或决出第七名和第八名。

3.双败复活赛的特点

（1）在单淘汰赛中分别和 A 区、B 区的第一名和第二名比赛过而又输掉比赛的运动员可以获得参加复活赛的资格，并分区、按轮次以阶梯形式排列进行复活赛。

（2）双败复活赛运动员复活人数增多，使比赛结果更加合理。

三、循环赛的编排方法

循环赛是指所有参赛者（队或人）相互之间都轮流进行比赛，最后按照其在循环比赛中得分的多少排定名次的竞赛办法。循环赛包括单循环赛、双循环赛、分组循环赛和积分循环赛等。

（一）循环赛的特点

（1）比赛场次多，接触对手多，有更多的相互学习、实战锻炼机会。

（2）最后排定的名次基本符合各队的实际运动水平，偶然性小。

（3）不足之处：赛程长，占用场地多，参赛者数量多时不易采用。最后几轮的比赛可能会受到参赛队伍主观因素（为保存实力、人际关系等）影响，出现消极比赛现象。

（二）单循环赛的编排方法

所有参赛者相互之间轮流比赛一次，最后按其在同一循环比赛中得分的多少排定名次的竞赛方法，称作单循环赛。

1.场数和轮数的计算

两个参赛者相互比赛一次，称作一场比赛。计算循环赛比赛总场数，主要是便于根据实际比赛场数的多少，计划好比赛场地和时间、人力、物力的安排。

单循环比赛场数的计算方法是：

单循环比赛场数 $X = N(N-1) \div 2$（$X =$ 比赛场数，$N =$ 参赛者数）

例如：8 个队参加单循环赛，比赛的总场数是 $8 \times (8-1) \div 2 = 28$ 场。

所有参赛者都比赛完一场（包括轮空者），称作一轮比赛。计算循环赛的轮数，主要是根据不同项目比赛一轮所需要时间的不同（如足球比赛 1~2 天比赛 1 轮，乒乓球比赛则 1 天可以比赛 2~3 轮）来安排比赛日程。

比赛轮数的计算方法是：

当参赛者是双数时，比赛轮数 $Y = N-1$；当参赛者是单数时，比赛轮数 $Y = N$。（$Y =$ 轮数，$N =$ 参赛者数）

例如：8 个队参加单循环比赛时，比赛轮数是 $8-1 = 7$ 轮。5 个队参加单循环赛时，比赛轮数是 5 轮。

2.制定竞赛日程

（1）编排比赛秩序表

①比赛轮次的安排。单循环赛轮次的安排方法具有可变性的特点，不同项目可以根据自

己的特点和需要,采用各种不同的轮转编排方法。经常采用的编排方法有:

A.逆时针轮转法。若参赛者为双数,一般都采用此法来编排各轮的比赛。如6队参加比赛,先选出1、2、3、4、5、6个位置号(序号),其第一轮比赛先将1、2、3号自上而下一次写在左侧,再将4、5、6号自下而上与3、2、1号对应写在右侧,然后用横线分别将左右两个对着的号码连接起来,即为第一轮的比赛顺序(见表7-3)。将第一轮比赛表中的1号固定不动,其余号码按逆时针方向轮转一个位置,即为第二轮比赛顺序,以后各轮次比赛顺序,以此类推。

表7-3 6个队循环赛秩序表

第一轮	第二轮	第三轮	第四轮	第五轮
1—6(0)	①—5	①—4	①—3	①—2
2—5	6(0)—4	5—3	4—2	3—6(0)
3—4	2—3	6(0)—2	5—6(0)	4—5

若参赛者为单数,则在最后一个数后补个"0",各轮次仍按以上方法进行轮转。遇到"0"的参赛者,则该轮轮空休息,没有比赛。

B.顺时针轮转法。若参赛者是单数,如仍按逆时针转会出现一些因轮空休息而带来的不合理现象,会造成其中某一队连续多次遇到的对手,都是前一轮轮空的队,使该队以劳待逸,疲于应付。例如,7个队参赛时,6号队在7轮比赛中,后4轮比赛全部与前一轮刚轮空休息的队进行比赛(见表7-4),这对6号队在体力上是不公平的。如果是9个队参赛,8号队也是如此。

表7-4 参赛队与轮空队比赛轮转表

第一轮	第二轮	第三轮	第四轮	第五轮	第六轮	第七轮
1—0	1—7	1—6	1—5	1—4	1—3	1—2
2—7	0—6	7—5	6—4			
5—3	4—2	3—0				
3—6	2—5	0—4	7—3	6—2		
5—0	4—7					
4—5	3—4	2—3	0—2	7—0	6—7	
5—6						

克服这一不合理现象的方法是采用顺时针轮转法(见表7-5),其第一轮比赛与双数队相同,只在最后一个数后补"0",第二轮是固定"0"号不动,其余号码按顺时针方向转动一个位置,各轮次以此类推。还可以采用固定左上角号不动,其他号用逆时针来进行编排的方法。

表7-5 5个队单循环赛顺序表

第一轮	第二轮	第三轮	第四轮	第五轮
1—0	2—0	3—0	4—0	5—0
2—5	3—1	4—2	5—3	1—4
3—4	4—5	5—1	1—2	2—3

另外,还有"大轮转、小调动"法和贝格尔轮转法。这里不再赘述。

3.单循环赛成绩记录表

比赛成绩记录表的内容有比赛单位名称、比分(双方比赛结果)、积分、积分相等时排定名次的方法、名次等。体育竞赛项目众多,计算成绩的方法也各不相同,但都必须在竞赛规程中将计分方法、确定名次的方法做明确的规定。特别是要把在有多个参赛者积分相同的情况下如何最后确定名次的方法说明清楚。

(三)双循环赛的编排方法

所有参赛者相互之间都轮流比赛两次,最后按其在两个循环比赛中的得分多少排定名次的竞赛方法,称作双循环赛。

双循环赛的场数和轮数,均为单循环赛的一倍。双循环赛比赛轮次表的编排与单循环赛相同,只要排出第一循环的轮次表,第二循环再重复赛一次。也可以重新抽签排定比赛位置。第二循环的比赛如何进行,应在竞赛规程中规定。

(四)分组循环赛的编排方法

当参赛者数量较多、比赛时间较短时,可以安排比赛分阶段进行。在第一阶段或多个阶段中把参赛者分成若干小组进行单循环赛,按其在小组循环比赛中的得分多少排定名次的竞赛方法,称作分组循环赛。

分组循环赛时,为了使分组合理,各组运动员的实力接近,一般采用"确定种子"分组或"蛇行排列"分组的办法。

1."确定种子"分组

"种子"即公众承认的运动成绩优秀者。种子的资格,竞赛组织者可以依据参赛者在上届比赛的名次或实际的运动水平来确定。种子的数目一般是组数的倍数。分组时首先确定其他参赛者的组次和位置。例如:16支队参加比赛,分4组,设4名种子。先将4名种子随机抽签分入4组(签牌分为4组,每组有2个相同的签号);如8名种子,则先将种子随机抽签分入4个组(如果需要,种子也可以分批抽签:先抽前4名种子,再抽后4名种子),其他队再随机抽签进入各组。若8名种子的顺序是按照运动水平依次排列的,则可以用蛇形排列的方法将种子分入各组。

2."蛇行排列"分组

蛇行排列分组是将参赛者按照上届比赛的名次或参赛者实际运动水平从高至低依次排列,再依次衔接进行分组,这样分组各组的运动水平最为接近。例如:16个队分成4组,其蛇行排列分组的方法如表7-6所示。

表 7-6　蛇行排列分组表

第一组	第二组	第三组	第四组
1	2	3	4
8	7	6	5
9	10	11	12
16	15	14	13

3.确定名次

若分组循环赛的以后阶段比赛仍都采用单循环赛进行,则以最后阶段循环比赛的成绩排定名次。若比赛采用混合赛制,则以最后阶段所采用赛制的比赛成绩排定名次。

（五）循环赛编排时的注意事项

（1）编排时,参赛者进入比赛顺序的序号抽签和进入各组的分组抽签应尽量由参赛者签字参加,以免对抽签的结果有所异议;若技术人员代表竞赛部门代为抽签,则要注意公开、公平、公正。抽签结果确定后要尽快通知参赛者。

（2）循环赛必须按轮次的顺序逐轮进行。每一轮次的比赛,必须全部结束,方可进入下一轮的比赛,这样才能使各参赛队的比赛进度保持一致。不可以在前一轮比赛尚未全部结束前,让下一轮某场次的比赛提前进行。即使因某种特殊原因,需要调整比赛时,也必须将整个轮次的所有比赛与另一轮次的所有比赛一起对调。否则会造成比赛队休息时间的不均等,还有可能提供一些被利用的"机会",干扰比赛的结果。

（3）注意各队在每场比赛结束后,有基本均等的休息时间。不同运动项目的比赛,场与场之间每队最低限度的休息时间是不相同的。其中足球的间隙时间最长,排球、篮球、手球等次之,乒乓球等小球项目则较短。编排时应注意保证各队的间歇时间,尽可能使比赛双方休息的时间相近,以防造成恢复体力时的不均等。

（4）编排时,对比赛条件、场馆、观众、时间的安排要统筹兼顾,使各队基本上达到条件均等。在安排比赛秩序时,各轮次都应有势均力敌、精彩激烈的比赛场次,将比赛逐步推向高潮。

第八章
体育礼仪规范

第一节　体育竞赛礼仪概述

一、体育礼仪概述

(一)体育礼仪的概念

体育礼仪是人们在长期共同的体育活动中,依据"礼"的要求形成的被广泛接受的一种特殊交往规则或价值审美载体。它主要指人们在体育交往中所应当具有的表示相互尊重、亲善和友好的行为规范。具体而言,体育礼仪是通过服饰、仪表、礼节、语言及典礼仪式等各种外在形式体现出的内在的体育礼仪文化。体育礼仪传播是指人们通过某种方式,传递有关体育礼仪的观念、知识或信仰,以及与此有关的所有社会交往活动。随着社会的发展,现代科技的进步,除传统的传播途径外,如今体育礼仪的传播更具多样性、现代性,体现与时代相结合的鲜明特点。

(二)体育礼仪的形成与发展

现代体育礼仪是指人们在体育活动中,以道德为核心,按一定的程序和规则来表现公平竞争、律己敬人的行为准则和规范,它是现代体育文明的重要标志。现代体育礼仪的内涵是以文明和道德风尚来捍卫和弘扬"相互了解、友谊、团结和公平竞争"的体育精神。在体育活动中,现代体育礼仪主要通过体育仪式、体育标识、赛场规范和与体育活动相关的各种礼貌礼节等形式来体现。现代体育礼仪的形成与发展是一种世界性的文化现象,体育作为人类社会文化的重要组成部分,从一开始便受到礼仪的影响。东西方体育发展史表明,文明孕育了体育,体育又推动着文明,而体育文明最重要的表现形式之一就是体育礼仪。在东方的中国,由于军事、祭祀、朝会大典及礼治的需要,早在夏商周时期就形成了以体育为主的崇武教育。由于礼是古老中国最基本的社会现象,是中国传统文化的核心,同时中国古代把体育纳入教育的时间相对较早,所以整个中国古代体育文化的发展一直受着礼的影响。中国古代伟大的教育家、思想家、儒家学派创始人孔子主张:"志于道,据于德,依于仁,游于艺。"(《论语·述而》)意思是要立志于道,笃守于德,归依于仁,活动于礼、乐、射、御、书、数六艺,强调做人要重视全面修习,达成"道""德""仁""艺"。这种思想含有注重德育、智育、体育的因素。

古代体育礼仪的形成与发展是在人类社会生产和生活实践中不断创造、丰富和发展起来的,是人类社会生活的组成部分。我国古代体育有着悠久的历史和传统,是中国古代文明的重要内容之一,在数千年的发展演变过程中,形成了独具东方特色的体育礼仪和体育文化。古代体育礼仪对古代体育的发展产生了积极的影响。中国古代体育包括宫廷体育和民间娱乐。中国古代体育大部分项目与生产、生活密切相关,如射箭、游泳、摔跤、举重、跑步、跳高、跳远、足球、马球等;还有一部分逐步演化为社会娱乐活动,如赛龙舟、拔河、荡秋千、放风筝、踢毽子等。中国古代体育比赛的共同点是严格按照一定的程式或规则进行比赛。例如公元前11世纪至公元前771年举行的射箭活动(即射礼),就是严格按照规范来进行的。关于我国古代足球的重要史料《鞠城铭》中,记载有"其例有常",说的就是比赛始终要有一个稳定的竞赛规则,比赛双方都必须按照规则来进行。元朝宁志斋编写的《丸经》中,有对参与"捶丸"游戏者言行举止的规定及对道德品质的要求等。这些都充分说明了我国古代对体育活动参与者行为规范和道德规范的重视。这就是中国古代体育礼仪的萌芽,古代体育礼仪的产生无疑促进了古代体育运动的发展。

西方体育是在公元前8世纪至公元前5世纪的古希腊开始形成的。古希腊由众多城邦组成,战乱连绵。各城邦为了赢得战争的胜利都积极训练士兵,而军事训练与体育竞技是培养士兵的有效手段。后来斯巴达王和伊利斯王签订了"神圣休战月"条约,本意为准备兵源的军事训练和体育竞技,逐渐发展成为和平与友谊的盛会。古希腊是泛神论的民族,他们崇拜诸神。在祭神活动中,人们与众神同欢的形式多采用表现健康的裸体竞技和表现美的健身舞蹈,后来,这种宗教活动逐渐演变成地方性竞技赛会。经过漫长的历史演变和发展,终于在公元前776年诞生了第一届古代奥林匹克运动会。此后,古代奥林匹克运动会的规模逐渐扩大,并成为显示民族精神的盛会,比赛的优胜者可获得由月桂、橄榄枝和棕榈编织成的花环等。从公元前776年开始到394年止,历经1 170年,共举行了293届古代奥林匹克运动会。到394年,古代奥林匹克运动会被罗马皇帝禁止,西方古代体育也就此告一段落。从古代体育的发展史可以看出,体育运动一开始是带有政治和军事色彩的,在表现形式上遵从宗教礼节。随着社会的发展和文明的进步,体育逐渐走向了自我发展的道路,竞技体育开始规范化和专业化,最终形成了独具特色的现代体育礼仪。

对现代体育礼仪的形成与发展的最佳诠释,当属现代奥林匹克运动会,它是世界性的大型运动会,历史源远流长。1875—1881年,德国人库蒂乌斯在古奥林匹克遗址发掘出土了文物,举世瞩目。因此,法国教育家皮埃尔·德·顾拜旦认为,恢复古希腊奥运会的传统对促进国际体育运动的发展有着十分重大的意义。在他的倡导与积极奔走下,1894年6月,在巴黎举行了首届国际体育大会。国际体育大会决定把世界性的综合体育运动会命名为"奥林匹克运动会"。1896年4月在希腊首都雅典举行了第一届奥林匹克运动会,之后每四年一届,轮流在各会员国举行,至今已举办了31届。1913年,奥林匹克会旗在顾拜旦的建议下确定,并于1914年在巴黎奥林匹克代表大会上为庆祝国际奥委会成立20周年而首次升起。随着奥林匹克运动的发展,五环标志被《奥林匹克宪章》确定为奥林匹克标志。奥林匹克标志由从左到右相套接的5个奥林匹克环组成,可以是单色,也可以是蓝、黄、黑、绿、红5种颜色。最初采用这五种颜色是代表当时国际奥委会成员国国旗的颜色。随着奥林匹克运动的不断发展,五色环被赋予了更深的含义,它不仅代表着全世界运动员在奥林匹克旗帜下的团结和友谊,而且强调体育活动参与者应以公平、公正、坦诚、文明的宗旨参加比赛。

经过100多年的发展,现代奥运会已经成为全世界精神文明和礼仪文化展示的舞台,无论是隆重的开幕式、闭幕式、火炬传送仪式、奖牌授予仪式,还是各个比赛项目赛场,礼仪无处不在,并已经成为体育运动不可分割的一部分。

中国古代体育礼仪的发展和演变深受儒家文化的影响。儒家文化是以"礼"为中心的,儒家文化主要从伦理观、动静观、内外观、中庸观等方面对古代体育礼仪产生影响,主要表现为对力量与勇气的欣赏、对技巧与才智的推崇、对道德和文明的赞誉、对规则和形式的重视等。虽然中西方礼仪存在着差异,但随着全球国际化步伐的加快,中西方体育礼仪正慢慢地融为一体。在奥林匹克运动的巨大影响下,中国体育礼仪在同西方体育礼仪相互融合、相互竞争的汇流中迅速发展。同时,中国体育礼仪中有价值的成分,也被越来越多的西方人所接受,并逐步形成一种中西方体育礼仪相互迁移和共同提高的新格局。

(三)体育礼仪的特点

1.民族性与地域性

体育礼仪既是一种特殊的礼文化,又是一种体育文化。所以,体育礼仪与体育文化和民族文化一样,具有一定的民族性与地域性。相像民族或相近地域在体育礼仪上常常有一定的相似性。如古代东亚的日本、朝鲜等国的武道礼仪就类似中国古代的"射礼"。

2.时代性与发展性

体育礼仪具有一定的时代性,每一种体育礼仪都会带有一定的时代特征,如古希腊体育比赛时运动员赤裸身体参赛就只能在那个时代存在。而随着时代的发展,每一种体育礼仪又不是一成不变的。如随着新文化运动的开展,我国体育活动中多以握手代替揖礼等繁杂的仪节形式。

3.独立性与依附性

体育礼仪作为体育文化与礼文化结合的产物,对礼文化和体育文化有着双向的依附性,每一种体育礼仪都能折射出所处时代的体育文化和礼文化特征。同时体育礼仪也具有一定的独立性,体育礼仪的变化常常滞后或超前于体育文化、礼文化的变化。如依附于古希腊灵异文化的很多古奥运会礼仪在现在奥运会中还能看到其踪迹。

4.统一性与多样性

体育礼仪是一种礼文化,它具有礼文化的统一性。礼仪是表达交往与交流中对他方(包括灵异精神载体)的尊重和亲善心向的。曹亚芳说:"礼"和"仪"合在一起,就是以审美的方式表达崇敬之意。笔者认为,体育礼仪也应如此,它是统一于"真、善、美"的。体育礼仪又是多样的,同样的意思却可以有不同的表达。如中国传统武术比赛的见面礼多是抱拳礼,而西方拳击运动员则以拥抱、碰拳套等方式作为见面礼。

5.精神性与物质性

体育礼仪从其关注对象看主要是人及人化的精神载体。其表达的"尊敬""谦虚""关怀""亲善""承让"等,被孔子以"仁"以蔽之,是体育礼仪的核心内容,其实就是一种人文关怀,它具有浓厚的文化性与精神性。另一方面,体育礼仪又具有一定的物质性,因这种人文关怀是通过各种被赋予特定意义的具有物质性的形式来实现的。体育礼仪中,内容与形式的统一就是其精神性与物质性的统一,是"人文关怀"之"体"与"统一行为寓意从而规范行为"之"用"的统一。

(四)体育礼仪的功能

1.促进和谐功能

体育礼仪作为一种体育文化,其根本意义是尊重参与体育运动中的每一个人。体育运动是群众性活动,所以参加的人不可避免地存在着各种差异,特别是大型国际赛事,来自各国的运动员、教练员、裁判员和观众的肤色、衣着、语言、生活习惯以及行为表达方式等都不尽相同。如果大家都懂礼仪、知礼仪、行礼仪,就能很好地协调和维系体育赛事的方方面面,从而为体育运动创造出一种和谐与友好的氛围,使体育工作者能以比较客观和公正的态度来看待别人和自己,虚心地吸取别人精湛的技艺,不断丰富自己。

体育礼仪是一种道德上的规范,它告诉人们在体育活动中应该有什么样的言行举止。体育比赛激烈紧张,偶然性强,参与者的个性也比较张扬。运动员懂礼仪、自觉地践行礼仪,才能尊重裁判、遵守规程、尊重观众,从而尽最大努力展示自我风采;赛场上的工作人员,包括裁判员、记者、志愿者等懂礼仪、自觉地践行礼仪,才能做到训练有素、行为得体;观众懂礼仪、自觉地践行礼仪,才能按体育项目的要求做到文明观赛。所以,倡导体育礼仪是创建赛场文明与和谐不可缺少的因素。

2.塑造形象功能

体育礼仪的精神内涵是道德修养,外在表现是一系列的规范举止,塑造内外兼修的良好形象是体育礼仪的最终目的。体育运动的各种礼仪都是某种形象的展示。例如,奥运会的开闭幕式,它的礼仪表现反映了东道国的精神面貌和文化底蕴;在赛场上,运动员、教练员和观众的礼仪表现反映出的是他们的素质高低,也间接反映了他们所在国家的文明程度。所以我们说,当运动员代表国家出现在国际体坛上时,他/她已不仅仅是一名运动员,而是一名传播民族精神文明的使者,他/她的一举一动都影响着国家的形象和声誉,知礼、懂礼、行礼才能塑造良好形象。

3.感召教化功能

体育是现代社会人们最热衷的文化活动之一,体育礼仪作为体育活动的重要组成部分,对社会具有强大的感召和教育功效。事实证明,一次大型的国际体育盛会特别是奥运会的举办,对一个国家来说是一次精神上的洗礼。如为了成功举办 2008 年北京奥运会,早在 2001 年 7 月 13 日北京申奥成功开始,中国就进入了一个奥运周期年。在这个周期年里,中国政府围绕"如何成功举办第二十九届北京奥运会"这一主题有计划地采取了一系列的措施:包括对"绿色奥运、科技奥运、人文奥运"举办理念的宣传,对国民进行"奥林匹克"知识的普及,对奥运会会徽、会标、吉祥物等的征集与宣传,以及大规模的市民礼仪探讨和教育,等等。这些活动对普及奥运知识、提升全民道德素养等都起到了积极的作用。

事实上,在大型赛事的筹备和举行过程中都蕴含着丰富的体育礼仪。为了确保比赛成功,举办国会在赛事前期向社会宣传和普及体育礼仪知识,而体育礼仪蕴含着的是对人的发展具有启迪和影响作用的有价值的思想、作风和意识,如个人行为的规范化、责任感,运动员与同伴的合作精神,以及怎样公正地看待问题、遵守规则等。体育礼仪正是通过赛场对整个社会进行文明教化。另外,体育工作者们在赛场上表现出来的礼仪修养对社会也具有较大的影响力,特别是作为公众人物的体坛明星,他们的言行举止对社会公众的示范效应和导向作用是有目共睹的。

(五)学习体育礼仪的意义

礼仪是一个人乃至一个民族、一个国家文化修养和道德修养的外在表现形式,是做人的基本要求。现代社会文明程度的提高,自然促进了人的素质的提高,高素质的人对礼仪文化也就更重视。中华民族自古以来,就是礼仪之邦,非常崇尚礼仪。孔夫子曾说过:"不学礼,无以立。"就是说一个人要有所成就,就必须从学礼开始。可见,礼仪教育对培养文明有礼、道德高尚的高素质人才有着十分重要的意义。

1.完善自我形象

礼仪对人的仪表、服饰、仪容、举止等外在形象,以及学识、教养、言谈、情操等内在修养,都有详尽的规范。孔子曾说:"质胜文则野,文胜质则史。文质彬彬,然后君子。"就是说,一个人只是品质优良,而行为举止不合礼仪要求,就会使人感到粗野;只注重表面的礼节方式,而没有崇高的品德修养,就必定使人感到虚伪。只有把外表的礼仪修养与内在的品德修养二者紧密结合起来,才会成为一个真正有教养的人。如何在与人交往中给人留下知礼节、懂礼貌的好印象,如何在比赛中树立中国运动员和体育工作者的良好形象,就需要多学一点体育礼仪知识。它可以免除你在交际场上的胆怯与害羞,为你指点交际场中的迷津,给你平添更多的信心和勇气,使自己知礼懂礼,做一个有教养、有礼貌、受欢迎的现代体育人。

2.建立良好的人际关系

古语说:"世事洞明皆学问,人情练达即文章。"讲的其实就是人际交往。一个人只要同他人打交道,就不能不涉及礼仪问题。如果一个人不注重礼仪、举止鲁莽、言语粗俗,必然不会受到欢迎和喜爱。相反,一个人注重礼仪,讲文明懂礼貌,就很容易化解人们之间的陌生与隔阂,较快地交换彼此的意见,快速增进相互间的了解,彼此尊重。我们广大的体育工作者,除了应具备专业技能外,还必须了解与人相处的法则和规范。这些规范就是体育礼仪文化的基本知识。

体育礼仪是人们沟通思想的桥梁。没有体育团体或者个人之间的沟通与交流,就不能进行友好往来以及进一步地发展友谊,同样也就不能创造赛场内外的和谐氛围。可见现代社会需要体育礼仪,需要人与人之间的良性沟通。学习体育礼仪知识能够帮助运动员、教练员以及其他体育工作者在实际工作中顺利地实现与他人有礼有节的交往,走向社会,走向世界,在国际大赛中尊重国外的风俗习惯和国际比赛惯例,更好地树立起自身的形象,在与人交往和礼仪活动中给人留下彬彬有礼、温文尔雅的美好印象。

3.促进社会文明

我们生活在社会主义大家庭中,人与社会是密不可分的,社会是由个人组成的。社会的精神文明建设与和谐发展需要每一个成员积极参与和全体成员的共同努力。要建设富强、民主、文明、和谐的社会主义现代化国家,学会必要的礼仪知识也是其中的一个方面。体育礼仪在构建和谐社会方面具有重要的作用,在社会上具有广泛的影响力,这是因为运动项目所特有的竞技特性、媒介作用和锻炼身体的本质,以及运动员高雅的气质、青春的活力所具有的吸引力。体育礼仪作为社会规范,体现着强大的社会道德力量。参加体育运动,践行体育礼仪,就能够在陶冶情操、遵守规则、弘扬正气、协调人际关系、推动社会和谐进步、增强社会凝聚力等方面起到重要的作用。

(六)体育礼仪修养的培养途径

在现实生活中,知礼、守礼、行礼的人会赢得别人的尊敬和信任;反之,非礼、无礼的人往往为社会所唾弃。礼仪修养绝不仅仅是一种外在的行为表现形式,它是与人内在的道德、文化和艺术修养密切相关的,是其内在的道德、文化和艺术修养的反映和折射。古人云"相由心生",说明了相、心之间的关系。现代人也曾提出这样一种观点:知识美容论。他们认为,掌握丰富的知识、深化自己的内涵,是一种深层次的化妆——生命的化妆。因为人的精神面貌的塑造,在很大程度上取决于其思想境界、道德情操和文化素养这些内在品质,这才是人的生命美的常青树。比如,有的人尽管穿着高级名牌衣服,但他/她的服饰样式、色彩的选择都不合适,穿在身上整体效果并没有显示出美;有的人礼仪语言表达得很动听,但给人的感觉是言不由衷的;有的人在社交场合尽管按要求做了一些礼仪动作,但只有形似没有神似,因为他/她没有外在表现的根基——内在的修养。为此,广大运动员和体育工作者在学习礼仪行为规范的同时,还要注重自己的内在修养,在勤奋求知中不断地充实自己,提高自己的礼仪水平。

1.加强思想道德修养

礼仪修养是道德修养的外在表现。道德修养决定着人们具有怎样的理想、信念、情感、意志等,它是调节人们相互关系的所有行为规范的总和。加强思想道德修养,是培养礼仪修养的基础。思想道德修养是指一个人的道德意识、信念、行为和习惯的磨炼与提高的过程,并达到一定的境界。有德才会有礼,缺德必定无礼。道德是礼仪的基础,现实生活中,为人虚伪、自私自利、斤斤计较、唯我独尊、嫉妒心强、苛求于人、骄傲自满的人,违背体育道德、有损国家形象的人,对别人不可能诚心诚意、以礼相待。因此,只有努力提高思想道德修养,不断地陶冶自己的情操,追求至善的理想境界,才能使人的礼仪水平得到相应的提高。

2.广泛学习礼仪知识

我国古人有"礼以节人"的说法,《礼记·曲礼上》中有这样的话:"鹦鹉能言,不离飞鸟……今人而无礼,虽能言,不亦禽兽之心乎!"意思是说:鹦鹉能说话,但它还是鸟类;而人没有礼节,虽能说话,却也和禽兽一样。《孔子家语·礼运》中说:"礼之与人,犹酒之有糵也。"都是说明同一道理。一个人只有把外表的礼仪修养与内在的品格修养二者紧密结合起来,融于一身,才会成为一个真正有礼貌、讲文明、处处受到人们欢迎的人。

怎样才能把内在品质的修养和外在礼仪的修养有机地结合起来呢?这就需要长期的学习、锻炼和提高。就拿学习来说吧,要成为一个高尚的人、讲礼仪的人,就要根据自己所处的环境与条件不断学习政治,学习文化,学习各种科学知识,学习各个国家、不同民族的风俗习惯和忌讳与禁忌,从中汲取丰富的营养。此外,还要在社会实践中学习,学习先辈的高尚情操,学习先进模范人物的高贵品质,学习体育界著名人物的优秀思想和奋斗精神,包括学习各种礼仪知识等。学习的内容是十分丰富的,只有不间断地学习,才能天天有所进步。在学习中注意培养自己的品质,有意识地塑造自己的高尚人格,全面提高自己的综合素质。

3.提高个人文化修养

风度是人格化的象征,是精神化了的社会形象,它是人们长期而又自觉地提升文化思想修养的结果。有教养的人大都懂科学、有文化。他们思考问题周密,分析问题透彻,处理问题有方,而且反应敏捷、语言流畅、自信稳重,在社会交往中具有吸引力,让人感到在知识上获益匪浅、身心上愉快舒畅。相反,文化层次较低的人,缺乏自信,给人以木讷、呆滞或狂妄、浅薄的印象。因此,只有自觉地提高文化修养水平,增加社交的"底气",才能使自己在社交场合上温文尔雅、彬彬有礼、潇洒自如。

在现代社会,科学技术发展飞快。不学习就不能获得新的知识;没有知识的不断更新,就不会有大的进步,也就会与高科技发展的先进社会产生距离。运动员和其他体育工作者除了需要学习体育礼仪知识外,还应培养对知识的广泛兴趣,努力涉猎多方面的知识,提高文学、艺术欣赏和审美能力,培养良好的行为习惯,这样就会下意识地按照美学规律来认识生活、对待生活,使自己的行为在潜移默化中更加规范、成熟、优雅。

二、体育竞赛观赛礼仪概述

(一)体育竞赛观赛礼仪的概念

体育竞赛观赛礼仪是观众在运动竞赛活动过程中所遵循的一整套表现尊敬、教育和审美意义的行为准则与规范。它是人们在长期的运动竞赛实践中形成和制定的行为准则和规范。在运动竞赛中,观众的角色不仅是赛事的旁观者,更是重要的参与者,他们的言行举止对赛场上的选手有着重要的影响。拥有良好体育观赛礼仪素养的观众能为选手们提供良好的比赛环境,并能通过适当的语言或行为激发选手的斗志。而缺乏体育观赛礼仪素养的观众的行为则会打扰、阻碍选手们的发挥,甚至可能使整个比赛无法正常进行。

(二)体育竞赛观赛礼仪缺失的表现

体育竞赛观赛礼仪素养不仅与体育竞赛的良好运作有着密切的关系,更是国民素质和文明水平的重要体现。当前,我国体育事业蓬勃发展,竞技体育不断问鼎世界,金牌数量更是屡创历史新高。然而,观众在体育赛场上的观赛礼仪却相形见绌,与此形成鲜明对比。例如:中国网球公开赛中毫无秩序的口哨声和不时响起的手机彩铃声;斯诺克台球比赛中未经许可的闪光灯和快门声,篮球赛场上球员被观众席上的矿泉水瓶击中,观众看台席下各种成堆的垃圾……

这些现象暴露出我国民众体育观赛礼仪的缺失,同时也反映了我国国民体育观赛礼仪培养体系的不健全。在我国由体育大国向体育强国迈进的征程中,提高我国国民的体育竞赛观赛礼仪素养显得尤为重要。虽然体育竞赛礼仪对体育竞赛的影响较大,但是目前体育竞赛观赛礼仪的相关研究成果,无论在数量还是在质量上都滞后于我国体育事业的发展。这对于一个体育竞赛观赛人数众多的体育大国来说,是体育界学者们应该思考和研究的问题,也是值得去开垦的领域。

(三)体育竞赛观赛礼仪的基本类别

礼仪的分类一般依据适用的对象和范围的不同,主要分为行业礼仪和交往礼仪。其中行业礼仪是依照行业划分的,是人们在工作岗位上所应遵守的行为规范和道德准则。体育竞赛观赛礼仪属于行业礼仪,是礼仪在体育竞赛观赛过程中的具体运用,是礼仪的一种特殊形式。体育竞赛观赛礼仪的内容应分两大类:观赛基本礼仪和各类项目观赛礼仪。

第二节　运动员的礼仪规范

一、比赛礼仪

(一)尊重对手

能参加比赛的运动员,大都要经过多年的艰苦训练,经过精心的准备,才能走上赛场。运动水平越高,赛会级别越高,运动员付出的也会越多。常言道:"台上一分钟,台下十年功"。在比赛中,运动员充分发挥自己的竞技水平,用优异的成绩回报家人、回报社会、回报国家,这是正常之道。然而,赛场上也经常会出现不尊重比赛对手、故意犯规、违背公平竞争和体育道德等各种不和谐的现象。

尊重对手是智者之举。在遇到高水平的运动员时,应顽强拼搏,即使在比赛中失败,但精神上不能败。同时,要认真向优秀运动员学习,取长补短,并以超越其为目标,这样才能使自己的运动水平再上一层楼。遇到水平差的对手,也要认真对待,要进行换位思考,不要戏弄对手。如果赢了,要胜不骄,善意地向对方致安慰之意;如果输了,要败不馁,真诚地向对方祝贺,体现出运动员良好的体育道德素养。

由于比赛项目风格不同、各具特色,赛场风云瞬息万变,运动员在比赛中,特别是有身体接触的对抗类项目,难免会出现不符合规则的举动或犯规动作,受侵害的运动员这时要冷静处理,不能伺机报复,更不能直接回击,或用语言辱骂对手、用表情和手势欺侮对手。一切违背体育道德的行为,都会受到严厉的谴责,尊重对手就是尊重自己。

(二)尊重裁判

裁判员在体育竞赛中是竞赛规则的"法官",是保证体育竞赛公正、公平的施行者,代表着专业与权威。因此,运动员在体育竞赛中必须无条件地尊重裁判员的工作,确保赛事的顺利进行。运动员尊重裁判,主要包含以下几个方面:

1.尊重体育事业

体育已发展成为当今世界最有力的社会力量之一,体育比赛成为展现各国风采和民族精神、促进各国人民相互了解、追求世界和平的纽带和平台,向全世界传递和平的理想和信念。作为运动项目的具体展现者、运动风采的展示者,运动员成了和平与友谊的使者、民族精神的象征。裁判员是体育竞赛的"执法者",运动员不尊重裁判,就会影响体育比赛的正常进行,阻碍体育事业的和谐发展。因此,运动员尊重裁判,就是对体育事业的尊重。

2.尊重比赛秩序

运动员在比赛中应自觉地遵守比赛规则,为整个赛场创造良好的比赛氛围。体育比赛具有偶然性和突发性,在错综复杂的比赛中,裁判员难免会误判或漏判。一旦出现不公正的情况,运动员应按照竞赛规则礼貌地进行申诉,如果裁判员坚持原判,运动员应立即服从判决继续进行比赛,切不可发泄不满情绪,大声喊叫或损毁比赛器材,甚至谩骂、欺侮、殴打裁判员,影响赛场秩序。

3.尊重裁判职能

裁判员是体育竞赛的重要保障,正规赛事都要有裁判员担纲执裁。没有裁判员,比赛就不能正常进行。裁判是一项工作,越是重要赛事,裁判员的执裁水平就越高,代表着该项比赛的权威执裁。优秀的裁判员除具有高超的裁判水平外,还需具有良好的实践经验、执裁记录和沟通能力。运动员参加比赛,临场裁判就是赛会委派的该项赛事的优秀裁判代表,运动员应尊重裁判,感谢裁判为比赛所做的工作。

4.尊重裁判人格

裁判员是社会成员之一,理应受到尊重,受法律保护。国际级裁判的遴选,均经过严格筛选,具有执裁领域的专业水准。运动员对裁判结果不满,应当从规定渠道进行正当申诉,即使通常情况下不能改变裁判结果,也会对赛会举办者提供参考,使其不断改进,提高赛会水平。但运动员不能谩骂、欺侮甚至殴打裁判员,做出有损人格的举动和违法行为。

(三)尊重自己

尊重自己意味着运动员在比赛过程中的行为要符合礼仪规范。比赛有输有赢,正确对待输赢也是运动员尊重自己的体现。有的运动员就表现为赢不起与输不起:比赛获胜欣喜若狂可以理解,但是做出撕衣服、抛器具、跳上比赛台或倒地大呼大叫不起等举动,虽然赢得了比赛却有失礼仪、有损形象;比赛失利后痛哭流涕、踢桌子、摔球拍、怒砸广告牌、向裁判咆哮、怒视观众、拒绝与对手握手致意,既输掉了比赛也失去了别人的尊重。

运动员要通过自己的实力来获取胜利,奥林匹克运动的誓言是不以不正当的手段取胜,凡是弄虚作假、冒名顶替、故意伤害、行贿受贿、有意偏袒、使用兴奋剂等违规手段谋得比赛胜利的做法,都是不道德和有失公正的。运动员的个性展示不能以亵渎体育精神为代价,那些在比赛中尊重比赛、尊重裁判、尊重对手、尊重自己的运动员即使没能获得奖牌,也同样值得尊重。尊重自己的运动员,才能受到别人的尊重。

(四)尊重教练

运动员在比赛时应服从教练员的指挥,虚心听取教练员的指导,遵守教练员的战术安排,认真领会教练员的意图。教练员经验丰富、见多识广,会根据比赛对手、天气及运动员状态等临场情况做出战术安排。在集体项目比赛中,教练员会临场更改预定战术和改变阵容,这时,运动员应尊重教练员的安排,用正常的方式表现出自己的能力和水平,如有意见,也不能表现出不满情绪,更不能有藐视教练的举动或拒不执行教练的安排。运动员尊重教练,并不仅仅是尊重教练本人,还意味着对组织原则的尊重。运动员良好的风度与精神,往往比高超的竞技水平更能令人折服。

运动员难免会对教练员的比赛安排有不同意见,这时要及时沟通,但要注意方式方法,维护教练的权威。向教练汇报、与其商量、提建议时要以礼相待,不要有不礼貌行为。如遭到教练否定意见时态度不端正,表现为东张西望、不耐烦或给教练脸色看等都是不礼貌的行为。运动员认为事态严重而教练不理会时,可通过正常渠道向领导反映。在赛场上,运动员无论如何都要全身心地投入比赛,这是运动员的基本素养。

(五)尊重队友

尊重比赛、尊重队友,是竞技体育的基本道德。有许多运动项目的比赛会"同室操戈",在这种情况下,除了在比赛中尊重队友之外,在赛后也要真心祝贺。虽然在比赛中弱者战胜强者屡见不鲜,但失利者也不要认为自己水平高,只是在比赛时发挥欠佳或偶遇突发事件才输掉比赛,对获胜者产生妒忌与鄙视情绪,不祝贺、不握手,拒绝表示友好。获胜者也不要趾高气扬,应态度谦虚并友好致意。

在集体项目比赛中,运动员之间必须相互配合、相互信任、团结协作、顽强拼搏,不能一味地突出自己,不与队友配合,以致影响队友士气而产生消极情绪。如果队友失误过多或配合不默契时,要以正确方式予以安慰,不能表现出怨恨、埋怨、指责等不良表情与举动;如果队友表现出色,应给予充分肯定,相互鼓劲。

(六)尊重观众

体育比赛不能没有观众,离开了观众,也就失去了基础,失去了根本。观众欣赏运动员高超的运动水平,是对体育运动的有力支持。如果没有观众的支持与参与,再精彩的体育比赛也会变得毫无意义。运动员应珍惜前来观看比赛的观众,在比赛中斗志昂扬、精神饱满,对观众负责,使观众在观看激烈的竞赛中得到美的享受。运动员在比赛中要避免漫不经心、自暴自弃或终止比赛的做法,这些行为不仅践踏了体育精神,也是对热心观众极大的不尊重。观众前来观赛是想欣赏到真正的竞技较量,而不是观看无精打采、毫无斗志的虚假表演。在比赛中顽强拼搏、积极进取,体现体育精神的运动员,无论输赢,都会赢得广大观众的肯定与赞扬。

有的观众观看比赛会带有倾向性,他们往往偏向所在地区或国家的运动员或支持自己喜欢的明星、运动队。在这种情况下,运动员也要尊重观众,通过自己的出色表现赢得认可。对于个别观众无礼、过分或者干扰比赛的行为,可以向裁判或相关人员提出交涉,不要在赛场上感情用事,与观众横眉冷对、耍脾气、爆粗口、扔比赛器具,甚至拒绝比赛。大多数观众是比较专业和有觉悟的,而具备出色的技艺、良好的修养与礼仪的运动员,早晚会成为观众的偶像。

二、领奖礼仪

正规赛事都会有颁奖仪式,对比赛中取得优异成绩的运动员进行嘉奖。大型国际赛事还会有升国旗,奏国歌,颁奖牌、奖杯等仪式。颁奖仪式的主要步骤有登领奖台、授牌仪式、升旗仪式和向观众致意。

(一)登领奖台

运动员参加颁奖仪式时,要整理好着装,有时间、有条件的还可穿领奖服,并尽快到达指定地点。颁奖前主持人会先公布获奖名单,获奖名单通常是按照名次从低到高的顺序来公布,之后便请获奖人上台领奖。运动员在走向领奖台时,应从容自然、精神饱满;向观众挥手致意并与其他获奖运动员握手以示相互祝贺。在领奖台上,运动员不要东张西望,要姿态端庄地等待颁奖。中国体育代表团在 2008 年北京奥运会上对所有运动员的礼仪要求主要是:在领奖台上,五星红旗升起时,一定要举起双臂挥一挥手,感谢观众;还要同对手握手,表示感谢和祝贺。即便发挥不好,站到第三名的位置上,也要调控好情绪,不能出现不当的言行。镜头前也不要表现出沮丧,要像英雄一样面带笑容。

(二)授牌仪式

在授牌仪式中,运动员一定要面带微笑、彬彬有礼,不能冷若冰霜,有不满情绪。国际赛事有授花或授吉祥物仪式和授牌仪式,接受鲜花时应双手接花并致谢,然后左手持花静待授牌。接受奖牌时运动员应俯身或下蹲降低高度,以便于颁奖者戴奖牌,同时握手致谢。如有吻礼也要愉快接受、致谢。接受奖牌后,运动员应举起奖牌向观众致意,并留给媒体记者一定的摄影时间。集体项目领奖时,队员需注意队列整齐,通常由队长代表集体与授奖人握手。

(三)升旗仪式

在国际比赛的颁奖仪式上,当运动员接受奖牌后,现场将升起获得比赛前三名运动员所在国的国旗,并同时奏响冠军所在国的国歌。国旗是一个国家的象征和标志。《中华人民共和国国旗法》第十三条规定：举行升旗仪式时，在国旗升起的过程中，参加者应当面向国旗肃立致敬，并可以奏国歌或唱国歌。颁奖仪式上的升旗仪式是一个非常严肃、隆重的过程。当五星红旗冉冉升起的时候，我国运动员应将身体转向旗杆方向，庄严肃立，双眼凝视国旗徐徐升起，如果手中有花，运动员应该左手持花，右手自然垂放，中国人用这样的方式表达对国旗的敬意跟崇尚含蓄的传统文化是密切联系的。相反，西方人的情感比较开放、外露，再加上有宗教信仰的影响，运动员常会采取一些特别的手势、动作表达对国旗的敬意，如右手抚胸等。对这些特别的手势、动作，我国运动员不要当作一种时尚来盲目模仿，应理智地加以辨别、对待。要知道这是在国际比赛的平台上，运动员、教练员和现场观众的言行举止要能充分展现自己的民族特色和气节。

如果随着国旗升起奏响的是中华人民共和国国歌，站在领奖台上的中国运动员可以跟着乐曲用正常音量唱国歌。如果奏响的是其他国家的国歌，站在领奖台上的中国运动员也应该庄严肃立。即使中国队员没有获得前三名，当赛场上升起别国国旗、奏响他国国歌时，在场的中国人也要给予同样的尊重。

在赛场上，夺冠的中国运动员为了表达自己的情感，往往会与国旗一道绕场一周，这种行为极大地振奋了国人的民族自豪感。要注意的是，运动员举国旗绕场跑时应清楚地知道：国旗是中华人民共和国的象征和标志，每个公民和组织，都应当尊重和爱护国旗，不能对国旗有丝毫的不敬。例如，单个运动员举国旗绕场跑时，应该双手拿住国旗的顶端，举过头顶；两名或两名以上的运动员在绕场时，应该擎着国旗的四个角行走。无论如何运动员都不能随随便便地把国旗披在身上、挂在脖子上或揉攥在手里，更不能用国旗来擦拭汗水，在走或跑时国旗不能拖地，也不能掉在地上。为了做到整体和谐，运动员最好事先有所准备，选择大小适合的国旗尺寸。

（四）向观众致意

颁奖仪式结束后，获奖运动员有时会在礼仪小姐的带领下走进观众席绕场行走，这时运动员对观众一定要彬彬有礼、落落大方。当观众要与运动员握手时，运动员要伸手相握并表示感谢；当观众要拍照时，运动员要积极给予配合，把自己最漂亮的一面展现给观众；当观众索要签名时，运动员要认真地留下自己的笔迹……运动员此时千万不要傲慢无礼、不可一世，要知道人的品格比奖牌更重要。

三、媒体应对礼仪

媒体是不可缺少的资源集聚地和舆论发散地，是无可替代的形象塑造者和最终裁决者。运动员在比赛期间会经常接受采访、出席新闻发布会，面对公共媒体，要保持乐观、谦虚、严谨的态度，言谈举止文明，优雅得体。

（一）举止端庄

按照惯例，运动员在接受采访前，应进行必要的化妆，保持着装整洁大方、举止端庄、行为得体、有礼有节、有张有弛，为本人、为国家留下良好的形象和风度。在这种场合，要保持注意力集中,不可做打手机、发短信等与采访无关的事情;不能心不在焉,对记者的提问敷衍应付。

(二)态度谦虚

在记者的照相机、摄像机面前,应始终保持乐观、谦虚、严谨的态度。不要因胜利的喜悦而得意忘形,也不要因失败的痛苦而郁郁寡欢。在时间允许的情况下,对于媒体的要求应尽量满足。如果时间紧迫,可礼貌婉拒或另约时间。

(三)保守机密

在大赛前的记者采访或发布会上,不要透露赛前准备、比赛计划、上场阵容以及运动员与教练员的关系,不向记者发布内部信息。在赛后采访或发布会上,不能透露教练采用的先进的训练方法与手段。有些问题不宜让记者公开报道时,应明确说明,有权要求记者将写好的稿子送来审阅。

第三节 观众欣赏比赛时的礼仪规范

一、敬仰国旗

在赛场上,经常有隆重的升国旗、奏国歌仪式。国旗代表着一个国家的主权和尊严,每个人都应该敬仰国旗,在国旗升起的时候要面向国旗行礼。如果赛场升起的是中华人民共和国国旗,在场的中国观众应当全体起立,戴帽子的要摘下帽子,面向国旗肃立,行规范的注目礼,仰视国旗冉冉升起,也可以跟着乐曲用正常音量唱国歌。如果升起的是其他国家的国旗,观众们也要给予相应的尊重。在国旗升起的时候,观众绝对不能嬉笑打闹或者随意走动,更不能有诸如喝倒彩、起哄、吹口哨等有损国家和民族尊严的行为。

二、尊重贵宾

在比赛开始前,如有贵宾前来观看比赛,观众应通过得体的方式热情地表达自己的礼貌、盛情和好客。通常,大会主持人会等贵宾登上主席台后,在适当的时间里向观众介绍来宾,这时观众应报以热烈的掌声,鼓掌的时间不要太短,也不能过长,一般应持续到来宾入席就座。有时,观众还可有组织地齐声欢呼贵宾所在的国的国名,并配上有节奏的掌声,使贵宾感受到宾至如归的温暖。

三、禁用闪光灯

在赛场上,运动员优雅的动作、精湛的技术令人赞叹,能拍摄到运动员在比赛中的精彩瞬间,是很多观众梦寐以求的事情。但有的比赛项目是禁止照相的,观众应遵守有关规定;有的比赛项目,是允许观众照相的,但不能使用闪光灯,因为闪光灯可能会影响运动员正常水平的发挥。

在乒乓球、羽毛球比赛中,运动员必须集中精力,而闪光灯对眼睛的刺激非常大,会闪花运动员的眼睛,让运动员很难判断来球的方向和角度;在冰上项目比赛中,运动员距离观众比较近,如果运动员正在做一些高难度动作的时候被看台上的闪光灯晃了眼,就很有可能发生危险;当体操运动员在平衡木上翻跟头的时候,如果被闪光灯的光刺激到眼睛,可能会从器械上摔下……所以,观众在观看这类项目比赛时,应该屏息静观,不要使用闪光灯拍照。在其他一些场合,如运动员入场时、比赛结束后获奖选手绕场一周向观众致意时、举行颁奖仪式时,观众可以尽情拍照留念。

四、了解规则、尊重裁判

观众应当对所观看项目的比赛规则有所了解,因为懂得其中的基本规则,既可以更内行更好地欣赏比赛,也可以有效避免因理解误差而对裁判的判罚产生不满情绪,更不会轻易地在其他人的不良情绪影响下跟着瞎起哄。此外,懂得观看项目的特点与规则之后,也更容易理解裁判可能由于站位、角度等原因而出现的有争议的判罚,从而能宽容、冷静地对待可能出现的误判。一名懂行的、有素养的观众,绝不会做出模仿裁判判罚哨音而干扰比赛等行为的。

裁判有时比赛场上的运动员更辛苦,因为有的运动员可能一场比赛结束就可以休息,而裁判员却有可能工作一整天,比赛结束后还要进行文件整理等工作,特别是在足球、篮球等项目中,裁判要不停地奔跑。因此,在比赛过程中,观众应在适当的时候为裁判送上掌声。

五、正确地鼓掌加油

在观看比赛的过程中,观众经常为运动员的精彩表现而鼓掌,也经常用"加油"来激励运动员赛出好成绩。但观众对运动员的鼓掌和加油不能随心所欲,要遵循一定的礼仪。

其一,运动员出场比赛时,宣告员会逐一宣告运动员的号码,简要介绍运动员包括国籍在内的基本情况,场内的大屏幕也会显示出运动员的号码,当被介绍到的运动员向观众举手示意时,观众应该用热烈的掌声表示对该运动员的鼓励和支持,对自己特别喜爱的运动员可以表现得更加激情一些。另外,在介绍裁判员时观众也要报以热烈的掌声。比赛结束后,当参赛选手互相握手,选手与裁判员握手时观众也应当给予掌声,这既是对选手们表现的肯定,也是对裁判员工作的褒奖。

其二,观众应热情地为双方运动员的精彩表演鼓掌,为双方运动员加油。在我国举办"苏迪曼杯"的时候,现场观众出现了一些不够文明的举止和行为,比如动辄而起的"杀、杀、杀"的呼喊,在对方球员发球时发出的嘘声等。要知道这种类似于"杀、杀、杀"的助威声其实是一把双刃剑,有可能会帮倒忙。因为从观众席上发出的越来越大的助威声、口哨声甚至尖叫声,以及越来越快的喊声有可能会干扰场上球员,打乱参赛选手的作战计划和节奏,这是大多运动员和教练员颇为反感的"加油"举动。

同样是中国观众,在另一场比赛中的做法却值得称道:在 2005 年上海世乒赛男单 1/4 决赛中,当丹麦选手梅兹经过艰难拼搏后终于淘汰了中国小将郝帅时,观众席上的掌声经久不息,大家感谢两位运动员奉献了一场扣人心弦的精彩较量;当瑞典名将瓦尔德内尔被白俄罗斯选手萨姆索诺夫以4∶0淘汰时,观众大声呼喊他的名字,并长时间起立鼓掌。这些都体现了中国观众在国际比赛场上的风度。的确,为他国运动员的精彩表现鼓掌更能充分体现出观众的文明、热情。体育竞赛是公平友好的竞争,观看体育比赛既要懂得欣赏竞技之美,也要学会赞叹体育精神的感染力量。

我们说体育运动重要的是参与,无论是胜利者还是失利者,赛场上的每一位运动员都值得观众尊重,而他们在比赛中所展现出的技术水平和拼搏精神,更值得观众们去学习和欣赏。因此作为高素质的观众,既会为本国运动员加油,更会为来自各国的运动员给予鼓励的掌声,这既体现出对体育运动的欣赏,也表达了对运动员的尊重。如果观众都能有为每一位选手喝彩的胸襟,懂得去欣赏双方的精彩表演,就不会发生诸如对运动员起哄,或者是喝倒彩,甚至扔果皮、矿泉水瓶等不礼貌行为了。

其三,在某些项目比赛中,观众要学会配合运动员的比赛节奏,适时地进行鼓掌或助威。例如,在体操、射箭、举重、台球等项目上,运动员的发挥是一个完整的过程,在这个过程中,观众任何的鼓掌、呐喊都会分散运动员的注意力,严重的还会造成运动员动作失误、失败而影响比赛结果,因此观众切忌在运动员做动作的过程中加油助威。在网球、羽毛球、乒乓球等球类项目上,运动员在发球和接发球时,需要特别安静的环境,观众不宜在此时发出加油助威声,只有当运动员打完一个球后,才可以鼓掌、叫好,当运动员开始准备下一个球时,观众就应该马上安静下来。又如跳水,运动员在做一个难度系数很高的翻腾动作前,会在跳台或跳板上酝酿一番,让自己的精神高度集中,如果此时观众席上突然出现大声喧哗和掌声,就会干扰运动员的注意力。正确的做法是,观众应该保持最大限度的安静,等运动员跳进水池后再给予掌声鼓励。

六、做文明啦啦队

在一些体育比赛中,观众自发组成啦啦队,为运动员助威呐喊,这种做法既可以活跃赛场气氛,激发运动员斗志,也能拉近观众与运动员之间的距离。但是,啦啦队在赛场上一定要有组织、有指挥,在加油助威时要使用内容健康的口号和标语,要同时为双方运动员的精彩表演鼓掌喝彩,不能无原则地瞎起哄。如果赛场内允许使用锣鼓和乐器,啦啦队要配合比赛的进程,使助威节奏有张有弛。

当看台上有对方啦啦队时,作为己方啦啦队应该与之和平共处,不能故意招惹是非,制造混乱。如己方啦啦队在为运动员加油助威时,不要使用带有侵犯对方运动员色彩的语言;不要冲着对方啦啦队队员指手画脚,也不要使用带有挑衅意味的肢体语言;当与对方啦啦队队员目光相接时,不能做出挑衅或轻视对方的表情等。

七、注意小节

观众在体育场馆观看比赛时,应当遵守公共场所礼仪,不抽烟,不蹬踏座椅,不乱涂写刻画,不在赛场内进餐。

在比赛进行中,观众不要大声喧哗,不要随意走动,因为在看台上随意走动是一种不礼貌的行为,会给看台上的其他观众带来困扰,而且大面积的观众在看台上走动会影响运动员的判断,特别是球类项目,虽然看台和球场有一定距离,但是根据一些球员的亲身经历,他们认为看到看台上人头攒动会极大地影响对来球的判断。

八、正确对待输赢

竞技体育追求的是更快、更高、更强,任何一个运动员在赛场上顽强拼搏、奋勇争先都是对世界体育运动发展的贡献,也是激励普通观众在各自岗位上奋发进取的一种精神财富。体育精神是没有国界的,比赛的结果总有输赢之分,对于那些常给我们带来极大快乐的体育项目,观众们应该抱着一种真正喜爱的态度去了解和拥戴参赛运动员(不论他们来自哪个国家),去熟知项目规则,同时要用自己文明得体的观赛举动,去激励所有运动员超越自我,共同为比赛项目增添光彩。

真正喜爱某个体育项目的观众往往能够正确地对待比赛的输与赢。观众在观看比赛时不要只注重比赛的结果,还要重视比赛的过程。赛场上什么事情都有可能发生,本国运动员的意外丢金和他国运动员的意外夺冠形成了一对尖锐的矛盾,作为观众,应从心里化解这样的矛盾,应该表现得更大度一些,即便是我们的运动员更应该得到金牌,也应该给予他国运动员应有的尊重与祝贺。观众千万不要因为本国运动员输了比赛而嘲讽和辱骂裁判员、运动员、教练员,不要做诸如起哄、吹口哨、怪声尖叫、喝倒彩、扔东西等有损国格和人格的事情。

九、向运动员祝贺

比赛的优胜者总会受到观众热烈和友好的祝贺和祝愿,观众向运动员表示祝贺的方法和形式有很多:例如,在比赛中,观众为双方运动员"加油"鼓劲时,可以呼喊队员或运动队的名称,对精彩的表演可当场报以热烈的、长时间的掌声和喝彩声;运动员下场时,观众在报以热烈掌声的同时,还可用手指组成"V"字,向优胜队及其队员表示祝贺和敬意;在条件许可时,观众也可以与运动员握手表示祝贺;有时还可自发地组成夹道欢送的队伍,欢送运动员退场和返回驻地;当优胜队绕场向观众致谢时,观众可与他们握手,或者投掷鲜花以祝贺胜利,当无法与运动员握手的时候,则可以用手指组成"V"字向运动员贺喜。但是,观众在向运动员祝贺的时候要注意自己的举止,不能导致场面混乱,一旦致使保安人员出场来维持秩序,这样的道贺就失去了意义。

十、面对突发事件

体育赛事遭遇突发事件而发生意外的例子很多,如比赛中突然停电、球迷集体骚乱、看台坍塌等。这时候,观众应怎么做才能既安全又不失礼仪呢?

比赛中途若遭遇停电,观众首先要平静,坐在自己的座位上等待组织者采取应急措施,切忌随便走动,乱作一团。在等待检修重新来电的过程中,观众可以采取闭目养神、小声聊天等来打发时间。有小手电或荧光棒的观众可以打开照亮,但不要点燃打火机照明。如果因停电需择日重赛的话,观众要听从工作人员的安排,在应急灯的照亮下,按照体育场各个安全出口指示灯的指引有序退场。

体育场馆内由于人口密度大,如发生类似球迷骚乱、火灾等突发事件,观众首先要保持冷静,要绝对听从场馆工作人员的安排,不要乱跑和盲目拥挤,应尽量帮助需要帮助的人,在工作人员的指挥下,正确、迅速地离开场馆。

参考文献

[1] 李孟华,肖军.大学体育与健康[M].长春:东北师范大学出版社,2015.

[2] 景建中,徐军艳,李铁.大学体育与健康[M].南京:南京大学出版社,2015.

[3] 王小安.大学体育与健康[M].上海:同济大学出版社,2015.

[4] 卢建辉.大学体育与健康[M].上海:华东师范大学出版社,2015.

[5] 刘淑芬,勒天学.大学体育与健康[M].北京:北京体育大学出版社,2015.

[6] 孔军,侯宪斌.高校体育与健康[M].武汉:武汉大学出版社,2016.

[7] 刘瑞东,曹春梅,刘建秀等.高强度间歇训练的应用及其适应机制[J].体育科学, 2017,37
(7):73-82.

[8] 陈娇霞,蔺丽萍,靳贤胜.体育健康与科学健身[M].成都:电子科技大学出版社,2009.

[9] 王志刚,秦小平,夏青.大学体育与健康教程[M].北京:现代教育出版社,2013.

[10] 王瑞元,苏全生.运动生理学[M].北京:人民体育出版社,2012.

[11] 叶加宝,陈羲.体育学[M].北京:北京体育大学出版社,2007.

[12] 孙少华,李豪杰.运动防护[M].北京:北京体育大学出版社,2014.

[13] 江桿平.运动项目及相关损伤[M].湖南:湖南科技出版社,2011.

[14] 王广兰,汪学红.体育保健学[M].武汉:华中科技大学出版社,2015.

[15] 孙小华.运动防护[M].北京:北京体育大学出版社,2014.

[16] 王琳.体育保健学理论与实践[M].北京:高等教育出版社,2013.

[17] 杨忠伟,李豪杰.运动伤害防护与急救[M].北京:高等教育出版社,2015.

[18] 金正昆.国际礼仪[M].北京:北京大学出版社,2005.

[19] 彭林.中华传统礼仪[M].北京:燕山出版社,2004.

[20] 任海.奥林匹克运动[M].北京:人民体育出版社,2005.

[21] 麻美英.现代实用礼仪[M].杭州:浙江大学出版社,2002.

[22] 国际礼仪指导编委会.国际礼仪指导[M].上海:学林出版社,2007.

［23］石咏琦.奥运礼仪［M］.北京:北京大学出版社,2006.

［24］未来之舟.运动员礼仪培训手册［M］.北京:海洋出版社,2006.

［25］许之屏.现代体育礼仪［M］.长沙:湖南师范大学出版社,2010.

［26］王瑞元,苏全生.运动生理学［M］.北京:人民体育出版社,2012.

［27］王健,何玉秀.健康体适能［M］.北京:人民体育出版社,2008.

［28］李红娟.体力活动与健康促进［M］.北京:北京体育大学出版社,2012.

［29］孟华,肖军.大学体育与健康［M］.长春:东北师范大学出版社,2015.

［30］袁文惠.大学生运动健康与急救［M］.郑州:黄河水利出版社,2008.

［31］徐晓斌.高职实用体育教程［M］.北京:国防工业出版社,2008.

［32］王月华.学校体育学与社会［M］.长春:吉林大学出版社,2010.

［33］崔龙,尹林.新编高职体育与健康［M］.北京:北京理工大学出版社,2011.

［34］杨加玲.健美操的教育功能与艺术欣赏［J］.南京体育学院学报,2011(1):43-45.